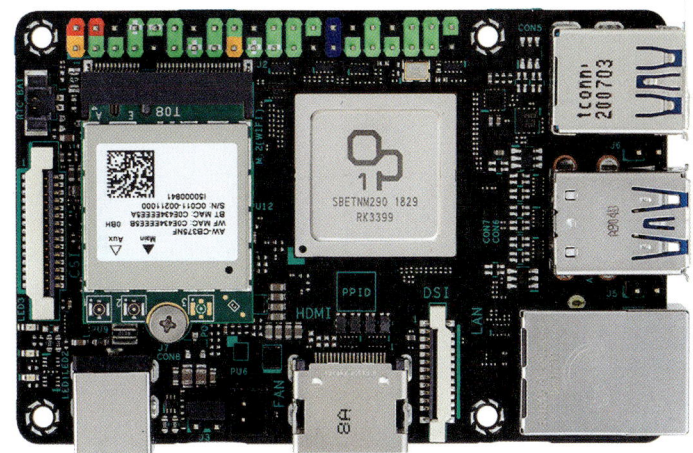

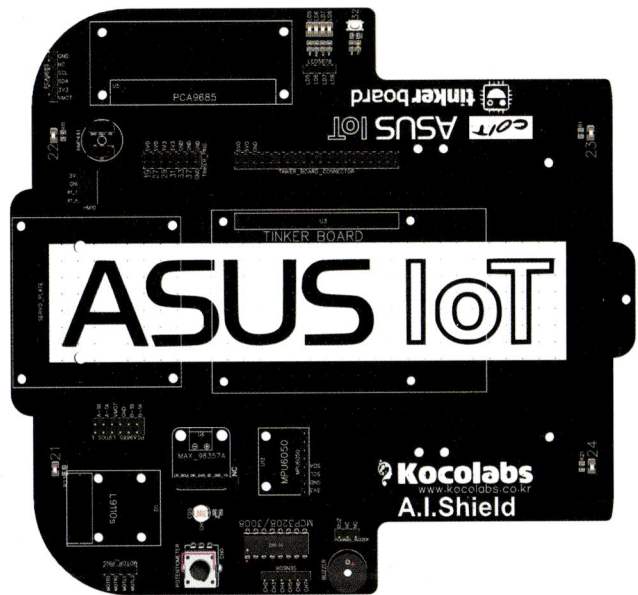

제품 개발 실무에서 바로 사용할 수 있는

파이썬과 **인공지능** 프로젝트
with ASUS Tinker Board

제품 개발 실무에서 바로 사용할 수 있는
파이썬과 인공지능 프로젝트 with ASUS Tinker Board

초판 1쇄 발행 | 2023년 04월 15일

지은이 | 서민우
펴낸이 | 김병성
펴낸곳 | 앤써북

출판사 등록번호 | 제 382-2012-0007 호
주소 | 경기도 파주시 탄현면 방촌로 548
전화 | 070-8877-4177
FAX | 031-942-9852
도서문의 | 앤써북 http://answerbook.co.kr

ISBN | 979-11-981892-3-3 13000

- 이 책의 일부 혹은 전체 내용을 무단 복사, 복제, 전재하는 것은 저작권법에 저촉됩니다.
- 본문 중에서 일부 인용한 모든 프로그램은 각 개발사(개발자)와 공급사에 의해 그 권리를 보호합니다.
- 앤써북은 독자 여러분의 의견에 항상 귀기울이고 있습니다.

[안내]
- 책에서 설명한 사례 그림 또는 캡처 화면 일부가 모자이크 처리되어 있는데, 이는 각 콘텐츠 개발사와 창작자의 권리를 보호하기 위해서입니다. 책을 보시는데 약간의 불편함이 있더라도 이점 양해바랍니다.
- 이 책은 다양한 전자 부품을 활용하여 예제를 실습할 수 있습니다. 단, 전자 부품을 잘못 사용할 경우 파손 외 2차적인 피해가 발생할 수 있으니, 실습 시 반드시 책에서 표시된 내용을 준수하여 사용해야 함을 고지합니다.

Preface
머리말

이 책은 Tinker Board 활용 방법을 소개한 책입니다. Tinker Board는 ASUS에서 AIoT(인공 지능 사물 인터넷) 환경을 준비하기 위해 만든 SBC(Single Board Computer)입니다. Tinker Board는 Raspberry Pi와 같은 개발 환경을 제공합니다. 그래서 기존 Raspberry Pi 사용자도 손쉽게 Tinker Board를 이용하여 개발을 이어갈 수 있습니다. 이 책은 Python 3.x 언어 기반으로 opencv, Tensorflow, Pyorch 딥러닝 라이브러리 활용 방법을 소개하고 있습니다. 이 책에서는 카메라를 장착하여 팅커 보드에 영상 인식 기능을 추가하는 방법을 소개하고 있습니다. opencv 인공 지능 라이브러리를 이용하여 얼굴을 인식하는 방법과 Tensorflow, PyTorch 라이브러리 사용 방법을 소개하고 있습니다. 또한, 파이썬 용 GPIO, I2C, SPI 라이브러리를 이용하여 여러 가지 하드웨어를 제어하는 방법을 소개하고 있습니다.

이 책에서는 하드웨어를 제어하는 방법 외에도 쓰레드와 메시지 큐의 사용법을 소개하고 있습니다. 팅커 보드는 리눅스 운영체제를 바탕으로 한 환경이기 때문에 쓰레드와 메시지 큐를 통해 프로그램을 구성할 수 있는 장점을 제공합니다. 쓰레드와 메시지 큐를 이용하면 큰 프로젝트를 효율적으로 구성할 수 있습니다. 특히 팅커 보드는 여러 가지 하드웨어 입력을 받는 환경을 제공하기 때문에 쓰레드를 통한 프로젝트 구성이 필요하기도 합니다.

이 책에서는 외부 디바이스를 장착하여 팅커 보드의 기능을 확장하는 방법도 소개하고 있습니다. L9110S DC 모터 드라이버 모듈을 이용하여 DC 모터를 제어할 수 있는 방법을 소개하고 있습니다. HM10 블루투스 모듈을 이용하여 팅커 보드의 시리얼 모듈을 이용한 통신 방법을 소개하고 있습니다. MCP3208 ADC 모듈을 이용하여 센서 입력을 받을 수 있는 방법을 소개하고 있습니다. PCA9685 PWM 드라이버를 소개하여 서보모터, 부저, BLDC 모터를 제어할 수 있는 방법을 소개하고 있습니다. MPU6050 자이로 센서 모듈을 읽는 방법을 소개하고 있습니다.

필자는 이 책을 통해 독자 여러분들이 먼저 재미를 느끼기를 바랍니다. 그 재미를 바탕으로 자신도 모르게 프로그래밍 능력을 키워가며, 현실에서 발생하는 여러 가지 문제를 프로그래밍을 통해 해결할 수 있기를 바랍니다.

서민우

Reader Support Center
독자 지원 센터

독자 지원 센터는 책 소스 파일, 독자 문의 등 책을 보는데 필요한 사항을 지원합니다. 앤써북 공식 카페에서 [카페 가입하기] 버튼을 눌러 간단한 절차를 거쳐 회원가입 후 독자 지원 센터를 이용할 수 있습니다.

책 소스 및 프로젝트 파일

이 책과 관련된 실습 소스 및 정오표 파일은 앤써북 카페에 접속한 후 [도서별 독자 지원 센터]-[파이썬과 인공지능 프로젝트 with ASUS] 게시판을 클릭합니다. "〈파이썬과 인공지능 프로젝트 with ASUS〉 책 소스 및 정오표입니다." 게시글을 클릭한 후 안내에 따라 다운로드 받으시면 됩니다.

- 앤써북 네이버 카페 : https://cafe.naver.com/answerbook
- 책 전용 게시판 바로가기 주소 : https://cafe.naver.com/answerbook/menu/206

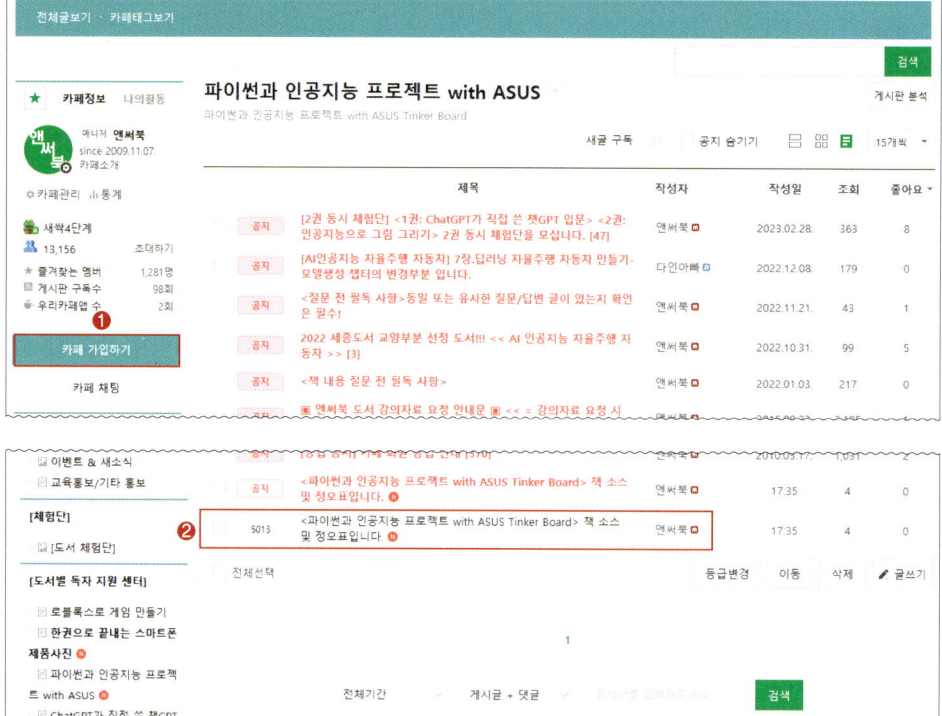

독자 문의

이 책과 관련된 궁금한 내용은 앤써북 공식카페에서 질문과 답변 받을 수 있습니다.

질문하기 위해서 [도서별 독자 지원 센터]-[도서별 독자 지원 센터]-[파이썬과 인공지능 프로젝트 with ASUS] 게시판을 클릭합니다. 우측 아래의 [글쓰기] 버튼을 클릭한 후 제목에 다음과 같이 "[문의] 페이지수, 질문 제목"을 입력하고 궁금한 사항은 아래에 작성 후 [등록] 버튼을 클릭하여 등록합니다. 등록된 질의 글은 저자님께서 최대한 빠른 시간에 답변드릴 수 있도록 안내드립니다. 단, 책 실습과 직접적인 연관성이 없는 질문, 답변이 난해한 질문, 중복된 질문, 과도한 질문 등은 답변 드리지 못할 수 있음을 양해 부탁드립니다.

Hands-on supplies

이 책의 실습 준비물

이 책의 실습에 필요한 준비물에 대해서 살펴봅니다.
이 책에서는 코코랩스 A.I.Shield를 중심으로 A.I.ThinkerBot을 조립해서 진행합니다.

부품 살펴보기

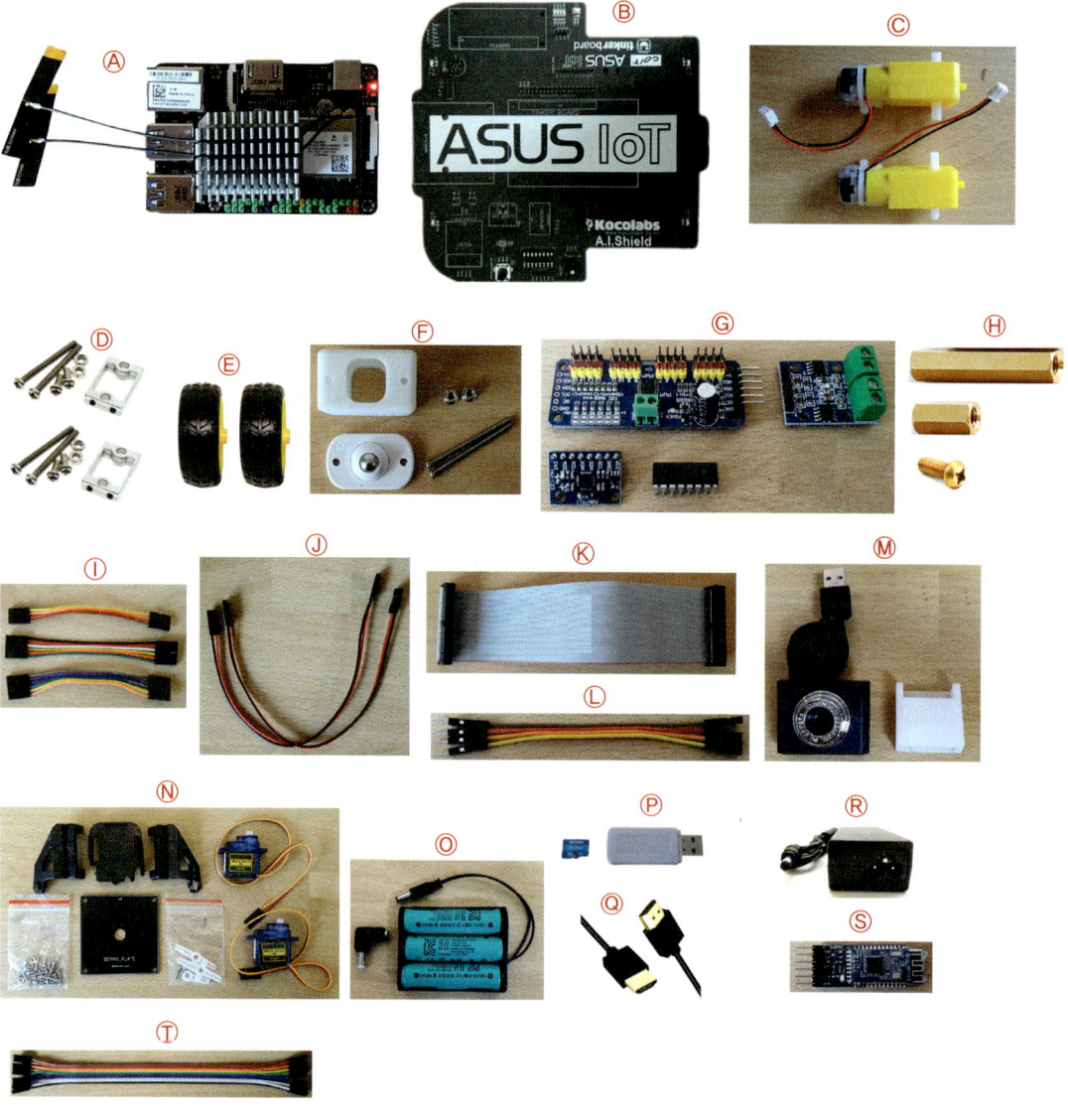

번호	이름	규격 및 개수
Ⓐ	Tinker Board 2	1개
Ⓑ	A.I.Shield	1개
Ⓒ	T.T 모터	2개
Ⓓ	T.T 모터 브라켓	2개
Ⓔ	T.T 모터 바퀴	2개
Ⓕ	앞바퀴 부품	M3×45mm 나사 2개 M3 스텐후렌치 너트 2개
Ⓖ	확장 모듈 부품	L9110S 모터 드라이버 1개 PCA9685 PWM 모듈 1개 MPU6050 모듈 1개 MCP3208 ADC 모듈 1개
Ⓗ	확장 모듈 지지대 부품	M2.5×30mm 지지대 16개 M2.5×11mm 지지대 5개 M2.5×5mm나사 38개
Ⓘ	확장 모듈 연결선	4핀×10cm FF 1개 6핀×10cm FF 2개
Ⓙ	모터 제어 연결선	4핀×10cm MF 1개
Ⓚ	팅커 보드 연결 케이블	40핀×20cm FF 1개
Ⓛ	DC 모터 연결선	2핀×20cm MM 1개
Ⓜ	USB 카메라 부품	1개
Ⓝ	카메라 팬/틸트 부품	SG90 서보 2개 SG90용 팬/틸트 브라켓 1조
Ⓞ	배터리 부품	18650×3 배터리 홀더 1개 18650 배터리 3개 DC잭 변환 어댑터(5.5×2.1 to 5.5×2.5)
Ⓟ	micro SD 카드/카드 리더기	micro SD 카드 16GB 1개
Ⓠ	HDMI 케이블	1개, 기본 키트에 포함 안됨
Ⓡ	팅커보드 어댑터	1개, 기본 키트에 포함 안됨
Ⓢ	HM10 BLE 모듈	1개
Ⓣ	추가 연결선	10핀×20cm FF 1개

이 책의 실습 키트는 저자가 직접 운영하는 코코랩스 쇼핑몰에서 구입할 수 있습니다.
- 키트 구매처 : www.kocolabs.co.kr
- 상품명 : A.I.TinkerBot 키트

Contents
목차

CHAPTER 01 팅커 보드 준비하기

01 팅커 보드란? • 19
    01 _ 팅커 보드 개요 • 19
    02 _ 팅커 보드 2와 라즈베리파이 4B 비교하기 • 19
        CPU, GPU, 메모리 성능 비교하기 • 20
        SD카드, WiFi 성능 비교하기 • 20
        ASUS의 기술적, 기업적 개발 지원 • 21
    03 _ 팅커 보드 종류 살펴보기 • 22

02 팅커 보드로 할 수 있는 일들 • 23
    01 _ SMART CITIES : 지능형 도시 • 23
    02 _ TRANSPORT & LOGISTICS : 운송 및 물유 • 25
    03 _ HEALTHCARE : 보건 의료 • 26
    04 _ RETAIL : 소매 시장 • 27

03 ASUS 팅커 보드 개발 환경 구성하기 • 28
    01 _ micro SD 카드 준비하기 • 28
    02 _ 팅커 보드 이미지 설치하기 • 29
        팅커 보드 이미지 다운로드 • 29
        Win32 Disk Imager 설치 • 30
        팅커 보드 이미지 설치 • 31
    03 _ 팅커 보드 부팅하기 • 33
        팅커 보드 부팅 준비물 • 33
        팅커 보드 외부 환경 설정하고 부팅하기 • 34
    04 _ 팅커 보드 기본 환경 설정하기 • 35
        WiFi 연결하기 • 35
        LXTerminal 프로그램 실행하기 • 36
        라즈비안 리눅스 패키지 갱신 및 기본 편집기 설치 • 36
        스왑 파일 설치 • 37
        python 링크 재설정 • 38
    05 _ 파이썬 실습 환경 구성하기 • 38
        실습 디렉터리 생성하기 • 38
        파이썬 프로그램 작성하기 • 39
        파이썬 프로그램 실행하기 • 40

06 _ 팅커 보드 원격 개발 환경 구성하기 • 40
　　팅커 보드 IP 주소 확인하기 • 40
　　HDMI/USB 연결 해제 • 41
　　Putty 프로그램 설치하기 • 41
　　팅커 보드 원격 접속하기 • 42
　　기본 nano 명령어 • 43
07 _ 팅커 보드 핀 맵 살펴보기 • 43
08 _ 팅커 보드 A.I.Shield 살펴보기 • 44

04 A.I.TinkerBot 조립하기 • 45
　01 _ 부품 살펴보기 • 45
　02 _ 지지대 및 나사 장착도 • 46
　03 _ A.I.TinkerBot 조립하기 • 46
　　바퀴부 조립하기 • 46
　　확장 모듈 장착하기 • 50
　　팅커 보드 장착하기 • 50
　　카메라 팬/틸트 모듈 조립하기 • 51
　　확장 모듈 배선하기 • 54
　　USB 카메라 장착하기 • 54
　　모터 구동선 연결하기 • 55
　　배터리 장착하기 • 55
　　HM10 BLE 모듈 장착하기 • 55

CHAPTER

팅커 보드 파이썬 패키지 활용하기

01 print 함수 • 57
　01 _ print • 57
　02 _ while • 57
　03 _ try~except • 58
　04 _ time.sleep • 59
　05 _ 문자열, 숫자 출력하기 • 60
　06 _ % 형식 문자열 사용하기 • 60
　07 _ str.format 함수 사용하기 • 61

Contents
목차

08 _ f-string 사용하기 · 61
09 _ 정수, 실수 출력하기 · 62
　　% 형식 사용하기 · 62
　　str.format 함수 사용하기 · 63
　　f-string 사용하기 · 64

02 ASUS.GPIO.output 함수 · 65
　01 _ 부품 살펴보기 · 65
　　LED · 65
　　저항 · 66
　　Tinker Board 2 핀 맵 · 66
　02 _ LED 회로 살펴보기 · 67
　03 _ LED 켜고 끄기 · 68
　　파이썬 쉘 도움말 보기 · 69
　04 _ LED 점멸 반복하기 · 70
　　LED 점멸 간격 줄여보기 · 71
　　LED 점멸을 밝기로 느껴보기 · 71
　05 _ LED 밝기 변경하기 · 72
　　LED 어둡게 해보기 · 72
　　LED 밝게 해보기 · 73
　06 _ LED 밝기 조절하기 · 74
　　같은 파형 10회 반복하기 · 75

03 ASUS.GPIO.PWM 모듈 · 77
　01 _ LED 점멸 반복하기 · 77
　　GPIO.PWM 도움말 보기 · 79
　　LED 점멸 간격 줄여보기 · 80
　　LED 점멸을 밝기로 느껴보기 · 81
　02 _ LED 밝기 변경하기 · 81
　　LED 어둡게 해보기 · 81
　　LED 밝게 해보기 · 82
　03 _ LED 밝기 조절하기 · 83

04 input 함수 · 84
　01 _ 사용자 입력 받기 · 84
　02 _ 파이썬 프롬프트 흉내내기 · 85

05 ASUS.GPIO.input 함수 · 86
　01 _ 푸시 버튼 살펴보기 · 86

Tinker Board 2 핀 맵 • 88
02 _ 버튼 회로 살펴보기 • 88
03 _ 버튼 값 읽어보기 • 89
04 _ 버튼 값에 따라 LED 켜고 끄기 • 90
05 _ 버튼 토글하기 • 91

06 ASUS.GPIO.add_event_callback 함수 • 93
01 _ 외부 인터럽트 살펴보기 • 93
02 _ 버튼 인터럽트로 LED 켜기 • 94

07 threading.Thread 클래스 • 96
01 _ 쓰레드 이해하기 • 96
02 _ 쓰레드 생성하기 • 97
03 _ 쓰레드로 다중 작업하기 • 98
04 _ 쓰레드로 LED 점멸 반복하기 • 100
05 _ 쓰레드로 LED 밝기 조절하기 • 101

08 메시지 큐 통신 • 103
01 _ 주 루틴과 쓰레드 간 메시지 큐 통신하기 • 103
02 _ 인터럽트 처리 함수와 쓰레드 간 메시지 큐 통신하기 • 104

CHAPTER 03 외부 디바이스 붙이기

01 L9110S 모터 드라이버 제어하기 • 107
01 _ L9110S 모터 드라이버 살펴보기 • 107
02 _ L9110S 모터 연결 살펴보기 • 108
03 _ 모터 회전시켜 보기 • 108
04 _ 모터 속도 조절해보기 • 110
05 _ RC카 주행 테스트하기 • 112
06 _ RC카 수동 조종해 보기 • 113

02 Serial에 HM10 블루투스 디바이스 붙이기 • 115
01 _ HM10 블루투스 디바이스 소개 • 115
02 _ HM10 모듈 연결 살펴보기 • 116
03 _ UART 모듈 활성화하기 • 116
04 _ 블루투스 통신 테스트하기 • 120

Contents
목차

03 SPI 버스에 MCP3208 디바이스 붙이기 · 123
    01 _ MCP3208 ADC 디바이스 소개 · 123
        SPI 버스 구조 살펴보기 · 123
        SPI 버스 핀 살펴보기 · 124
    02 _ 센서 살펴보기 · 124
        가변저항 · 124
        빛 센서 · 126
    03 _ MCP3208 디바이스 연결 살펴보기 · 127
    04 _ SPI 모듈 활성화하기 · 127
    05 _ ADC 값 읽어보기 · 131
    06 _ 가변저항 입력에 따라 LED 밝기 조절하기 · 132

04 I2C 버스에 PCA9685 디바이스 붙이기 · 134
    01 _ PCA9685 PWM 디바이스 소개 · 134
        I2C 버스 구조 살펴보기 · 134
        I2C 버스 핀 살펴보기 · 135
    02 _ PCA9685 디바이스 연결 살펴보기 · 136
    03 _ I2C 모듈 활성화하기 · 136
    04 _ LED 점멸 반복해보기 · 140
    05 _ LED 밝기 4095 단계로 조절해보기 · 142
    06 _ 부저 소리내보기 · 143
    07 _ 부저 멜로디 연주하기 · 144
    08 _ 서보모터 각도 조절해보기 · 146

05 I2C 버스에 MPU6050 디바이스 붙이기 · 148
    01 _ MPU6050 가속도 자이로 센서 소개 · 148
        I2C 버스 핀 살펴보기 · 149
        MPU6050 내부 블록도 살펴보기 · 149
        MPU6050 레지스터 살펴보기 · 150
    02 _ MUP6050 디바이스 연결 살펴보기 · 150
    03 _ MUP6050 I2C 테스트하기 · 151
    04 _ 자이로 센서 X축 값 읽어보기 · 152

06 이미지로 얼굴 인식하기 · 154
    01 _ python3-opencv 설치하기 · 154
    02 _ 이미지 읽고 보여주기 · 154
    03 _ 흑백 이미지로 바꾸기 · 156

04 _ 얼굴 인식하기 • 156
　　　Hear Cascade 머신 러닝 필터 파일 가져오기 • 157
　　　얼굴 인식하기 • 158
　　　눈 인식하기 • 159

07 카메라로 얼굴 인식하기 • 161
　01 _ Web Streaming 활성화하기 • 161
　02 _ 카메라 영상 읽고 출력하기 • 163
　03 _ 카메라 영상 얼굴 인식하기 • 164

CHAPTER  Deep Learning 알고리즘의 이해

01 딥러닝의 개요 • 167
　01 _ 인공 신경망이란? • 167
　　　인공 신경망으로 할 수 있는 일들 • 168
　　　인공 신경망의 구조 • 169
　02 _ 인공 신경망의 학습 방법 • 170
　　　지도 학습 • 170
　　　비지도 학습 • 171
　　　강화 학습 • 172
　03 _ 인공 신경 살펴보기 • 172
　　　인공 신경과 생물학적 신경 • 172
　　　인공 신경 내부 살펴보기 • 173
　　　인공 신경 함수 수식 • 175
　　　가장 간단한 인공 신경 • 176
　　　인공 신경망 기초 정리하기 • 177

02 딥러닝 7 공식 • 178
　01 _ 딥러닝 제 1 공식 : 순전파 • 178
　　　순전파 수행하기 • 180
　02 _ 딥러닝 제 2 공식 : 평균 제곱 오차 • 180
　　　평균 제곱 오차 수행하기 • 180
　03 _ 딥러닝 제 3 공식 : 역전파 오차 • 181
　　　역전파 오차 수행하기 • 182
　04 _ 딥러닝 제 4 공식 : 입력 역전파 • 182

Contents
목차

05 _ 딥러닝 제 5 공식 : 가중치, 편향 순전파 • 183
06 _ 딥러닝 제 6 공식 : 가중치, 편향 역전파 • 183
 가중치, 편향 역전파 수행하기 • 184
07 _ 딥러닝 제 7 공식 : 신경망 학습 • 184
 신경망 학습해 보기 • 185
 학습률 적용하기 • 185
 신경망 학습 수행하기 • 186
 학습된 신경망으로 예측하기 • 186
08 _ 딥러닝 반복 학습해 보기 • 186
 반복 학습 2회 수행하기 • 187
 반복 학습 20회 수행하기 • 188
 반복 학습 200회 수행하기 • 188
 오차 조건 추가하기 • 189
 학습률 변경하기 • 190
09 _ 딥러닝 7 공식 정리하기 • 191

03 딥러닝 7 공식 확장하기 • 192
 01 _ 2입력 1출력 인공 신경 • 192
  딥러닝 제 1 공식 : 순전파 • 192
  딥러닝 제 2 공식 : 평균 제곱 오차 • 193
  딥러닝 제 3 공식 : 역전파 오차 • 193
  딥러닝 제 4 공식 : 입력 역전파 • 193
  딥러닝 제 5 공식 : 가중치, 편향 순전파 • 194
  딥러닝 제 6 공식 : 가중치, 편향 역전파 • 195
  딥러닝 제 7 공식 : 신경망 학습 • 196
  딥러닝 반복 학습해 보기 • 196
 02 _ 2입력 2출력 인공 신경망 • 198
  딥러닝 제 1 공식 : 순전파 • 198
  딥러닝 제 2 공식 : 평균 제곱 오차 • 199
  딥러닝 제 3 공식 : 역전파 오차 • 199
  딥러닝 제 4 공식 : 입력 역전파 • 199
  딥러닝 제 5 공식 : 가중치, 편향 순전파 • 200
  딥러닝 제 6 공식 : 가중치, 편향 역전파 • 201
  딥러닝 제 7 공식 : 신경망 학습 • 202
  딥러닝 반복 학습해 보기 • 202

03 _ 2입력 2은닉 2출력 인공 신경망 • 205
　　　인공 신경망 수식 정리하기 • 206
　　　인공 신경망 구현하기 • 206

04 텐서플로우로 딥러닝 7 공식 구현하기 • 209
　01 _ Tensorflow 라이브러리 설치하기 • 209
　02 _ 1입력 1출력 인공 신경 구현하기 • 209
　03 _ 2입력 1출력 인공 신경 구현하기 • 211
　04 _ 2입력 2출력 인공 신경 구현하기 • 212
　05 _ 2입력 2은닉 2출력 인공 신경망 구현하기 • 213

05 활성화 함수 추가하기 • 215
　01 _ 활성화 함수의 필요성 • 215
　　　활성화 함수는 무엇인가요? • 215
　　　활성화 함수는 왜 필요한가요? • 216
　　　어떤 활성화 함수가 있나요? • 216
　02 _ 활성화 함수의 순전파와 역전파 • 218
　03 _ 활성화 함수 적용하기 • 218
　　　딥러닝 7 공식에 적용하기 • 219
　　　Tensorflow에 적용하기 • 222
　04 _ 출력층에 linear 함수 적용해 보기 • 223
　　　딥러닝 7 공식에 적용하기 • 223
　　　Tensorflow에 적용하기 • 224
　05 _ softmax 활성화 함수/cross entropy 오차 함수 살펴보기 • 224
　　　softmax와 cross entropy • 225
　　　softmax 함수 구현해 보기 • 226
　　　softmax 함수의 분모 크기 줄이기 • 227
　　　cross entropy 오차 구현해 보기 • 228
　06 _ softmax 활성화 함수/cross entropy 오차 함수 적용하기 • 229
　　　딥러닝 7 공식에 적용하기 • 229
　　　Tensorflow에 적용하기 • 232
　　　출력층 활성화 함수와 오차 함수의 관계 • 233

06 Tensofrlow 활용하기 • 234
　01 _ 7세그먼트 인공 신경망 • 234
　　　numpy 배열로 데이터 초기화하기 • 235
　　　딥러닝 모델 학습시키기 • 237
　　　국소해의 문제 해결해보기 • 238
　　　출력층에 linear 함수 적용해 보기 • 239

Contents
목차

    목표값 변경해 보기 • 240
    입력층과 목표층 바꿔보기 • 241
  02 _ 은닉층 늘려보기 • 242
    학습 시키고 모델 내보내기 • 244
    모델 불러와 예측하기 1 • 244
    모델 불러와 예측하기 2 • 245
  03 _ 딥러닝 활용 예제 살펴보기 • 246

APPENDIX 01 외부 디바이스 분석과 드라이버 이해

  01 L9110S 모터 제어 살펴보기 • 249
    01 _ 전진 후진 속도 기준 통일하기 • 249
    02 _ 전진 후진 속도 보정하기 • 251
    03 _ 양쪽 바퀴 전진 후진 코딩하기 • 253
    04 _ 모터 드라이버 살펴보기 • 255
  02 MCP3208 디바이스 살펴보기 • 258
    01 _ SPI 내부 블록도 살펴보기 • 258
    02 _ MCP3208 통신 프로토콜 살펴보기 • 259
    03 _ MCP3208 ADC 드라이버 살펴보기 • 260
  03 PCA9685 디바이스 살펴보기 • 262
    01 _ PCA9685 블록도 살펴보기 • 262
    02 _ PCA9685 레지스터 살펴보기 • 265
    03 _ PCA9685 PWM 제어 살펴보기 • 268
    04 _ PCA9685 PWM 드라이버 살펴보기 • 268
  04 MPU6050 디바이스 살펴보기 • 271
    01 _ MPU6050 드라이버 살펴보기 • 271
    02 _ 자이로 센서 값 해석하기 • 274
  05 MAX98357A I2S 디바이스 살펴보기 • 277
    01 _ MAX98357A I2S 오디오 디바이스 소개 • 277
    02 _ MAX98357A 모듈 연결 살펴보기 • 278
    03 _ I2S 모듈 활성화하기 • 278
    04 _ 오디오 테스트 • 278

APPENDIX 02 PyTorch의 이해와 활용

01 딥러닝 7 공식 구현하기 : PyTorch • 281
- 01 _ 1입력 1출력 인공 신경 구현하기 • 281
- 02 _ 2입력 1출력 인공 신경 구현하기 • 283
- 03 _ 2입력 2출력 인공 신경 구현하기 • 284
- 04 _ 2입력 2은닉 2출력 인공 신경 구현하기 • 285

02 활성화 함수 적용하기 • 287
- 01 _ 활성화 함수 적용하기 : ReLU, Sigmoid • 287
- 02 _ 출력층에 linear 함수 적용해 보기 • 289
- 03 _ softmax 활성화 함수/ cross entropy 오차 함수 적용하기 • 290

03 PyTorch 활용하기 • 292
- 01 _ 7 세그먼트 인공 신경망 • 292
  - torch.FloatTensor로 데이터 초기화하기 • 293
  - 딥러닝 모델 학습하기 • 295
  - 국소해의 문제 해결해 보기 • 296
  - 출력층에 linear 함수 적용해 보기 • 298
  - 목표값 변경해 보기 • 298
  - 입력층과 목표층 바꿔보기 • 301
- 02 _ 은닉층 늘려보기 • 302
  - 학습 시키고 모델 내보내기 • 303
  - 모델 불러와 예측하기 1 • 304
  - 모델 불러와 예측하기 2 • 305
- 03 _ 딥러닝 활용 예제 살펴보기 • 306
  - 관련 라이브러리 설치하기 • 306
  - FashionMNIST 데이터 읽어오기 • 306
  - DataLoader 적용하기 • 309
  - 인공 신경망 구성하기 • 310
  - 인공 신경망 학습하기 • 311
  - 학습된 인공 신경망 평가하기 • 313
  - 학습된 인공 신경망 불러와 예측하기 • 316
  - 인공 신경망 클래스 정의해 보기 • 318
  - CNN 신경망 구성해 보기 • 319

CHAPTER
01

팅커 보드 준비하기

팅커 보드는 라즈베리파이와 같이 리눅스 기반 운영체제를 지원하는 ARM 기반 단일 보드 컴퓨터입니다. 이번 장에서는 팅커 보드와 라즈베리파이를 비교해 보며 팅커 보드에 대해 알아봅니다. 또 팅커 보드로 무엇을 할 수 있는지 살펴보고, 팅커 보드 개발 환경을 구성합니다.

01 팅커 보드란?

01 _ 팅커 보드 개요

팅커 보드는 신용카드 크기의 저전력 컴퓨터로 2017년 초에 ASUS가 IoT 시장을 겨냥하여 만들기 시작한 단일 보드 컴퓨터입니다. ASUS는 PC 메인보드로 유명한 회사입니다.

▲ 팅커 보드 2

팅커 보드는 물리적인 크기가 라즈베리파이와 같으며 GPIO 핀이 라즈베리파이와 호환되도록 설계되어 있습니다.

▲ 라즈베리파이 4

02 _ 팅커 보드 2와 라즈베리파이 4B 비교하기

팅커 보드는 라즈베리파이와 같은 외형과 핀 맵을 가지고 있어 라즈베리파이와 같은 방식으로 개발하고 활용할 수 있습니다. 특히 팅커 보드는 산업용 IoT 장비 개발에 적합합니다.

팅커 보드 2는 라즈베리파이 4B에 비해 다음과 같은 장점이 있습니다.

❶ 향상된 성능의 CPU와 GPU를 가집니다.
❷ 이중 채널 메모리로 데이터 처리 속도가 빠릅니다.
❸ 팅커 보드 2S의 경우 micro SD 카드에 더해 보드에 장착된 eMMC 카드를 지원합니다.
❹ 이중 대역 WiFi는 연결 안정성을 보장하며 신호 간섭을 피할 수 있습니다.
❺ 제품 개발 시 ASUS의 기술 지원을 받을 수 있습니다.

CPU, GPU, 메모리 성능 비교하기

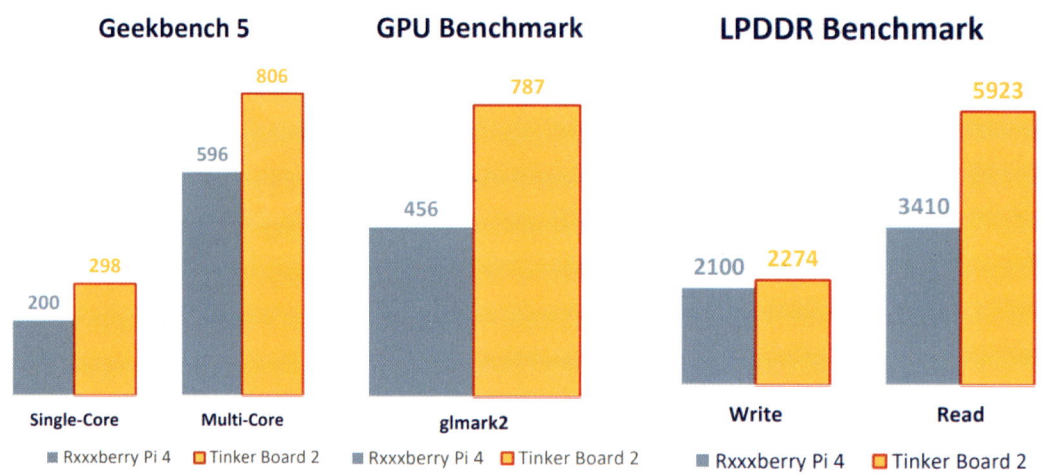

라즈베리파이 4B에 비해 팅커 보드 2는 CPU의 경우 단일 코어 기준 1.5배, 다중 코어 기준 1.35배 더 나은 성능을 가집니다. GPU의 경우는 1.7배 더 나은 성능을 가집니다. 메모리 경우 쓰기 8%, 읽기 74% 더 빠른 성능을 가집니다.

SD 카드, WiFi 성능 비교하기

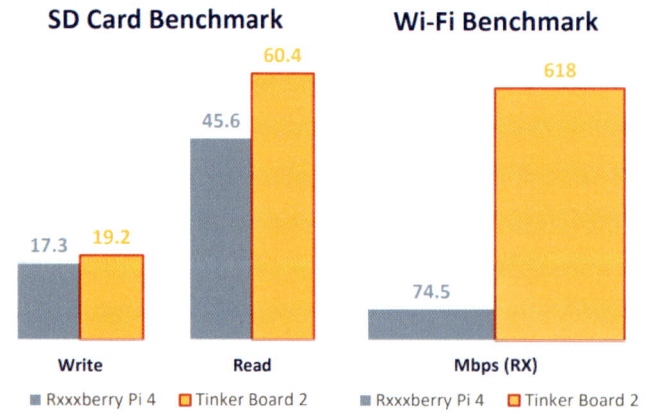

라즈베리파이 4B에 비해 팅커 보드 2는 SD 카드의 경우 쓰기 6%, 읽기 32% 더 빠른 성능을 가집니다. 팅커 보드 2S의 경우 마이크로 SD 카드 슬롯에 더해 보드 상에 장착된 eMMC를 제공하여 추가 저장 공간을 제공합니다. eMMC의 경우 SD 카드보다 충격과 진동에 강해 산업용 장비 개발에 더 적합하기도 합니다. WiFi의 경우 1x1 단일 대역을 제공하는 라즈베리파이 4B에 비해 팅커 보드 2는 2x2 이중 대역 2.4/5GHz을 지원하여 최대 7배 더 빠른 WiFi 속도를 지원합니다.

ASUS의 기술적/기업적 개발 지원

팅커 보드 기반 제품 개발 시 ASUS에서는 기술적/기업적 지원을 해주기 때문에 제품 개발에 아주 유리합니다. 다음은 팅커 보드 기반 제품 개발 시 ASUS에서 지원하는 항목을 나타냅니다.

Category	Support Items	Rxxxberry Pi	Tinker Board Series
Software	BSP Tuning & Customized (TinkerOS-Debian/Android)	N/A	YES
	uboot/kernel Setting (BIOS/Driver-like)	N/A	YES
	Peripheral Porting	N/A	YES
	Other tech support (Boot Animation, PXE...)	N/A	YES
Hardware	Mechanical Review Support	N/A	YES
	Peripheral QVL Adding	N/A	YES
	Defective Analysis Support	N/A	YES

다음은 [팅커 보드 2]와 [라즈베리파이 4B]를 비교하여 정리한 내용입니다.

Model	Tinker Board 2 Series	Rxxxberry Pi 4 Model B
Core Processor (SoC)	Rockchip RK3399 (64-bit) Dual-core ARM Cortex-A72 @ 2.0GHz + Quad-core ARM Cortex-A53 @ 1.5GHz	Broadcom BCM2711 Quad-core ARM Cortex-A72 1.5GHz
GPU	ARM Mali-T860 MP4 @ 800MHz	Broadcom VideoCore VI 500MHz
RAM	Dual-CH LPDDR4 2GB/4GB	Single-CH LPDDR4 2GB / 4GB / 8GB
Display	1 x HDMI 2.0 (up to 4K/60Hz & CEC HW Ready) 1 x Type-C (DP 1.2 Alt Mode) 1 x 22-pins MIPI DSI (4 lane) 1 x 15-pin MIPI CSI-2 (2 lane)	2 x Micro HDMI (up to 4K/60Hz) 1 x 15-pins MIPI DSI display port (2-lane) 1 x 15-pin MIPI CSI camera port (2-lane)
System Storage	1 x Onboard 16GB eMMC (S only) 1 x Micro SD card slot	1 x Micro SD card slot
Internal Headers	40-pin connector for GPIO (I2C, PWM, UART, SPI, I2S, etc) DC fan header RTC battery header Power-On/Reset/Recovery/Debug headers	40-pin GPIO header
Wi-Fi	1 x Wi-Fi 802.11 a/b/g/n/ac & BT 5.0 (2T2R)	1 x Wi-Fi 802.11b/g/n/ac & BT 5.0 (1T1R)
Swappable Antenna for Better Signal	. Yes, w/ swappable antenna	No
USB	3 x USB 3.2 Gen1 Type-A 1 x USB 3.2 Gen1 Type-C OTG	2 x USB 3.0 ports 2 x USB 2.0 ports
Official Supported OS	Debian 9 / Android 10 (Beta)	Linux – Debian 10

※ 팅커 보드 2의 경우 Android 10 OS도 지원하며, 제품 개발에 적합합니다.

03 _ 팅커 보드 종류 살펴보기

다음은 Tinker Board 2, Tinker Edge R, Tinker Edge T를 나타냅니다.

Tinker Board 2S

Tinker Edge R

Tinker Edge T

Tinker Board 2의 경우 리눅스 또는 안드로이드 기반의 IoT 응용 개발에 적합한 보드입니다. Tinker Edge R의 경우 Tinker Board 2에 AI 칩인 Rockchip NPU(인공지능 프로세서)가 더해진 형태의 보드로 기계 학습 추론과 AI 응용 개발에 적합한 보드입니다. Tinker Edge T의 경우 Google Edge TPU(인공지능 프로세서)가 더해진 형태의 보드로 Tinker Edge R과 같이 기계 학습 추론과 AI 응용 개발에 적합한 보드입니다.

다음은 Tinker Edge R과 Tinker Edge T 보드를 비교한 내용입니다.

	TINKER EDGE T	TINKER EDGE R
AI chip	Google Edge TPU	Rockchip NPU
AI performance	4 TOPs	3 TOPs
Framework	TensorFlow Lite	TensorFlow, TensorFlow Lite, MXNet, ONNX, PyTorch, Caffe, Darknet
Model	DeepLab, DenseNet, Inception, MobileNet, MobileNet SSD, ResNet-50, ResNet-152, SqueezeNet, VGG16, VGG19, PoseNet, EfficientNet-EdgeTpu	MobileNet, MobileNet SSD, Inception, ResNet-18, ResNet-50, Yolo v2, Yolo v3, VGG16, VGG19, VGG SSD, FCN-ResNet101, ResNeXt50, OpenPose
Linux Support	Mendel (Debian-based)	Debian
Android Support	x	Android 8.1 (2020 Q2)
4G support	x	mPCIe for 4G/LTE

02 팅커 보드로 할 수 있는 일들

여기서는 팅커 보드로 할 수 있는 일들을 지능형 도시(Smart Cities), 운송 및 물류(Transport & Logistics), 보건 의료(HealthCare), 소매 시장(Retail) 영역에서 살펴봅니다.

▲ 지능형 도시

▲ 운송 및 물류

▲ 소매 시장

보건 의료

01 _ SMART CITIES : 지능형 도시

진정한 "스마트 시티"는 에지 컴퓨팅에 의해 가능해집니다. 즉, 로컬 AI 처리가 클라우드 컴퓨팅보다 더 중요합니다. 스마트 시티는 다양한 유형의 IoT 장치를 사용하여 실시간 데이터를 수집하고, 개인 정보를 유지하며, 자산, 자원, 서비스를 효율적으로 관리합니다.

다음은 스마트 시티의 응용 예들입니다.

▲ 보행자 안전 감지

▲ 인구 흐름 파악

▲ 효율적 실내 자원 관리

▲ 대기질 감시

보행자 안전 감지

차량에 내장된 Tinker에 연결된 카메라를 통해 도로의 교통 신호를 감지하거나 자동차의 내비게이션 시스템을 통해 교통의 전체 상황을 제공할 수 있습니다. 또, 보행자와 자전거 운전자 등을 모니터링하여 사각지대에서 발생하는 사고의 가능성을 줄여줄 수 있습니다.

인구 흐름 파악

정부와 기업은 센서와 카메라가 장착된 Tinker 분산 네트워크를 통해 물리적 공간의 인구 흐름을 파악할 수 있습니다. 카메라의 영상 입력을 분석하여 사용자에게 정체 또는 인구 이동 패턴을 알려줌으로써 사용자가 공유 자원을 효율적으로 분배하고 사고 대응을 개선할 수 있도록 도울 수 있습니다

효율적 실내 자원 관리

센서를 통해 Tinker는 사람을 감지하고 활동을 모니터링하여 에너지 활용을 최적화하고 생산성을 높이며 물리적 공간 사용을 관리하여 운영 비용을 크게 줄이고 효율성을 높일 수 있습니다.

대기질 감시

열악한 공기질은 전 세계적으로 가장 심각한 환경 문제이며 따라서 주변 공기질 모니터링은 필수적입니다. 로컬 AI는 대기 오염을 식별하는 기능을 제공하며 정부와 기업은 공기질 센서와 함께 Tinker를 사용하여 환경 솔루션을 구축할 수 있습니다.

02 _ TRANSPORT & LOGISTICS : 운송 및 물류

지능형 교통 시스템은 상호 운용성과 신속한 정보 공유 능력을 향상시킬 수 있습니다. Tinker는 실시간 응답 및 데이터 수집을 제공하여 운송 및 물류 관리를 향상시켜 줄 수 있습니다.
다음은 운송 및 물류 응용 예들입니다.

▲ 교통 흐름 조절

▲ 이동 경로 결정

▲ 재고 관리

▲ 택배 추적

교통 흐름 조절

Tinker는 도로와 주요 출입구상에 설치된 센서를 활성화하여 도시 전체의 교통 흐름을 최적화할 수 있습니다.

이동 경로 결정

Tinker와 함께 설치된 버스, 철도 및 지하철은 수집된 데이터를 사용하여 보다 효율적인 방식으로 운행 일정을 계획할 수 있습니다. 정부와 기업은 카메라가 장착된 Tinker를 이용하여 시민들에게 실시간 교통 정보를 제공할 수 있으며 시민들은 그 정보를 이용하여 출발지에서 목적지로의 이동 경로를 더 잘 결정할 수 있습니다.

재고 관리

Tinker의 공급 망 내에 연결된 장치와 지능형 자산 추적 프로그램을 이용하여 재고를 원하는 상태로 유지하면서 고객에게 적절한 공급을 할 수 있습니다.

택배 추적

전자 상거래는 사람들이 쇼핑하는 방식을 획기적으로 바꿨으며 고객은 빠른 배송 시간과 배송 상태를 알기를 원합니다. Tinker를 사용한 택배 추적을 통해 고객은 제품의 상태를 실시간으로 확인할 수 있습니다.

03 _ HEALTHCARE : 보건 의료

Tinker를 보건 의료에 적용하여 환자 진료 결과와 수술 후 관리를 개선할 수 있습니다.
다음은 보건 의료 응용 예들입니다.

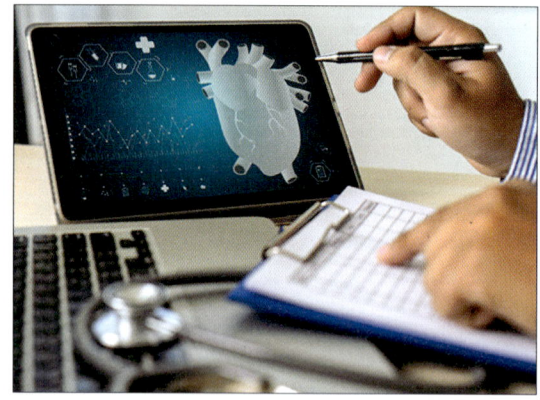
▲ 환자 건강 상태 예측

▲ 가정 내 처방

환자 건강 상태 예측

AI는 패턴 인식을 사용하여 환자의 건강 상태가 악화될 위험이 있는지를 예측할 수 있습니다. 또한 생활 방식, 주변 환경, 유전자 등의 요인으로 인해 환자의 건강이 악화될지를 예측할 수 있습니다. Tinker는 로컬 AI를 제공하기 때문에 중요한 이미지나 비디오를 감지할 수 있습니다.

가정 내 처방

Tinker에 의약품 관련 AI 모델이 설치되어 있을 경우 환자에게 의사가 설정한 스케줄에 따라 처방된 약을 복용하게 해 줄 수 있습니다.

04 _ RETAIL : 소매 시장

Tinker를 이용하여 매장 관리를 하거나 고객 관련 통계 등 매장 분석에 도움이 되는 데이터를 수집할 수 있습니다.

다음은 소매 시장 응용 예들입니다.

▲ 매장 마스크 감지 시스템

▲ 상품 인식 및 자동 계산 시스템

매장 마스크 감지 시스템

팬데믹 상황에서 사람들은 매장에 머무를 때 마스크를 착용해야 합니다. ASUS IoT 마스크 감지 시스템을 매장 입구에 설치하여 고객의 마스크 착용 여부를 확인할 수 있습니다. 마스크 착용 여부에 대한 인식 정확도는 최대 98%입니다.

상품 인식 및 자동 계산 시스템

사람 간 접촉을 줄이기 위해 셀프 계산대가 더 똑똑해질 수 있습니다. 상품 인식 기능이 있는 [ASUS IoT AI]는 상품을 자동으로 감지하고 구매 비용까지 계산할 수 있습니다. 더 이상 바코드를 스캔할 필요가 없습니다. 모든 구매 상품을 계산대에 올리기만 하면 상품이 자동으로 감지되고 가격이 계산됩니다. 재고도 자동으로 관리되기 때문에 매장 주인도 매장을 더 쉽게 관리할 수 있습니다. 이 시스템의 정확도는 최대 90%입니다.

03 ASUS 팅커 보드 개발 환경 구성하기

여기서는 팅커 보드 이미지를 설치하고, 팅커 보드 개발 환경을 구성합니다.

01 _ micro SD 카드 준비하기

팅커 보드 이미지는 micro SD 카드에 설치합니다. 이미지 설치 후, 다음과 같이 micro SD 카드를 팅커 보드에 장착하게 됩니다.

01 다음과 같이 micro SD 카드와 이미지를 쓰기 위한 SD 카드 리더기를 준비합니다.

※ micro SD 카드는 최소 16GB를 준비합니다.

02 micro SD 카드를 SD 카드 리더기에 장착한 후, 카드 리더기의 USB 단자를 PC에 연결합니다.

02 _ 팅커 보드 이미지 설치하기

여기서는 팅커 보드 이미지를 Win32 Disk Imager 프로그램을 이용하여 micro SD 카드에 설치하는 과정을 진행합니다. 그래서 다음 두 가지 프로그램을 다운로드 받은 후, 설치를 진행합니다.

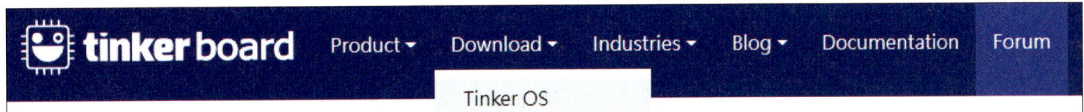

※ 왼쪽 그림의 img 파일은 2022년 9월 26일에 배포된 팅커 보드 이미지입니다.
※ 이 책은 위 이미지를 기준으로 집필되었습니다. 이미지가 바뀌면 이미지 환경에 따라 예제 수행이 안 되는 경우가 있을 수 있습니다.

팅커 보드 이미지 다운로드

01 다음 사이트에 접속합니다.
https://tinker-board.asus.com/index.html

02 다음 페이지가 열리면 [Download]--[Tinker OS] 메뉴를 선택합니다.

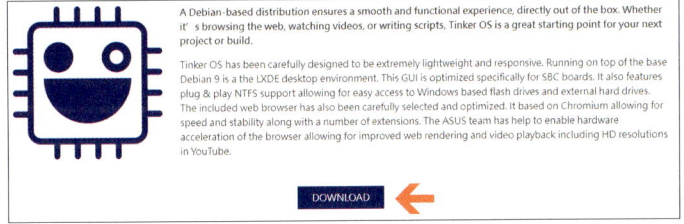

03 다음 그림에서 [DOWNLOAD] 버튼을 누릅니다.

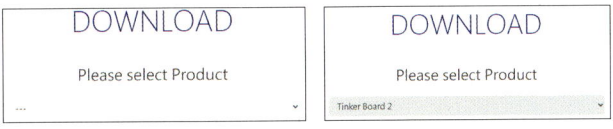

04 다음 페이지에서 [Tinker Board 2]를 선택합니다.

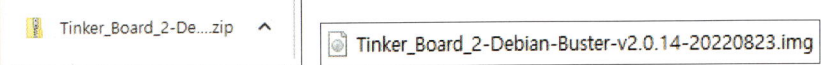

05 다음 그림에서 [Tinker Board 2 Debian 10 V2.0.14] 버전의 [DOWNLOAD] 버튼을 누릅니다.

Tinker Board 2 Debian 10 V2.0.14   2022/09/26   1.48 GB   DOWNLOAD

06 다운로드가 완료되면 압축 이미지를 풀어줍니다.

Tinker_Board_2-De....zip   Tinker_Board_2-Debian-Buster-v2.0.14-20220823.img

Win32 Disk Imager 설치

Win32 Disk Imager 프로그램을 다운로드 받고 설치합니다.

01 다음 사이트에 접속합니다.

https://sourceforge.net/projects/win32diskimager/

02 다음 페이지에서 [Download] 버튼을 누릅니다.

03 다운로드 받은 [win32diskimager-1.0.0-install.exe] 파일을 마우스 클릭하여 설치를 진행합니다.

04 다음과 같이 [Setup - win32diskimager] 설치 창이 뜹니다. [I accept the agreement] 부분을 선택한 후, [Next >] 버튼을 눌러 기본 상태로 설치를 진행합니다.

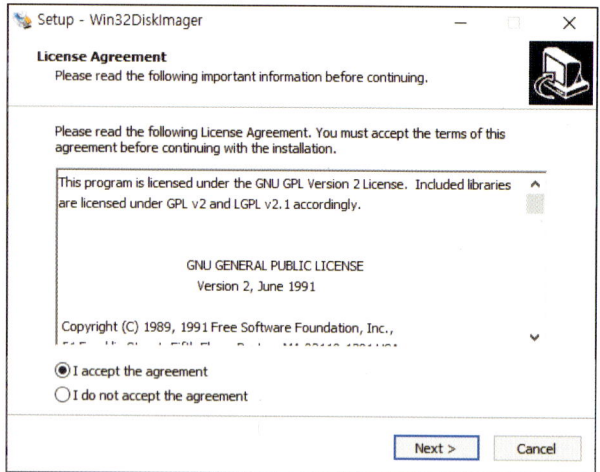

05 설치가 완료되면 다음과 같은 창이 뜹니다. [Finish] 버튼을 누릅니다.

06 다음과 같이 [Win32 Disk Imager] 프로그램이 실행됩니다. 이 프로그램을 이용하여 팅커 보드 이미지를 마이크로 SD 카드에 씁니다.

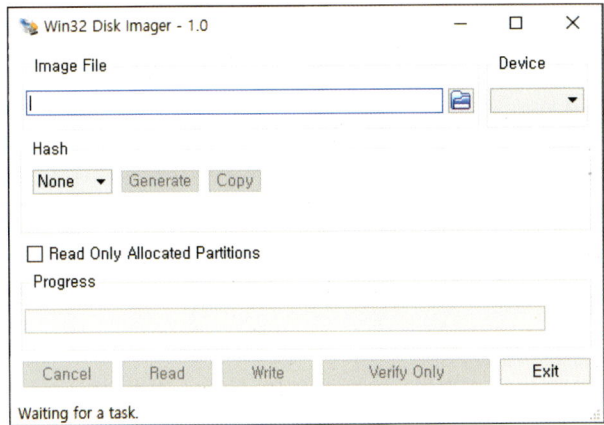

팅커 보드 이미지 설치

이제 팅커 보드 이미지를 Win32 Disk Imager 프로그램을 이용하여 마이크로 SD카드에 씁니다.

01 다음과 같이 SD 카드 리더기를 PC에 장착합니다.

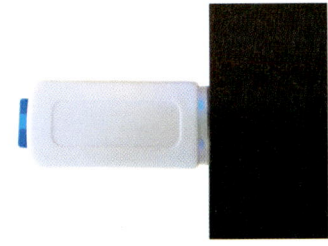

02 PC에 다음과 같이 인식된 것을 확인합니다.

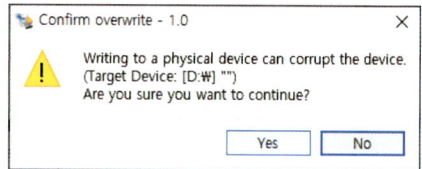

03 다음 순서대로 팅커 보드 이미지를 선택한 후, SD 카드에 씁니다.

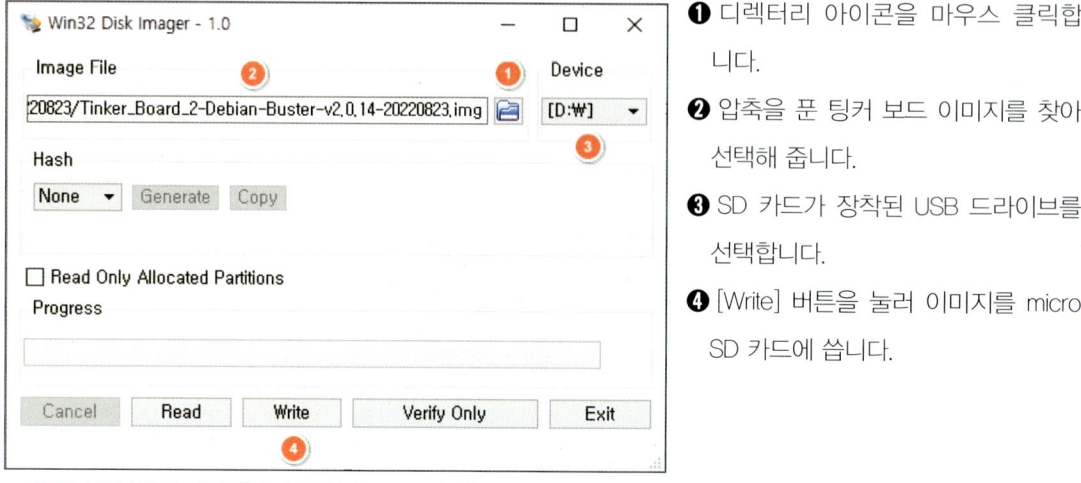

❶ 디렉터리 아이콘을 마우스 클릭합니다.
❷ 압축을 푼 팅커 보드 이미지를 찾아 선택해 줍니다.
❸ SD 카드가 장착된 USB 드라이브를 선택합니다.
❹ [Write] 버튼을 눌러 이미지를 micro SD 카드에 씁니다.

※ ❸ 단계에서 [중요 데이터]가 저장된 [다른 USB 장치]를 선택하지 않도록 주의합니다.

04 다음 창이 뜨면 [Yes] 버튼을 눌러 이미지 설치를 진행합니다.

05 다음과 같이 설치가 진행됩니다. SD 카드의 성능에 따라 5~10분 정도의 시간이 걸립니다.

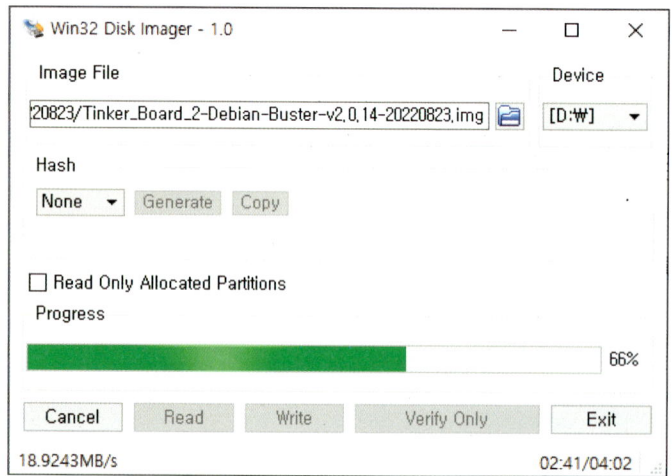

06 다음과 같이 완료가 되는 것을 확인합니다. [OK] 버튼을 누릅니다.

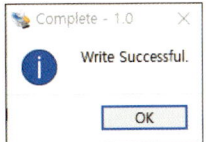

07 Win32 Disk Imager 프로그램을 종료합니다.

08 다음 창이 10개 정도 뜨는데 모두 [취소] 버튼을 눌러 창을 닫습니다.

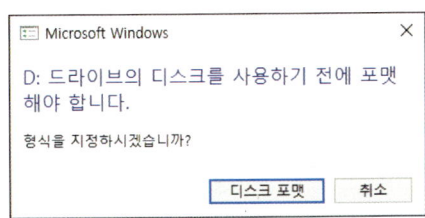

03 _ 팅커 보드 부팅하기

여기서는 microSD 카드에 설치한 팅커 보드 이미지를 가지고 부팅을 수행해 봅니다. 팅커 보드 부팅을 위해서는 모니터, HDMI 케이블, 키보드, 마우스, 팅커 보드 2 용 전원 어댑터가 필요합니다.

팅커 보드 부팅 준비물

팅커 보드 외부 환경 설정하고 부팅하기

여기서는 팅커 보드에 SD 카드를 장착하고, 키보드, 마우스, HDMI 케이블을 모니터에 연결한 후, 팅커 보드 전원 어댑터를 연결하여 부팅을 진행합니다.

01 다음과 같은 순서로 외부 환경을 구성합니다.

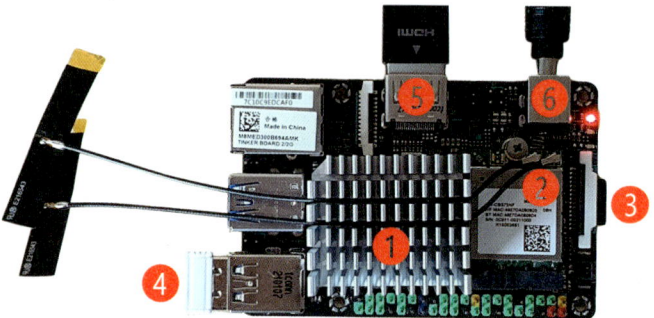

❶ 방열판을 SOC 칩 위에 장착합니다. 방열판은 팅커 보드와 함께 제공됩니다.
❷ WiFi 안테나 2개(2.4G/5G)를 연결합니다. 안테나를 연결하면 통신 감도가 더 좋아집니다. WiFi 안테나는 팅커 보드와 함께 제공됩니다.
❸ micro SD 카드를 카드 리더기에서 뺀 후, 팅커 보드에 장착합니다.
❹ USB 마우스/키보드를 연결합니다.
❺ HDMI 케이블을 모니터와 연결합니다.
❻ [팅커 보드 2] 용 전원 어댑터를 연결합니다.

02 전원을 연결하면 팅커 보드 상에 있는 초록색과 빨간색 LED가 켜지면서 부팅이 진행됩니다. 최초에는 부팅이 완료되는데 약 1~2분 정도의 시간이 필요합니다. 부팅이 완료되면 다음과 같은 화면이 뜹니다.

04 _ 팅커 보드 기본 환경 설정하기

여기서는 팅커 보드를 공유기에 연결하고, 기본 환경 설정을 하도록 합니다.

WiFi 연결하기

01 다음과 같이 화면 우측 하단에 있는 네트워크 아이콘을 마우스 클릭한 후, 공유기를 선택합니다.

※ 필자의 경우엔 SK_WiFiGIGAD18B라는 공유기를 선택하고 있습니다.

02 다음은 무선 [네트워크 비밀 번호 입력] 창입니다. 여러분이 알고 있는 비밀번호를 입력한 후, [Connect] 버튼을 누릅니다.

03 다음과 같이 공유기에 접속되는 것을 확인합니다.

LXTerminal 프로그램 실행하기

01 다음과 같이 하단 맨 좌측에 있는 아이콘을 눌러 [System Tools]--[LXTerminal] 프로그램을 실행합니다.

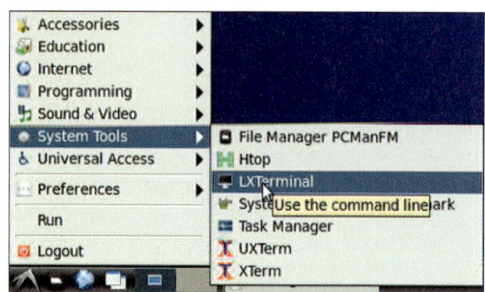

02 다음과 같이 [LXTerminal] 터미널 프로그램이 실행됩니다.

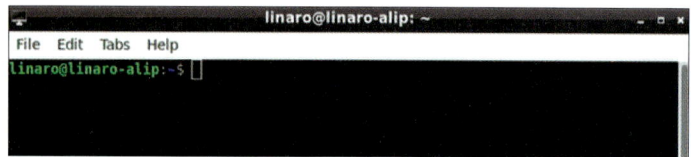

※ [LXTerminal] 프로그램은 Windows의 CMD.exe 프로그램과 같이 명령 행 기반 프로그램입니다.

라즈비안 리눅스 패키지 갱신 및 기본 편집기 설치

[LXTerminal] 프로그램 상에서 다음과 같이 차례대로 명령을 실행합니다.

```
$ sudo apt update
$ sudo apt upgrade -y
$ sudo apt install nano -y
```

※ 라즈비안 리눅스 패키지 갱신은 팅커 보드가 인터넷에 연결된 상태에서 수행해야 합니다.
※ 두 번째 명령 수행 후에는 다음과 같은 메시지가 뜨는데 무시하고 지나가도 됩니다.

```
ldconfig: file /usr/lib/mali/libmali.so is truncated
ldconfig: file /usr/lib/mali/libmali.so.1.9.0 is truncated
ldconfig: file /usr/lib/mali/libmali.so.1 is truncated
ldconfig: file /usr/lib/mali/libmali-midgard-t86x-r18p0-x11.so is truncated
ldconfig: file /usr/lib/libmali.so.1 is truncated
```

※ sudo는 관리자 권한으로 명령을 수행하고자 할 때 사용하는 명령어입니다.
※ apt는 라즈비안 리눅스 패키지 관리 명령어입니다.
※ nano 프로그램은 윈도우의 메모장과 같은 간단한 편집기입니다.
※ 필자의 경우 update 시간은 3분, upgrade 시간은 7분 정도 걸렸습니다. 독자 여러분의 네트워크 상태에 따라 빨라지거나 느려질 수 있습니다.

스왑 파일 설치

스왑 파일은 메모리가 부족할 경우 SD 카드와 같은 저장 장치의 일부분을 메모리로 사용하고자 할 때 설치하는 파일입니다. 특히 외부에서 온 대용량 소스를 빌드할 때 꼭 필요합니다.

01 [LXTerminal] 프로그램 상에서 다음과 같이 명령을 줍니다.

```
$ free -h
```

02 그러면 다음과 같이 표시됩니다. 현재 스왑 공간이 없습니다.

03 다음과 같이 스왑 패키지를 설치합니다.

```
$ sudo apt install dphys-swapfile -y
```

04 다음과 같이 nano 편집기를 이용하여 [/etc/dphys-swapfile] 파일을 엽니다.

```
$ sudo nano /etc/dphys-swapfile
```

05 아래 그림의 왼쪽 부분을 찾아 오른쪽과 같이 수정합니다.

#은 주석을 의미하며 지워주어야 합니다.

06 Ctrl + x , y , 엔터키를 차례대로 눌러 파일을 저장합니다.

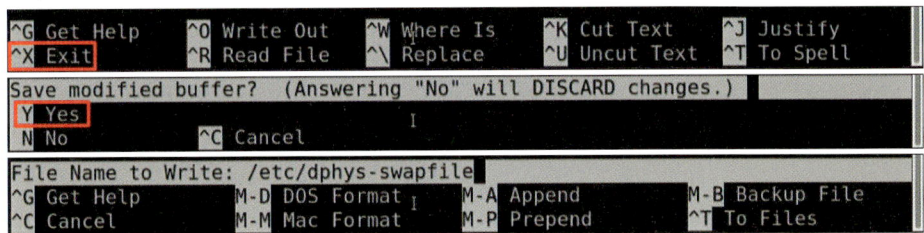

※ nano 편집기에서 Ctrl + x 는 편집 종료를 의미합니다.
※ y는 수정한 내용을 저장한다는 의미입니다.
※ 엔터키를 누르면 저장이 되며 편집기가 종료됩니다.

07 다음과 같이 재부팅을 수행합니다.

```
$ sudo reboot
```

※ 재부팅을 수행해야 스왑 공간이 활성화됩니다.

08 재부팅 후 [free -h] 명령을 실행하여 [스왑 공간]이 생성된 것을 확인합니다.

```
linaro@linaro-alip:~$ free -h
              total        used        free      shared  buff/cache   available
Mem:          1.9Gi       225Mi       1.4Gi       107Mi       340Mi       1.6Gi
Swap:         2.0Gi          0B       2.0Gi
```

python 링크 재설정

앞에서 설치한 팅커 보드 리눅스에서 python 명령은 기본 상태에서 Python 2.7 버전으로 설정되어 있습니다. 이 책의 예제는 Python 3.7 버전을 사용합니다.

01 다음과 같이 [python —version] 명령을 수행합니다. [2.7.16] 버전으로 표시됩니다.

```
linaro@linaro-alip:~$ python --version
Python 2.7.16
```

02 다음과 같이 명령을 차례대로 수행하여 python 명령이 [3.7] 버전을 가리키도록 합니다.

```
$ cd /usr/bin
$ sudo rm python
$ sudo ln -s python3 python
```

※ 첫 번째 명령은 [/usr/bin] 디렉터리로 이동하는 명령입니다.
※ 두 번째 명령은 python 링크 파일을 제거하는 명령입니다. 현재 python 명령은 [2.7] 버전의 실제 프로그램을 가리키는 파일입니다.
※ 세 번째 명령은 python3 프로그램을 가리키는 python 링크 파일을 새로 생성하는 명령입니다. 이렇게 하면 python 명령이 [3.7] 버전의 파이썬 프로그램을 가리키게 됩니다.

03 다음과 같이 [python —version] 명령을 다시 수행합니다. [3.7.3] 버전으로 표시됩니다.

```
linaro@linaro-alip:/usr/bin$ python --version
Python 3.7.3
```

05 _ 파이썬 실습 환경 구성하기

앞으로 작성할 파이썬 프로그램을 저장하기 위한 디렉터리를 생성합니다. 그리고 간단한 파이썬 파일을 작성한 후, 실행해 봅니다.

실습 디렉터리 생성하기

이 책에서는 pyLabs 디렉터리를 생성해 실습 디렉터리로 사용합니다. 다음과 같이 실습 디렉터리를 생성합니다.

01 다음과 같이 [LXTerminal] 터미널 프로그램을 실행합니다.

02 차례대로 다음과 같이 명령을 줍니다.

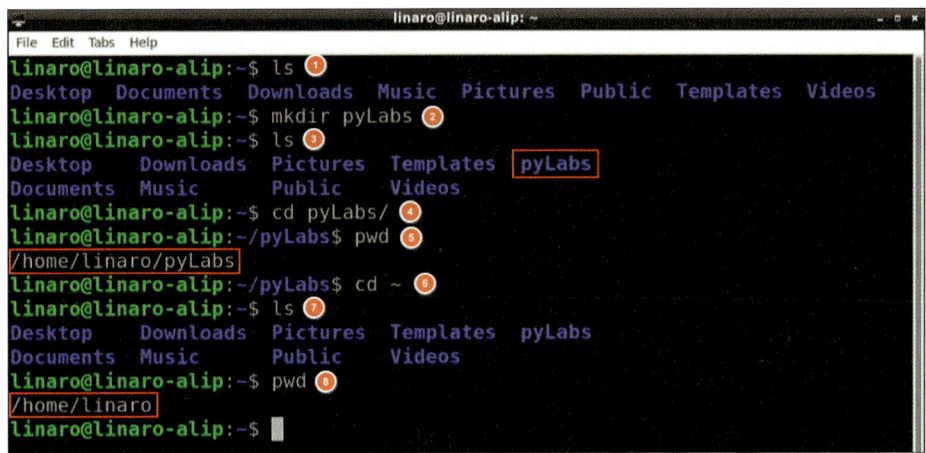

❶ ls 명령은 현재 디렉터리의 내용을 보는 명령입니다.

❷ mkdir 명령은 디렉터리를 생성하는 명령입니다. 여기서는 pyLabs 디렉터리를 생성합니다.

❸ ls 명령을 수행하여 pyLabs 디렉터리가 생성된 것을 확인합니다.

❹ cd 명령을 수행하여 pyLabs 디렉터리로 이동합니다. cd 명령은 "change directory"의 준말로 디렉터리 이동을 수행합니다.

❺ pwd 명령을 수행하여 현재 디렉터리 위치를 확인합니다. pwd 명령은 "print working directory"의 준말로, 현재 작업 중인 디렉터리의 이름을 출력합니다.

❻ cd ~ 명령을 수행하여 홈 디렉터리로 이동합니다. cd 명령 뒤에 오는 ~ 표시는 홈 디렉터리를 의미합니다.

❼ ls 명령을 현재 디렉터리의 내용을 봅니다. ❸ 단계에서 봤던 결과와 같습니다.

❽ pwd 명령을 수행하여 현재 디렉터리 위치를 확인합니다.

※ 명령어 실행 시 대소문자를 구분해 주어야 합니다.

파이썬 프로그램 작성하기

01 다음과 같이 ❶ pyLabs 디렉터리로 이동한 후, ❷ nano 편집기를 이용하여 _00_hello.py 파일을 작성합니다.

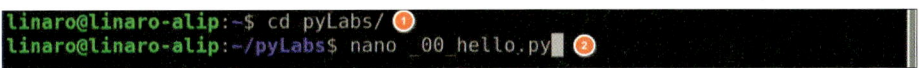

02 다음과 같이 프로그램을 작성합니다.

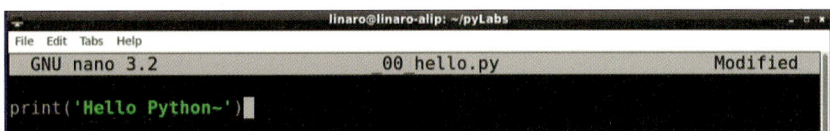

1 : print는 문자열을 출력하고자 할 때 사용하는 함수입니다. 위 소스는 "Hello Python~" 문자열을 출력하라는 의미입니다.

03 Ctrl + x , y 엔터키를 차례대로 눌러 파일을 저장합니다.

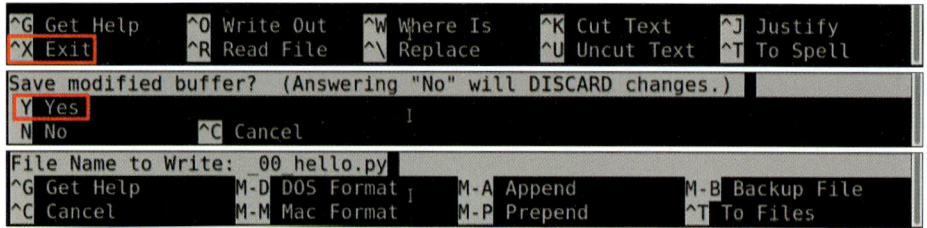

파이썬 프로그램 실행하기

다음과 같이 python 명령을 주어 실행합니다.

```
linaro@linaro-alip:~/pyLabs$ python _00_hello.py
Hello Python~
linaro@linaro-alip:~/pyLabs$
```

파이썬 파일은 python 프로그램을 이용하여 실행합니다. python 프로그램이 _00_hello.py 프로그램을 읽으며 실행합니다. 이런 방식으로 실행하는 것을 번역 방식의 실행이라고 합니다.

06 _ 팅커 보드 원격 개발 환경 구성하기

여기서는 공유기에 접속된 팅커 보드를 PC에서 원격 접속하여 개발할 수 있는 환경을 구성합니다.

팅커 보드 IP 주소 확인하기

팅커 보드에서 IP 주소를 다음과 같이 확인합니다.

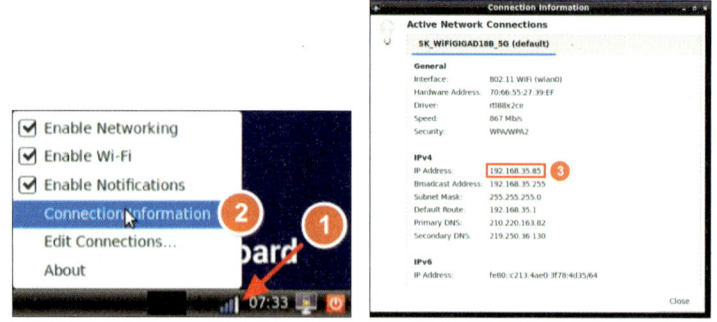

❶ WiFi 아이콘 상에서 마우스 오른쪽 버튼을 누르고, ❷ [Connection Information] 메뉴를 선택한 후, ❸ 팅커 보드의 IP 주소를 확인합니다. 이 주소를 따로 적어놓습니다.

HDMI/USB 연결 해제

IP 주소를 확인했으면 HDMI/USB 연결을 해제할 수 있습니다. 다음과 같이 HDMI와 USB 연결을 해제합니다.

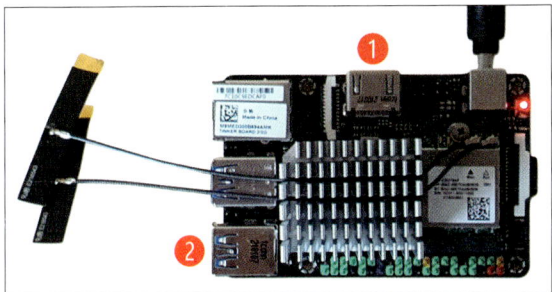

❶ HDMI 케이블 연결을 해제합니다.
❷ USB 마우스/키보드 연결을 해제합니다.

putty 프로그램 설치하기

다음은 팅커 보드와 통신할 PC용 터미널 프로그램을 설치하도록 합니다.

01 다음과 같이 웹 브라우저 상에서 [putty download]를 검색합니다.

02 다음 사이트를 찾아 들어갑니다.

https://www.putty.org ▼
Download PuTTY - a free SSH and telnet client for Windows

03 다음 화면에서 [Download PuTTY] 링크를 마우스 클릭합니다.

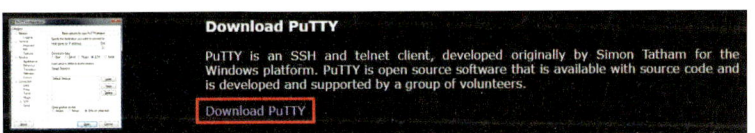

04 다음 링크를 찾아 마우스 클릭합니다.

64-bit x86:   putty-64bit-0.78-installer.msi

05 다음 프로그램을 설치합니다.

putty-64bit-0.78-i....msi

팅커 보드 원격 접속하기

이제 설치한 putty 프로그램의 SSH 클라이언트 기능을 이용하여 팅커 보드에 원격 접속해 봅니다. SSH 접속을 하면 팅커 보드에 명령을 줄 수 있습니다.

01 PC에서 ![PuTTY] putty 프로그램을 실행한 후, 다음과 같이 팅커 보드에 접속합니다.

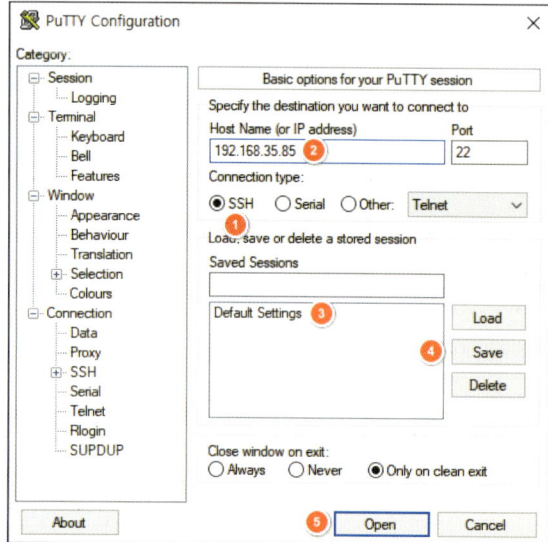

❶ [Connection type]은 [SSH]을 선택하고,

❷ [Host Name (or IP address)]에 앞에서 확인한 팅커 보드의 IP 주소를 입력합니다. 필자의 경우는 [192.168.35.85]입니다.

❸ [Saved Sessions]에서 [Default Settings]를 마우스로 선택한 후,

❹ [Save] 버튼을 눌러 저장합니다. 이렇게 하면 이후엔 현재 설정이 기본 설정이 됩니다.

❺ [Open] 버튼을 눌러 접속합니다.

02 처음 접속 시 다음과 같은 [보안 경고] 화면이 뜹니다. [Accept] 버튼을 눌러줍니다.

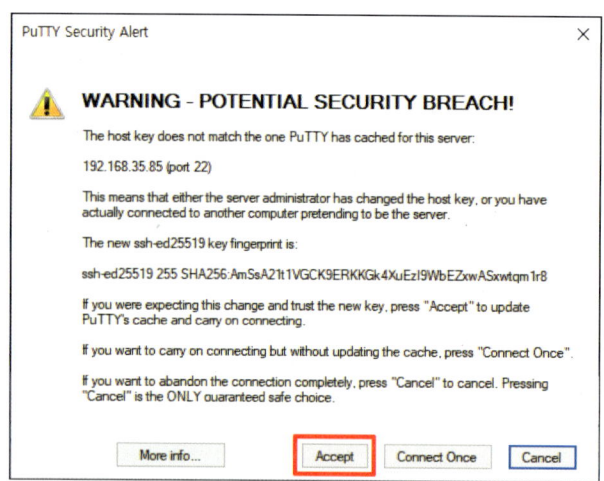

03 다음 화면에서 ❶ 사용자 이름에 linaro, ❷ 암호에 linaro를 입력한 후 [엔터]키를 칩니다.

※ 암호는 화면에 표시되지 않습니다.

04 그러면 다음과 같은 창이 뜨면서 linaro 사용자로 로그인이 됩니다. pyLabs 디렉터리로 이동합니다.

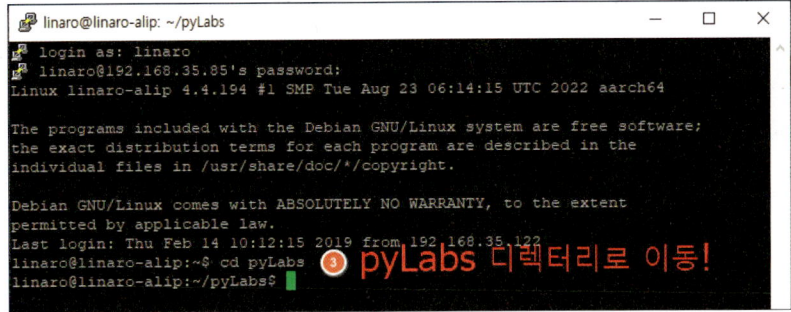

05 다음과 같이 예제를 실행합니다.

$ python _00_hello.py

다음과 같이 출력되는 것을 확인합니다.

```
Hello Python~
```

기본 nano 명령어

다음은 몇 가지 주요한 nano 명령어입니다. 기억하여 python 파일 편집 시 활용합니다.

nano 명령	동작
Alt + #	줄 번호 표시
Ctrl + _	줄 이동
Ctrl + y	맨 처음 줄로 이동
Ctrl + v	맨 마지막 줄로 이동
Alt + t	커서 위치부터 파일 끝까지 지우기
Ctrl + k	한 줄 지우기
Alt + 6	한 줄 복사하기

07 _ 팅커 보드 핀 맵 살펴보기

다음은 팅커 보드 핀 맵을 나타냅니다. 우리 책에서는 그림에 표시되는 1~40으로 표시되는 핀 번호를 사용하여 프로그래밍합니다.

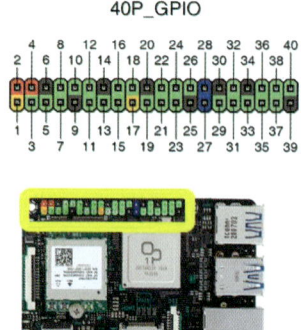
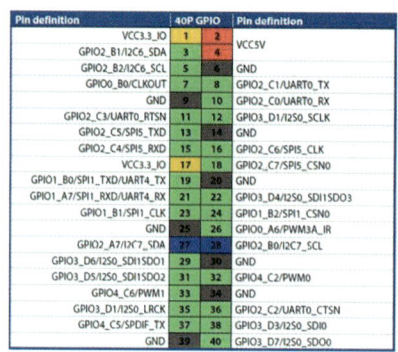

다음과 같이 명령을 주어 GPIO 정보를 확인할 수도 있습니다.

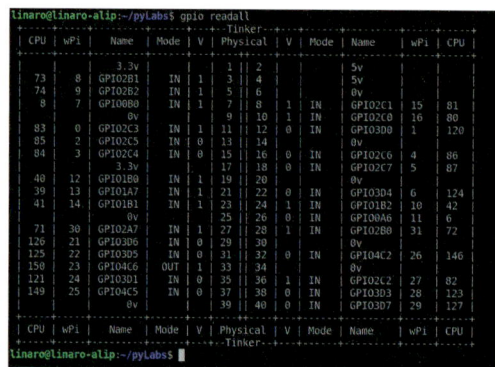

```
$ gpio readall
```

08 _ 팅커 보드 A.I.Shield 살펴보기

다음은 이 책에서 사용할 [팅커 보드 A.I.Shield]입니다. 이 책에서는 [팅커 보드 A.I.Shield]에 다양한 부품을 장착하여 실습을 진행합니다.

44 · 파이썬과 인공지능 프로젝트 with ASUS Tinker Board

❶ 팅커 보드가 장착되는 자리입니다.

❷ 팅커 보드의 핀과 연결되는 2.54mm 2x20 핀입니다.

❸ 외부에 연결해서 사용할 수 있는 팅커 보드 확장 핀입니다. 팅커 보드의 19, 27, 29, 31, 33, 37, 5V, 3.3V, GND 핀과 연결된 핀입니다. 예를 들어, ⓒ 핀과 연결하여 ⓑ LED를 제어하거나, Ⓕ 핀과 연결하여 Ⓔ 부저를 제어하거나, ⓮ 번 핀과 연결하여 ⓯, ⓰ 모터를 제어할 수 있습니다.

❹ 서보모터와 카메라가 장착되는 자리입니다.

❺ INMP441 I2S 마이크 센서를 장착할 수 있는 핀입니다. 이 책에서는 다루지는 않습니다.

❻ MAX98357A I2S 스피커를 장착할 수 있는 핀입니다. 이 책에서는 다루지는 않습니다.

❼ HC06 또는 HM10 블루투스 모듈을 장착하거나, USB to Serial 모듈을 장착할 수 있는 핀입니다.

❽ MPU6050 I2C 가속도 자이로 센서를 장착할 수 있는 핀입니다.

❾ PCA9685 I2C PWM 제어 모듈을 장착할 수 있는 자리입니다.

❿ PCA9685 I2C PWM 제어 모듈을 팅커 보드와 연결하는 핀입니다.

⓫ L9110S 모터 드라이버 모듈을 장착할 수 있는 자리입니다. 2개의 모터를 장착할 수 있습니다.

⓬ ⓯, ⓰에 장착되는 모터와 연결되는 핀으로 ⓫ L9110S 모터 드라이버의 모터 연결단자와 연결됩니다.

⓭ ⓫ L9110S 모터 드라이버의 전원, 제어 핀과 연결되는 핀입니다. 모터 제어 핀은 ⓮ 핀과 연결됩니다.

⓮ L9110S 모터 드라이버 제어 핀과 연결되어 있으며, ❸ 팅커 보드 확장 핀과 연결하거나, ❾ PCA9685 I2C PWM 제어 모듈의 핀과 연결하여 모터를 제어합니다.

⓯ 왼쪽 모터를 장착하는 자리입니다.

⓰ 오른쪽 모터를 장착하는 자리입니다.

⓱ MCP3208/MCP3008 SPI ADC 센서 모듈을 장착하는 핀입니다.

⓲ 가변저항 으로 MCP3208/MCP3008 SPI ADC 센서 모듈의 0번 채널에 연결되어 있습니다.

⓳ 빛센서로 MCP3208/MCP3008 SPI ADC 센서 모듈의 1번 채널에 연결되어 있습니다.

⓴ MCP3208/MCP3008 SPI ADC 센서 모듈의 2~8번 채널에 연결된 핀으로 ADC 센서를 추가로 연결할 수 있습니다.

Ⓐ 팅커 보드의 21,22,23,24 번 핀에 연결된 LED입니다.

Ⓑ 확장 LED로 ⓒ 핀을 통해 켜거나 끌 수 있습니다.

ⓒ Ⓑ 확장 LED를 켜거나 끌 수 있는 핀입니다. ⓒ 핀은 ❸ 팅커 보드 확장핀에 연결하거나 ❾ PCA9685 I2C PWM 제어 모듈의 핀과 연결하여 제어할 수 있습니다.

Ⓓ 팅커 보드의 32 번 핀에 연결된 버튼입니다.

Ⓔ 피에조 부저 로 Ⓕ의 BUZ 핀에 연결되어 있습니다.

Ⓕ Ⓔ 피에조 부저를 제어할 수 있는 핀입니다. Ⓕ 핀은 ❸ 팅커 보드 확장핀에 연결하거나 ❾ PCA9685 I2C PWM 제어 모듈의 핀과 연결하여 제어할 수 있습니다.

04 A.I.TinkerBot 조립하기

여기서는 코코랩스 A.I.Shield를 중심으로 A.I.TinkerBot을 조립합니다.

01 _ 부품 살펴보기

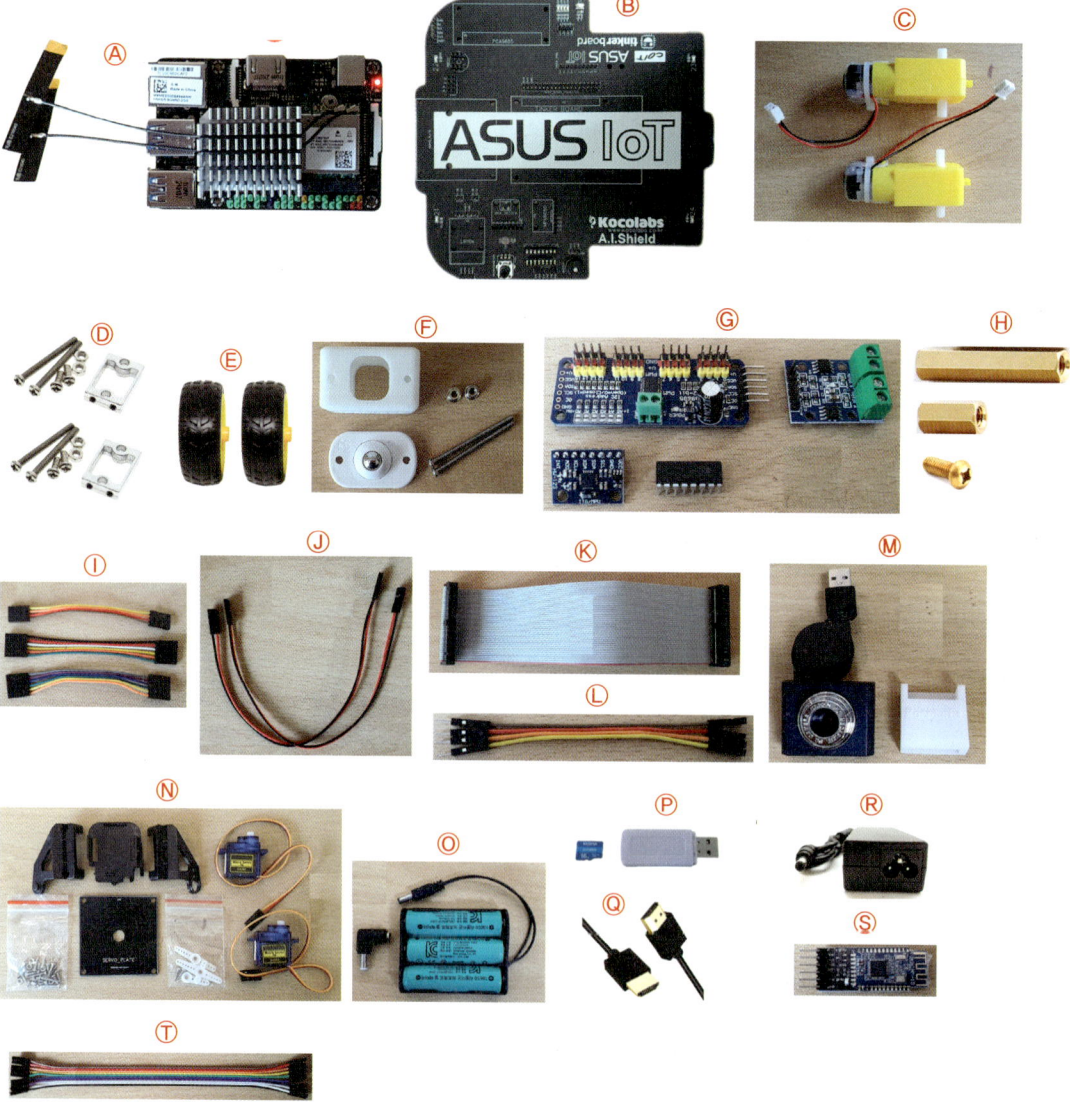

번호	이름	규격 및 개수
Ⓐ	Tinker Board 2	1개
Ⓑ	A.I.Shield	1개
Ⓒ	T.T 모터	2개
Ⓓ	T.T 모터 브라켓	2개
Ⓔ	T.T 모터 바퀴	2개
Ⓕ	앞바퀴 부품	M3×45mm 나사 2개 M3 스텐후렌치 너트 2개
Ⓖ	확장 모듈 부품	L9110S 모터 드라이버 1개 PCA9685 PWM 모듈 1개 MPU6050 모듈 1개 MCP3208 ADC 모듈 1개
Ⓗ	확장 모듈 지지대 부품	M2.5×30mm 지지대 16개 M2.5×11mm 지지대 5개 M2.5×5mm나사 38개
Ⓘ	확장 모듈 연결선	4핀×10cm FF 1개 6핀×10cm FF 2개
Ⓙ	모터 제어 연결선	4핀×10cm MF 1개
Ⓚ	팅커 보드 연결 케이블	40핀×20cm FF 1개
Ⓛ	DC 모터 연결선	2핀×20cm MM 1개
Ⓜ	USB 카메라 부품	1개
Ⓝ	카메라 팬/틸트 부품	SG90 서보 2개 SG90용 팬/틸트 브라켓 1조
Ⓞ	배터리 부품	18650×3 배터리 홀더 1개 18650 배터리 3개 DC잭 변환 어댑터(5.5×2.1 to 5.5×2.5)
Ⓟ	micro SD 카드/카드 리더기	micro SD 카드 16GB 1개
Ⓠ	HDMI 케이블	1개, 기본 키트에 포함 안됨
Ⓡ	팅커보드 어댑터	1개, 기본 키트에 포함 안됨
Ⓢ	HM10 BLE 모듈	1개
Ⓣ	추가 연결선	10핀×20cm FF 1개

이 책의 실습 키트는 저자가 직접 운영하는 코코랩스 쇼핑몰에서 구입할 수 있습니다.
- 키트 구매처 : www.kocolabs.co.kr
- 상품명 : A.I.TinkerBot 키트

02 _ 지지대 및 나사 장착도

다음 그림은 지지대 및 나사 장착 위치와 종류를 나타낸 그림입니다. 조립시 참고합니다.

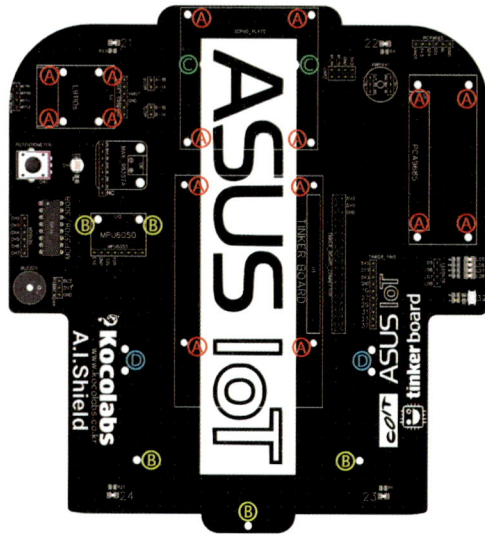

Ⓐ M2.5×30mm 지지대, M2.5*5mm 나사 16군데

Ⓑ M2.5×11mm 지지대, M2.5*5mm 나사 5군데

Ⓒ M3×45mm 나사, M3 스텐후렌치 너트 2군데

Ⓓ TT 모터 브래킷 홀더 2군데

03 _ A.I.TinkerBot 조립하기

A.I.TinkerBot을 조립을 시작합니다.

바퀴부 조립하기

01 다음과 같이 TT 모터 2개/TT 모터 브래킷 홀더 2조를 준비합니다.

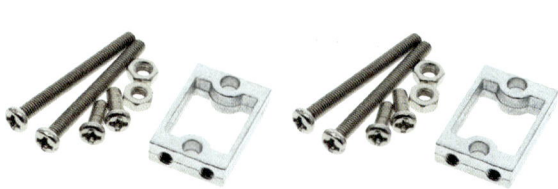

02 다음과 같이 조립합니다. 동봉된 스크류 드라이버를 이용합니다.

03 다음과 같이 A.I.Shield에 장착합니다. 모터 선도 단자에 끼워줍니다.

04 다음 부품을 준비합니다.

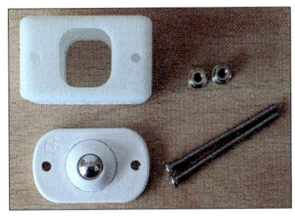

M3×45mm 나사, M3 스텐후렌치 너트를 사용합니다.

05 다음과 같이 A.I.Shield 앞 부분에 장착합니다. 동봉된 스크류 드라이버를 이용합니다.

06 다음과 같이 바퀴를 장착합니다.

확장 모듈 장착하기

01 다음과 같이 지지대를 장착합니다. 빨간색 원은 긴 지지대, 파란색 원은 짧은 지지대를 장착합니다.

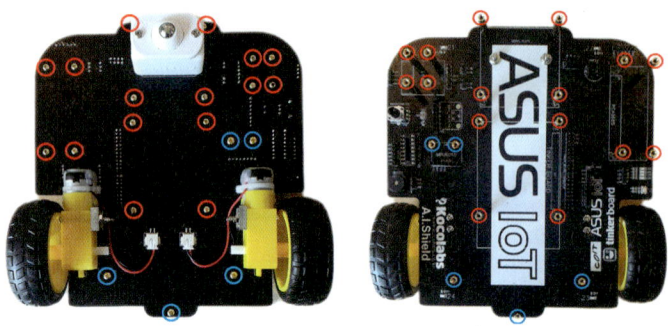

빨간색 원은 ▬▬ 🔩 M2.5*30mm 지지대, M2.5*5mm 나사를 사용합니다. 전체 16곳을 조립해 줍니다.

파란색 원은 ▬ 🔩 M2.5*30mm 지지대, M2.5*5mm 나사를 사용합니다. 전체 5곳을 조립해 줍니다.

02 다음과 같이 확장 모듈을 장착합니다.

빨간색 원은 🔩 M2.5*5mm 나사를 사용합니다.

팅커 보드 장착하기

01 다음 케이블 중 하나를 준비합니다. 팅커 보드와 A.I.Shield 연결 케이블입니다.

※ 위 둘 중 하나의 케이블이 제공됩니다.

02 다음과 같이 A.I.Shield와 팅커 보드의 핀에 장착합니다.

03 다음과 같이 팅커 보드를 장착합니다.

빨간색 원은 ![screw] M2.5*5mm 나사를 사용합니다.

카메라 팬/틸트 모듈 조립하기

01 다음 부품을 준비합니다. 검정 플라스틱은 SG90용 팬/틸트 브라켓 부품입니다.

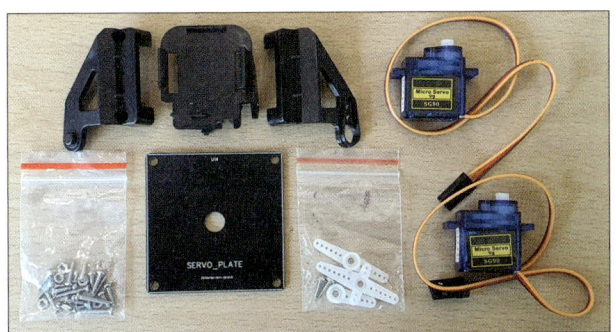

카메라부 조립 시 사용하는 나사는 다음과 같습니다.

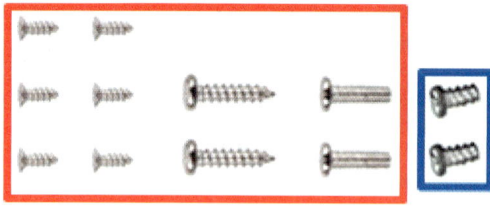

빨간 사각형 내에 있는 나사는 SG90용 팬/틸트 브라켓 부품에 포함된 나사이고, 파란 사각형 내에 있는 나사는 SG90 서보 부품에 포함된 나사입니다.

02 서보 모터를 다음과 같이 위치를 맞춰줍니다. 2개의 서보 모터에 대해 수행합니다.

  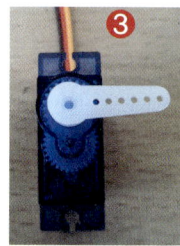

서보 혼(horn)이 ❶ 왼쪽 최대 회전 지점, ❷ 오른쪽 최대 회전 지점이 되도록 맞춘 후, ❸ 과 같은 위치로 맞춘 후, 빼줍니다.

03 다음과 같이 서보 혼을 잘라줍니다. 잘린 서보 혼이 제공되지 않을 경우 직접 잘라줍니다.

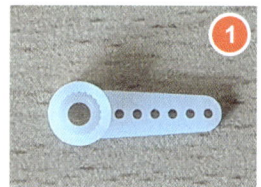 

04 다음과 같이 서보 혼을 조립합니다.

❶ 가장 작은 나사를 사용합니다. SG90용 팬/틸트 브라켓 부품에 포함된 나사입니다.

05 다음과 같이 서보 모터를 장착합니다. 서보 모터의 방향을 잘 살펴봅니다.

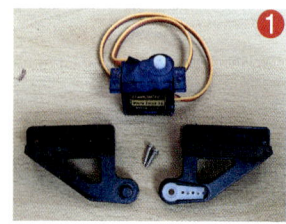  

❷ 나사를 사용합니다. SG90용 팬/틸트 브라켓 부품에 포함된 나사입니다.

06 다음과 같이 조립합니다.

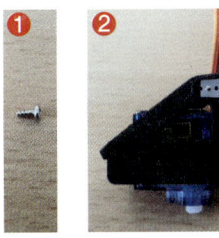   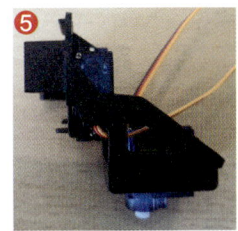

❶ 나사를 사용합니다. SG90 서보 부품에 포함된 나사입니다.

❷ 나사를 사용합니다. SG90용 팬/틸트 브라켓 부품에 포함된 나사입니다.

07 다음과 같이 조립합니다.

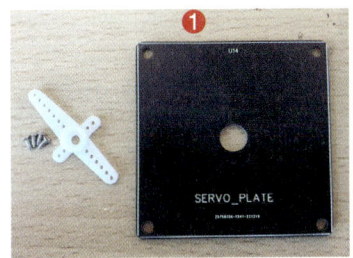  

❶ 가장 작은 나사를 사용합니다. SG90용 팬/틸트 브라켓 부품에 포함된 나사입니다.

08 다음과 같이 조립합니다.

  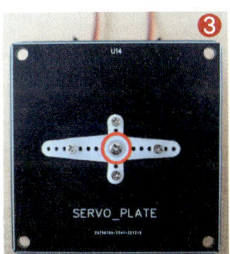

❶ 나사를 사용합니다. SG90 서보 부품에 포함된 나사입니다.

09 다음과 같이 카메라 장착 모듈을 A.I.Shield에 장착해 줍니다.

빨간색 원은 M2.5*5mm 나사를 사용합니다.

확장 모듈 배선하기

01 다음 선들을 준비하여 확장 모듈에 배선합니다.

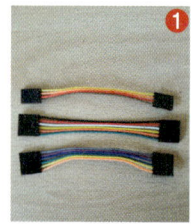   

02 다음 선들을 준비하여, 모터 제어 핀과 팅커 보드 확장 핀을 연결해 줍니다.

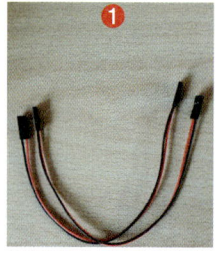   

스크류 드라이버나 볼펜 등을 이용하여 ❶ 선을 ❷와 같이 말아주면 선 관리가 쉽습니다.

03 다음은 배선이 완료된 모양입니다.

USB 카메라 장착하기

01 다음 부품을 준비하여 USB 카메라를 장착합니다.

 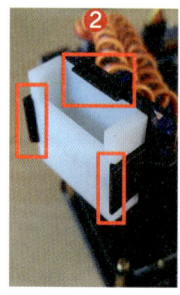  

02 다음은 카메라가 장착된 모양입니다.

모터 구동선 연결하기

다음 선을 준비하여 모터 드라이버와 모터를 연결합니다.

❸ 모터 드라이버 모듈 부분은 스크류 드라이버를 이용하여 풀고 조여 줍니다.

배터리 장착하기

여기서는 배터리를 장착합니다. 다음과 같이 배터리를 준비하여 A.I.Shield에 장착합니다.

HM10 BLE 모듈 장착하기

다음과 같이 HM10 BLE 모듈을 장착합니다.

CHAPTER

02

팅커 보드
파이썬 패키지 활용하기

이번 장에서는 팅커 보드에서 제공하는 파이썬 패키지의 사용법을 익혀봅니다.

01 print 함수

여기서는 print 함수에 대한 사용법을 익혀봅니다. print 함수는 문자열과 숫자를 출력해 주는 함수로 프로그램 내부의 중요한 정보를 사용자에게 알려줍니다. 파이썬에서 문자열을 출력하고자 할 경우엔 print 함수를 사용합니다.

01 _ print

print 함수는 문자열과 숫자를 출력해 주는 함수로 프로그램 내부의 중요한 정보를 사용자에게 알려줍니다.

01 다음과 같이 예제를 작성합니다. 예제 작성은 [Thonny] 또는 [nano]를 이용합니다.

_01_print.py
```
print("Hello. I'm a Tinker Board~")
```

print 함수를 호출하여 "Hello. I'm a Tinker Board~" 문자열을 출력합니다.

02 다음과 같이 예제를 실행합니다.

```
$ python _01_print.py
```

다음과 같은 문자열이 출력됩니다.

```
Hello. I'm a Tinker Board~
```

02 _ while

파이썬에서 어떤 일을 반복하고자 할 경우엔 while 문을 사용합니다.

01 다음과 같이 이전 예제를 수정합니다.

_02_while_true.py
```
1 while True:
2     print( "Hello. I'm a Tinker Board~" )
```

1 : while True 문을 수행하여 1,2 줄을 무한 반복합니다. 온점(:)은 while 문의 시작을 나타냅니다. while 문 안에서 동작하는 문장은 while 문 보다 탭 문자 하나만큼 들여 써야 합니다. 또는 스페이스 문자 4 개만큼 들여 쓰기도 합니다. 여기서는 print 함수가 while 문의 일부로 동작합니다.

02 다음과 같이 예제를 실행합니다.

```
$ python _02_while_true.py
```

프로그램을 실행시키면 다음과 같이 문자열이 빠른 속도로 무한 출력됩니다.

```
Hello. I'm a Tinker Board~
Hello. I'm a Tinker Board~
Hello. I'm a Tinker Board~
```

프로그램을 강제 종료하기 위해서는 Ctrl 키를 누른 채로 C 키를 눌러줍니다. 그러면 다음과 같이 키보드 인터럽트가 발생했다는 메시지가 뜹니다.

```
^CHello. I'm a Tinker Board~
Traceback (most recent call last):
  File "_02_while_true.py", line 2, in <module>
    print("Hello. I'm a Tinker Board~")
KeyboardInterrupt
```

인터럽트 처리 메시지를 보이지 않도록 하기 위해서는 키보드 인터럽트를 직접 처리해주면 됩니다.

03 _ try~except

여기서는 키보드 인터럽트를 처리하기 위해 try~except문을 살펴봅니다.

01 다음과 같이 이전 예제를 수정합니다.

_03_try_except.py
```
1 try:
2     while True:
3         print("Hello. I'm a Tinker Board~")
4 except:
5     pass
```

1,4 : 키보드 인터럽트를 처리하기 위해 try~except 문을 사용합니다. try~except 문은 예외 처리를 하고자 할 경우 사용하며 여기서는 키보드 인터럽트 처리를 위해 사용합니다. try~except 문은 정상적인 처리와 예외 처리를 따로 구분하여 코드에 대한 가독성을 높여 주는 역할을 합니다. try 문 아래에서 정상적인 처리를 하며 정상적인 처리를 하다가 예외가 발생할 경우 except 문으로 이동하여 처리합니다.

2 : while 문을 try 문보다 탭 문자 하나만 큼 들여 써서 try문 안에서 동작하게 합니다.

5 : pass문을 이용하여 아무것도 수행하지 않습니다. pass 문은 특별히 수행하고자 할 코드가 없을 경우 사용합니다. 온점(:)으로 시작하는 구문, 예를 들어 여기서는 try, except, while 문은 적어도 하나의 문장을 수행해야 하며, 굳이 수행하고자 하는 문장이 없을 경우 pass 문을 사용합니다.

02 다음과 같이 예제를 실행합니다.

```
$ python _03_try_except.py
```

프로그램을 실행시키면 다음과 같이 문자열이 빠른 속도로 반복해서 출력됩니다.

```
^CHello. I'm a Tinker Board~
Traceback (most recent call last):
  File "_02_while_true.py", line 2, in <module>
    print("Hello. I'm a Tinker Board~")
KeyboardInterrupt
```

프로그램을 강제 종료하기 위해서 `Ctrl` 키를 누른 채로 `C` 키를 눌러줍니다. 키보드 인터럽트에 대해 pass 문을 이용하여 처리하는 것을 볼 수 있습니다.

```
Hello. I'm a Tinker Board~
Hello. I'm a Tinker Board~
Hello. I'm a Tinker Board~
```

04 _ time.sleep

시간에 대한 지연을 주고자 할 경우엔 time 라이브러리의 sleep 함수를 사용합니다.

01 다음과 같이 이전 예제를 수정합니다.

_04_time.py
```python
1 import time
2
3 try:
4     while True:
5         print("Hello. I'm a Tinker Board~")
6         time.sleep(0.5)
7 except:
8     pass
```

1 : time 모듈을 불러옵니다. 6줄에서 time 모듈이 제공하는 sleep 함수를 사용하기 위해 필요합니다.
6 : time 모듈이 제공하는 sleep 함수를 호출하여 0.5초간 지연을 줍니다.

02 다음과 같이 예제를 실행합니다.

```
$ python _04_time.py
```

프로그램을 실행시키면 다음과 같이 문자열이 0.5초마다 반복해서 출력됩니다.

```
Hello. I'm a Tinker Board~
Hello. I'm a Tinker Board~
^CHello. I'm a Tinker Board~
```

프로그램을 강제 종료하기 위해서는 `Ctrl` 키를 누른 채로 `C` 키를 눌러줍니다.

```
Hello. I'm a Tinker Board~
Hello. I'm a Tinker Board~
Hello. I'm a Tinker Board~
```

05 _ 문자열, 숫자 출력하기

여기서는 print 함수를 이용하여 문자열, 숫자를 출력해봅니다.

01 다음과 같이 예제를 작성합니다.

_05_print.py
```
1 print("Hello. I'm a Tinker Board~")
2 print(78)
3 print(1.23456)
```

1 : 문자열을 출력합니다.
2 : 10진수 정수 78을 출력합니다.
3 : 실수 1.23456을 10진 실수 문자열로 변환하여 출력합니다.

02 다음과 같이 예제를 실행합니다.

```
$ python _05_print.py
```

실행 결과는 다음과 같습니다.

```
Hello. I'm a Tinker Board~
78
1.23456
```

06 _ % 형식 문자열 사용하기

여기서는 문자열 형식을 이용하여 문자열, 숫자를 출력해봅니다. 문자열 형식은 출력하고자 하는 문자열 내에 % 문자를 이용하여 문자열과 숫자를 표시하는 방법입니다.

01 다음과 같이 예제를 작성합니다.

_05_print_2.py
```
1 print('%s' %"Hello. I'm a Tinker Board~")
2 print('%d' %78)
3 print('%f' %1.23456)
```

1 : %s는 문자열 형식(string format)을 나타내며 %s 자리에 들어갈 문자열은 %"Hello. I'm a Tinker Board~" 부분이 됩니다. 주의할 점은 첫 번째 문자열과 두 번째 문자열 사이에 쉼표(,)가 들어가지 않습니다.
2 : %d는 십진수 형식(decimal format)을 나타내며 %d 자리에 들어갈 문자열은 %78 부분이 됩니다.
3 : %f는 실수 형식(floating point format)을 나타내며 %f 자리에 들어갈 문자열은 %1.23456 부분이 됩니다.

02 다음과 같이 예제를 실행합니다.

```
$ python _05_print_2.py
```

실행 결과는 다음과 같습니다.

```
Hello. I'm a Tinker Board~
78
1.23456
```

07 _ str.format 함수 사용하기

이전 예제에서 살펴본 %를 이용한 문자열 출력은 C에서 사용하던 방식과 유사한 방식입니다. 여기서는 파이썬3 이후부터 지원하는 str.format 함수를 이용하는 방법을 소개합니다.

01 다음과 같이 예제를 작성합니다.

_05_print_3.py
```
1 print('{}'.format("Hello. I'm a Tinker Board~"))
2 print('{}'.format(78))
3 print('{}'.format(1.23456))
```

1 : str.format 함수는 출력하고자 하는 문자열에 대해 format 함수를 붙여서 사용합니다. format 함수의 인자에 대응하는 문자열은 중괄호 {}로 표현합니다. {} 안에 넣는다고 이해할 수 있습니다.
2 : 정수 78을 {}에 넣어 출력합니다.
3 : 실수 1.23456을 {}에 넣어 출력합니다.

02 다음과 같이 예제를 실행합니다.

```
$ python _05_print_3.py
```

실행 결과는 다음과 같습니다.

```
Hello. I'm a Tinker Board~
78
1.23456
```

08 _ f-string 사용하기

여기서는 파이썬 3.6 버전 이후에 등장한 최신의 문자열 형식 지정 방법인 f-string을 소개합니다. 앞에서 살펴본 % 서식 지정자와 format 함수를 이용한 문자열 출력에 비해 f-string은 사용법이 더 간단하며 직관적입니다.

01 다음과 같이 예제를 작성합니다.

_05_print_4.py
```
1 a = "Hello. I'm a Tinker Board~"
2 b = 78
3 c = 1.23456
4
5 print(f'{a}')
6 print(f'{b}')
7 print(f'{c}')
```

1 : a 변수를 선언한 후, 문자열로 초기화합니다.
2 : b 변수를 선언한 후, 정수 78로 초기화합니다.
3 : c 변수를 선언한 후, 실수 1.23456으로 초기화합니다.
5~7 : f로 시작하는 문자열에 중괄호 {} 안에 출력하고자 하는 변수 a, b, c를 넣어줍니다. f-string은 f를 문자열 앞에 넣어 주어야 합니다.

02 다음과 같이 예제를 실행합니다.

```
$ python _05_print_4.py
```

실행 결과는 다음과 같습니다.

```
Hello. I'm a Tinker Board~
78
1.23456
```

09 _ 정수, 실수 출력하기

여기서는 % 형식, str.format 함수, f-string을 이용하여 10진수와 16진수 정수를 출력해 봅니다. 또, 10진 실수의 소수점이하 출력을 조절해 봅니다.

% 형식 사용하기

먼저 % 형식을 사용하여 정수와 실수의 출력을 조절해 봅니다.

01 다음과 같이 예제를 작성합니다.

_05_print_5.py
```
1 print('%d' %78)
2 print('%d %x' %(78, 78))
3 print('%.0f' %1.23456)
4 print('%.2f' %1.23456)
5 print('%.4f' %1.23456)
```

2 : %x 형식은 정수를 16진수 문자열로 변환하는 형식입니다. 여기서는 정수 78을 10진수와 16진수 문자열로 변환하여 출력합니다. 포맷이 하나 이상일 경우엔 % 뒤에 ( ) 안에 넣어줍니다. % 뒤에 (78, 78)를 붙였습니다.
3 : 실수 1.23456을 소수점 이하 0 자리까지 10진 실수 문자열로 변환하여 출력합니다.
4 : 실수 1.23456을 소수점 이하 2 자리까지 10진 실수 문자열로 변환하여 출력합니다.
5 : 실수 1.23456을 소수점 이하 4 자리까지 10진 실수 문자열로 변환하여 출력합니다.

02 다음과 같이 예제를 실행합니다.

```
$ python _05_print_5.py
```

실행 결과는 다음과 같습니다.

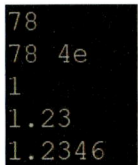

str.format 함수 사용하기

다음은 str.format 함수를 사용하여 정수와 실수의 출력을 조절해 봅니다.

01 다음과 같이 예제를 작성합니다.

_05_print_6.py
```
1 print('{}'.format(78))
2 print('{} {:x}'.format(78, 78))
3 print('{:.0f}'.format(1.23456))
4 print('{:.2f}'.format(1.23456))
5 print('{:.4f}'.format(1.23456))
```

2 : 정수 78을 십진수와 십육진수로 표현합니다. 십육진수로 표현하고자 할 경우엔 중괄호 {} 안에 형식 문자를 넣어줍니다. 십육진수의 형식 문자는 :x(온점 엑스)입니다. 이전 예제에서 %대신 :(온점)을 사용합니다. 문자열 내의 첫 번째 중괄호는 format 함수의 1 번 인자, 두 번째 중괄호는 2 번 인자에 대응됩니다.
3 : 실수 1.23456 값을 소수점 이하 0개까지 10진 실수 문자열로 변환하여 출력합니다. str.format 함수에서 실수의 기본 형식은 :f(온점 에프)입니다. 이전 예제에서 %대신 :(온점)을 사용합니다.
4 : 실수 1.23456 값을 소수점 이하 2개까지 10진 실수 문자열로 변환하여 출력합니다.
5 : 실수 1.23456 값을 소수점 이하 4개까지 10진 실수 문자열로 변환하여 출력합니다.

02 다음과 같이 예제를 실행합니다.

```
$ python _05_print_6.py
```

실행 결과는 다음과 같습니다.

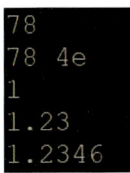

f-string 사용하기

마지막으로 f-string을 사용하여 정수와 실수의 출력을 조절해 봅니다.

01 다음과 같이 예제를 작성합니다.

_05_print_7.py

```
1 a = 78
2 b = 1.23456
3
4 print(f'{a}')
5 print(f'{a} {a:x}')
6 print(f'{b:.0f}')
7 print(f'{b:.2f}')
8 print(f'{b:.4f}')
```

1 : a 변수를 선언하고 정수 값 78로 초기화합니다.
2 : b 변수를 선언하고 실수 값 1.23456으로 초기화합니다.
4 : a 변수에 할당된 정수 78을 출력합니다.
5 : a 변수에 할당된 정수 78을 십진수와 십육진수로 표현합니다. 십육진수로 표현하고자 할 경우엔 중괄호 {} 안에 형식 문자를 넣어줍니다. 십육진수의 형식 문자는 :x입니다.
6 : b 변수에 할당된 실수 1.23456 값을 소수점 이하 0개까지 10진 실수 문자열로 변환하여 출력합니다. 실수의 기본 형식은 :f입니다.
7 : b 변수에 할당된 실수 1.23456 값을 소수점 이하 2개까지 10진 실수 문자열로 변환하여 출력합니다.
8 : b 변수에 할당된 실수 1.23456 값을 소수점 이하 4개까지 10진 실수 문자열로 변환하여 출력합니다.

02 다음과 같이 예제를 실행합니다.

```
$ python _05_print_7.py
```

실행 결과는 다음과 같습니다.

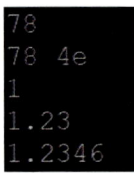

02 ASUS.GPIO.output 함수

ASUS.GPIO 모듈이 제공하는 output 함수는 할당된 핀에 True 또는 False을 써서 할당된 핀을 VCC 또는 GND로 연결하는 역할을 합니다. 여기서는 ASUS.GPIO 모듈이 제공하는 output 함수를 이용하여 LED를 켜보고 꺼보는 예제를 수행해 봅니다.

01 _ 부품 살펴보기

먼저 GPIO와 관련된 부품을 살펴보도록 합니다.

LED

LED는 크기나 색깔, 동작 전압에 따라 여러 가지 형태가 존재합니다.

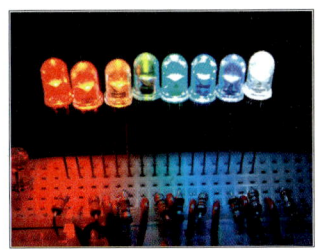

LED의 모양은 다음과 같으며, 긴 핀과 짧은 핀을 갖습니다.

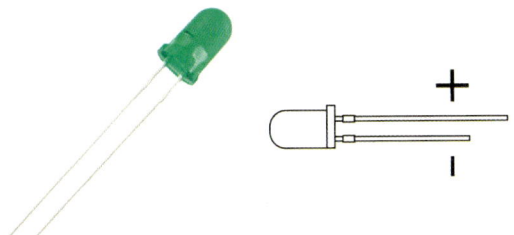

LED는 방향성이 있습니다. 즉, 회로에 연결할 때 방향을 고려해야 합니다. 긴 핀을 전원의 양극(VCC, 3.3V), 짧은 핀을 음극(GND, 0V)으로 연결합니다. 반대로 연결할 경우 전류가 흐르지 못해 LED가 켜지지 않습니다.

LED를 나타내는 기호는 다음과 같습니다. Anode(+)에서 Cathode(-)로 전류가 흐릅니다.

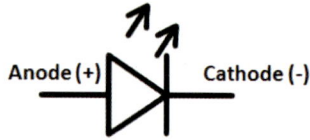

LED는 저항과 직렬로 연결해야 하며, 팅커 보드에서는 3.3V와 0V 사이에 연결해 줍니다. LED를 위한 저항은 보통 220 Ohm 또는 330 Ohm을 사용합니다.

저항

다음 저항은 220 Ohm 저항입니다. 저항은 전류의 양을 조절하는 역할을 합니다. 저항은 방향성이 없기 때문에 VCC와 GND에 어떤 방향으로도 연결할 수 있습니다.

다음은 저항 기호를 나타냅니다.

Tinker Board 2 핀 맵

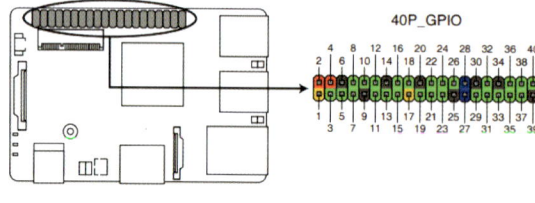
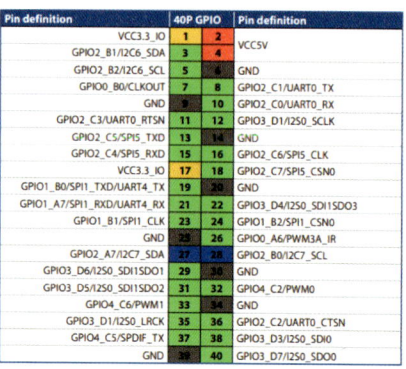

ASUS.GPIO.output 함수를 통해 제어할 수 있는 핀은 초록색으로 표시된 GPIO 핀들입니다. GPIO(General Purpose Input Output)는 범용 목적 입력 출력을 의미하며, 팅커 보드 SOC(System on Chip) 내부에 있는 CPU, UART, I2C, Timer 등의 하드웨어 모듈에 할당하여 사용하는 입출력 핀입니다.

02 _ LED 회로 살펴보기

다음은 이 책에서 사용하는 [팅커 보드 A.I.Shield]입니다. Ⓐ, Ⓑ, Ⓒ, Ⓓ 부분에 21, 22, 23, 24 번 핀으로 제어할 수 있는 4 개의 LED가 장착되어 있습니다. Ⓔ 부분에도 4 개의 LED가 장착되어 있으며, Ⓕ 핀을 통해 제어할 수 있습니다. Ⓕ 핀은 팅커 보드의 확장 핀인 Ⓖ 핀으로 제어할 수 있습니다. 예를 들어, Ⓖ 핀의 19 번 핀을 Ⓕ 핀의 LED5 번 핀에 연결하여 제어할 수 있습니다.

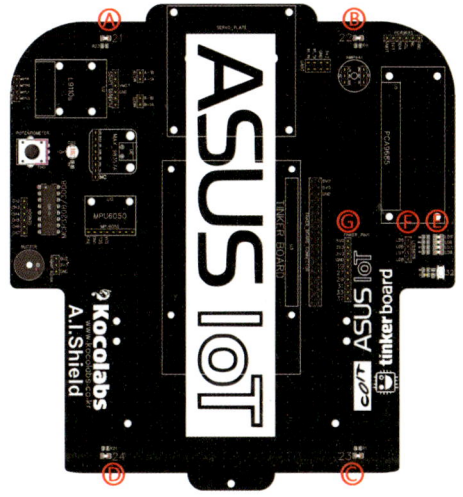

다음은 Ⓐ, Ⓑ, Ⓒ, Ⓓ, Ⓔ 부분에 장착된 LED 회로도를 나타냅니다. LD1, LD2, LD3, LD4의 경우 각각 팅커 보드의 21, 22, 23, 24 번 핀으로 연결되고 LD5, LD6, LD7, LD8의 경우 Ⓕ 부분의 확장 핀으로 연결되어 있습니다.

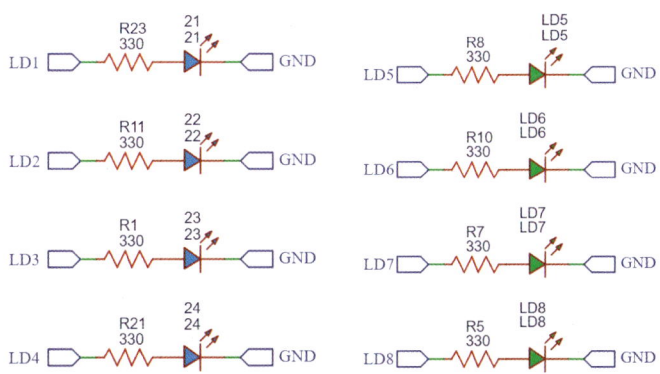

03 _ LED 켜고 끄기

여기서는 ASUS.GPIO.output 함수를 이용하여 LED를 켜고 꺼 봅니다.

01 다음과 같이 예제를 작성합니다.

_06_gpio_output.py
```
01 import ASUS.GPIO as GPIO
02 import sys
03 import time
04
05 led_pin = int(sys.argv[1])
06
07 GPIO.setmode(GPIO.BOARD)
08 GPIO.setwarnings(False)
09
10 GPIO.setup(led_pin, GPIO.OUT)
11
12 GPIO.output(led_pin, True)
13 time.sleep(2.0)
14 GPIO.output(led_pin, False)
15
16 GPIO.cleanup()
```

01 : ASUS.GPIO 모듈을 GPIO라는 이름으로 불러옵니다. ASUS.GPIO 모듈은 7,8,10,12,14,16줄에 있는 setmode, setwarnings, setup, output, cleanup 함수들을 가지고 있으며 이 함수들을 사용하기 위해 필요합니다.
02 : sys 모듈을 불러옵니다. sys 모듈은 5 번째 줄에서 이 프로그램 실행 시 넘겨받게 될 1 번째 인자를 받는데 사용합니다.
03 : 13줄에서 sleep 함수를 사용하기 위하여 time 모듈을 불러옵니다.
05 : led_pin 변수를 선언하고, 1 번째 인자로 넘어올 핀 번호를 정수로 변경하여 저장합니다.
07 : GPIO.setmode 함수를 호출하여 BOARD 핀 번호를 사용하도록 설정합니다. BOARD 핀 번호는 앞에서 살펴본 핀 팅커 보드 핀 맵에서 사용하는 핀 번호입니다.
08 : GPIO.setwarnings 함수에 False 값을 인자로 주어 경고 메시지 출력을 막습니다.
10 : GPIO.setup 함수를 호출하여 led_pin을 GPIO.OUTPUT으로 설정합니다. 이렇게 하면 led_pin으로 True 또는 False를 써 led_pin에 연결된 LED를 켜거나 끌 수 있습니다.
12 : GPIO.output 함수를 호출하여 led_pin을 True로 설정합니다. 이렇게 하면 led_pin에 연결된 LED가 켜집니다.
13 : time.sleep 함수를 호출하여 2.0초간 기다립니다.
14 : GPIO.output 함수를 호출하여 led_pin을 False로 설정합니다. 이렇게 하면 led_pin에 연결된 LED가 꺼집니다.
16 : GPIO.cleanup 함수를 호출하여 GPIO 핀의 상태를 초기화해 줍니다.

02 다음과 같이 예제를 실행합니다.

```
$ python _06_gpio_output.py 21
```

명령행의 3 번째에 오는 숫자 21은 21 번 핀을 의미합니다. 21 번 핀에 연결된 Ⓐ 부분의 LED가 켜졌다 2.0초 후에 꺼지는 것을 확인합니다.

21을 다른 핀 값으로 변경하여 테스트해 봅니다. 또, ⓖ 핀과 ⓕ 핀을 다음 선으로 연결하여 테스트해 봅니다. 예를 들어, ⓖ의 19 번 핀을 ⓕ의 LD5 핀에 연결한 후, 21을 19로 변경하여 테스트해 봅니다.

파이썬 쉘 도움말 보기

독자 여러분은 앞으로 다양한 함수를 사용해 팅커 보드를 활용하게 됩니다. 그래서 여기서는 파이썬 쉘을 통해 함수에 대한 설명을 볼 수 있는 방법을 소개합니다.

01 다음과 같이 차례대로 명령을 실행합니다.

```
linaro@linaro-alip:~/pyLabs$ python ①
Python 3.7.3 (default, Oct 31 2022, 14:04:00)
[GCC 8.3.0] on linux
Type "help", "copyright", "credits" or "license" for more information.
>>> import ASUS.GPIO as GPIO ②
>>> help(GPIO.setmode) ③
```

❶ python 명령을 주어 파이썬 쉘을 실행시킵니다. ❷ ASUS.GPIO 모듈을 GPIO라는 이름으로 불러옵니다. 모듈이 가진 함수나 변수 등의 설명글을 보기 위해서 먼저 import 해야 합니다. ❸ help(GPIO.setmode) 명령을 이용해 GPIO.setmode 함수를 살펴봅니다. 살펴보고자 하는 함수나 변수 등을 help 명령의 인자로 주면 됩니다.

02 그러면 다음과 같이 설명글이 나옵니다.

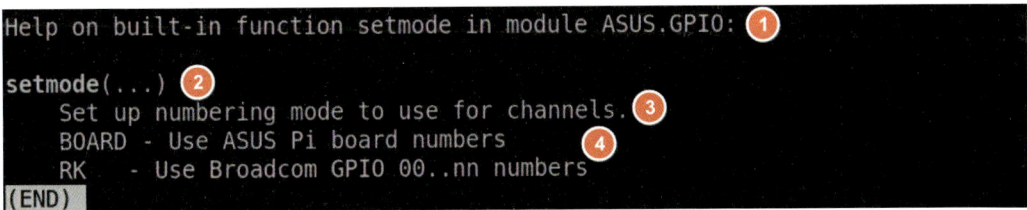

❶ ASUS.GPIO 모듈 안에 있는 setmode 함수에 대한 설명글입니다.

❷ setmode 함수를 나타냅니다.

❸ 핀 번호 형식을 설정합니다. 함수의 기능을 설명하는 부분입니다.

❹ 핀 번호 형식을 설명합니다. BOARD는 라즈베리파이 보드의 번호를 사용하는 형식이고, RK는 Broadcom 사에서 제공하는 GPIO 번호를 사용하는 형식입니다.

종료는 q 문자를 입력합니다.

03 GPIO.setup, GPIO.output, GPIO.cleanup 함수도 같은 방법으로 살펴볼 수 있습니다.

```
help(GPIO.setup)
help(GPIO.output)
help(GPIO.cleanup)
```

04 파이썬 쉘을 빠져 나올 때는 다음과 같이 quit() 함수를 수행해 줍니다.

```
>>> quit()
linaro@linaro-alip:~/pyLabs$
```

04 _ LED 점멸 반복하기

여기서는 ASUS.GPIO.output 함수를 이용하여 LED를 켜고 끄고를 반복해 봅니다.

01 다음과 같이 이전 예제를 수정합니다.

_06_gpio_output_2.py
```
01 import ASUS.GPIO as GPIO
02 import sys
03 import time
04
05 led_pin = int(sys.argv[1])
06 DELAY = float(sys.argv[2])
07
08 GPIO.setmode(GPIO.BOARD)
09 GPIO.setwarnings(False)
10
11 GPIO.setup(led_pin, GPIO.OUT)
12
13 try:
14     while True:
15         GPIO.output(led_pin, True)
16         time.sleep(DELAY)
17         GPIO.output(led_pin, False)
18         time.sleep(DELAY)
19 except:
20     pass
21
22 GPIO.cleanup()
```

06 : DELAY 변수를 선언하고, 프로그램 실행 시 넘겨받게 될 2 번 인자를 실수로 변환한 값으로 초기화합니다.
16, 18 : time.sleep 함수를 호출하여 DELAY 초간 지연을 줍니다.

02 다음과 같이 예제를 실행합니다.

```
$ python _06_gpio_output_2.py 21 0.5
```

스크립트의 1 번 인자로 21, 2 번 인자로 0.5를 주고 있습니다. 1초 주기로 21 번 핀에 연결된 LED 가 켜졌다 꺼졌다 하는 것을 확인합니다. 즉, 1Hz의 주파수로 LED가 점멸하는 것을 확인합니다.

LED의 점등은 led_pin을 통해 나오는 True 값에 의해 발생합니다. LED의 소등은 led_pin을 통해 나오는 False 값에 의해 발생합니다. 즉, led_pin으로는 위 그림과 같이 True, False 값에 의해 HIGH, LOW 신호가 1초 주기로 나오게 되며, 이 값들에 의해 LED는 점멸을 반복하게 됩니다. 그리고 이 경우 여러분은 LED가 점멸 하는 것을 느낄 수 있습니다.

LED 점멸 간격 줄여보기

여기서는 아래와 같은 사각 파형에 대한 주파수와 상하비의 개념을 이해해 보도록 합니다.

주파수란 1초간 반복되는 사각 파형의 개수를 의미하며, 상하비란 사각 파형의 HIGH 구간과 LOW 구간의 비를 의미합니다. 이제 LED의 점멸 간격을 줄여보도록 합니다. 그러면 여러분은 좀 더 조밀하게 LED가 점멸하는 것을 느낄 것입니다. 다음과 같이 앞에서 작성한 예제를 실행합니다.

```
$ python _06_gpio_output_2.py 21 0.05
```

2 번 인자를 0.05로 주고 있습니다. 이 예제의 경우 LED는 초당 10번 점멸 하게 됩니다. 즉, 10Hz의 주파수로 점멸하게 됩니다. 다음 그림과 같은 파형이 초당 10개가 생성됩니다.

이 경우에도 여러분은 반복적으로 LED가 점멸하는 것을 느낄 것입니다. 그러나 그 간격은 더 조밀하게 느껴질 것입니다.

LED 점멸을 밝기로 느껴보기

이제 LED의 점멸 간격을 더 줄여보도록 합니다. 여기서 여러분은 LED의 점멸을 느끼지 못하게 될 것입니다. 오히려 LED가 일정한 밝기로 켜져 있다고 느낄 것입니다.

다음과 같이 앞에서 작성한 예제를 실행합니다.

```
$ python _06_gpio_output_2.py 21 0.005
```

2번 인자를 0.005로 주고 있습니다. 이 예제의 경우 LED는 초당 100번 점멸 하게 됩니다. 즉, 100Hz의 주파수로 점멸하게 됩니다. 다음 그림과 같은 파형이 초당 100개가 생성됩니다.

이제 여러분은 LED가 점멸하는 것을 느끼지 못할 것입니다. 오히려 LED가 일정하게 켜져 있다고 느낄 것입니다.

※ 파이썬의 경우 통역 방식의 언어이기 때문에 실제 실행 속도는 C 언어와 같은 번역 방식의 언어보다 많이 늦습니다. 그래서 이 예제의 경우 실제로는 100Hz의 속도를 내기 어려울 수 있습니다. 그래서 LED가 깜빡이는 현상이 발생할 수 있습니다.

05 _ LED 밝기 변경하기

이제 ASUS.GPIO.output 함수와 time.sleep 함수를 이용하여 LED의 밝기를 변경해 보도록 합니다. 이전 예제의 경우 LED는 100Hz의 속도로 50%는 점등을, 50%는 소등을 반복하였습니다. 그리고 이 경우 우리는 LED의 밝기를 평균값인 50%의 밝기로 느꼈습니다. 만약 LED에 대해 10%는 점등을, 90%는 소등을 반복한다면 우리는 LED의 밝기를 어떻게 느낄까요? 평균 10%의 밝기로 느끼게 되지 않을까요? 예제를 통해 확인해 보도록 합니다.

LED 어둡게 해 보기

먼저 사각파형의 HIGH 구간을 10%로 해 LED를 어둡게 해 봅니다.

01 다음과 같이 이전 예제를 수정합니다.

```
_06_gpio_output_3.py
01 import ASUS.GPIO as GPIO
02 import sys
03 import time
04
05 led_pin = int(sys.argv[1])
06 DELAY_1 = float(sys.argv[2])
07 DELAY_2 = float(sys.argv[3])
08
09 GPIO.setmode(GPIO.BOARD)
10 GPIO.setwarnings(False)
11
12 GPIO.setup(led_pin, GPIO.OUT)
13
14 try:
15     while True:
16         GPIO.output(led_pin, True)
```

```
17                  time.sleep(DELAY_1)
18                  GPIO.output(led_pin, False)
19                  time.sleep(DELAY_2)
20     except:
21          pass
22
23 GPIO.cleanup()
```

06 : DELAY_1 변수를 선언하고, 프로그램 실행 시 넘겨받게 될 2 번째 인자 실수로 변환하여 초기화합니다. DELAY_1 변수는 17줄에서 사용합니다.

07 : DELAY_2 변수를 선언하고, 프로그램 실행 시 넘겨받게 될 3 번째 인자 실수로 변환하여 초기화합니다. DELAY_2 변수는 19줄에서 사용합니다.

02 다음과 같이 예제를 실행합니다.

```
$ python _06_gpio_output_3.py 21 0.001 0.009
```

2 번 인자를 0.001, 3 번 인자를 0.009로 주고 있습니다. 이 예제의 경우도 LED는 초당 100번 점멸하게 됩니다. 즉, 100Hz의 주파수로 점멸하게 됩니다. 그러나 10%는 점등 상태로, 90%는 소등 상태로 있게 됩니다. 그래서 우리는 LED가 이전 예제에 비해 어둡다고 느끼게 됩니다.

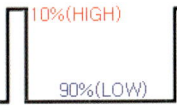

그림에서 LED는 실제로 10%만 점등 상태이지만 100Hz의 주파수로 점멸하기 때문에 우리는 10%의 평균 밝기로 느끼게 됩니다. 10%는 True 값에 의해 켜져 있고 90%는 False 값에 의해 꺼져있으며, 이 경우 (HIGH:LOW)=(1:9)이 되게 됩니다. 즉, 상하비가 1:9가 됩니다.

LED 밝게 해 보기

다음은 사각파형의 HIGH 구간을 90%로 해 LED를 밝게 해 봅니다.

다음과 같이 앞에서 작성한 예제를 실행합니다.

```
$ python _06_gpio_output_3.py 21 0.009 0.001
```

2 번 인자를 0.009, 3 번 인자를 0.001로 주고 있습니다. 이 예제의 경우도 LED는 초당 100번 점멸하게 됩니다. 즉, 100Hz의 주파수로 점멸하게 됩니다. 그러나 90%는 점등 상태로, 10%는 소등 상태로 있게 됩니다. 그래서 우리는 LED가 이전 예제에 비해 아주 밝다고 느끼게 됩니다.

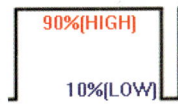

그림에서 LED는 실제로 90%만 점등 상태이지만 100Hz의 주파수로 점멸하기 때문에 우리는 90%의 평균 밝기로 느끼게 됩니다. 90%는 HIGH 구간에 의해 켜져 있고 10%는 LOW 구간에 의해 꺼져있으며, 이 경우 (HIGH:LOW)=(9:1)이 되게 됩니다. 즉, 상하비가 9:1이 됩니다.

06 _ LED 밝기 조절하기

여기서는 10밀리 초 간격으로 시작해서 1초 간격으로 다음의 상하비로 LED의 밝기를 조절해 보도록 합니다.

 0:10, 1:9, 2:8, 3:7 ... 10:0

즉, HIGH 구간의 개수는 0부터 10까지 차례로 늘어나며, 반대로 LOW 구간의 개수는 10부터 0까지 차례로 줄게 됩니다.

01 다음과 같이 이전 예제를 수정합니다.

_06_gpio_output_4.py

```
01 import ASUS.GPIO as GPIO
02 import sys
03 import time
04
05 led_pin = int(sys.argv[1])
06
07 GPIO.setmode(GPIO.BOARD)
08 GPIO.setwarnings(False)
09
10 GPIO.setup(led_pin, GPIO.OUT)
11
12 try:
13     while True:
14         for t_high in range(0,11):
15             GPIO.output(led_pin, True)
16             time.sleep(t_high*0.001)
17             GPIO.output(led_pin, False)
18             time.sleep((10-t_high)*0.001)
19 except:
20     pass
21
22 GPIO.cleanup()
```

14 : t_high 변수를 0 이상 11 미만의 정수에 대해, 15~18줄을 수행합니다.
15, 16 : LED를 켜고 0.001*t_high 초만큼 기다립니다.
17, 18 : LED를 끄고 0.001*(10-t_high) 초만큼 기다립니다.
16, 18 : 0.001*(t_high + (10 − t_high)) = 0.001*10 = 0.01초가 되어 for문을 한 번 도는 데는 10밀리 초 정도가 되며 for문 전체를 도는 데는 10밀리 초*11회=110밀리 초 정도가 됩니다.

02 다음과 같이 예제를 실행합니다.

```
$ python _06_gpio_output_4.py 21
```

10밀리 초 간격으로 다음의 비율로 21번 핀에 연결된 LED가 밝아집니다.

```
0%, 10% 20%, 30%, ... 100%
```

아래와 같은 형태의 파형으로 LED의 밝기가 변합니다.

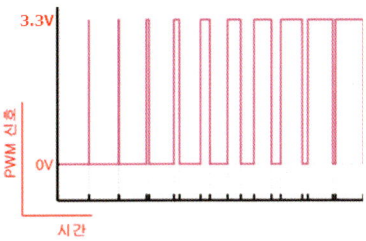

이 예제의 경우 밝기의 변화가 너무 빨라 밝기가 변하는 것을 느끼기는 힘듭니다. 깜빡임으로 느낄 수도 있습니다. 밝기 변화 주기가 110밀리 초이며, 이는 초당 9번 정도의 횟수가 되기 때문에 느끼기 어려울 수 있습니다.

같은 파형 10회 반복하기

같은 파형의 횟수를 적당히 늘리면 밝기가 변하는 것을 느낄 수 있습니다. 여기서는 같은 파형의 횟수를 10회로 늘려 수행해 봅니다.

01 다음과 같이 예제를 수정합니다.

_06_gpio_output_5.py

```python
01 import ASUS.GPIO as GPIO
02 import time
03 import sys
04
05 led_pin = int(sys.argv[1])
06
07 GPIO.setmode(GPIO.BOARD)
08 GPIO.setwarnings(False)
09
10 GPIO.setup(led_pin, GPIO.OUT)
11
12 try:
13     while True:
14         for t_high in range(0,11):
15             cnt = 0
16             while True:
```

```
17                        GPIO.output(led_pin, True)
18                        time.sleep(t_high*0.001)
19                        GPIO.output(led_pin, False)
20                        time.sleep((10-t_high)*0.001)
21
22                        cnt += 1
23                        if cnt==10: break
24 except:
25         pass
26
27 GPIO.cleanup()
```

15 : cnt 변수를 선언한 후, 0으로 초기화합니다.
16 : 계속해서 17~23줄을 수행합니다.
22 : cnt 값을 하나씩 증가시킵니다.
23 : cnt 값이 10이 되면 내부 while 문을 나옵니다.

이렇게 하면 16~23줄을 cnt값이 0에서 9까지 10회 반복하게 됩니다. 그러면 t_high 값을 유지하는 시간을 10밀리 초(0.01초)에서 100밀리 초(0.1초)로 늘릴 수 있습니다. for 문을 수행하는 시간도 110밀리 초(0.11초)에서 1100밀리 초(1.1초)로 늘릴 수 있으며, 우리는 LED 밝기의 변화를 느낄 수 있습니다.

02 다음과 같이 예제를 실행합니다.

```
$ python _06_gpio_output_5.py 21
```

1.1 초 주기로 LED의 밝기가 변하는 것을 느낄 수 있습니다.

03 ASUS.GPIO.PWM 모듈

이전 예제에서 우리는 100Hz의 속도로 0~10 개의 True 값으로 LED의 밝기를 조절해 보았습니다. ASUS.GPIO.PWM 모듈을 사용할 경우 빠른 주파수와 더 조밀한 상하비로 LED의 밝기를 조절할 수 있습니다. GPIO.PWM 모듈을 이용하여 상하비를 0.0~100.0% 단계로 조절할 수 있습니다. ASUS.GPIO.PWM 모듈은 GPIO 핀에 소프트웨어적으로 아래와 같은 형태의 사각 파형을 내보낼 수 있습니다.

소프트웨어적이란 말은 CPU가 소프트웨어를 읽고 수행한다는 의미로 CPU가 직접 핀 제어를 통해 신호를 내 보낸다는 의미입니다. 여기서는 ASUS.GPIO 모듈이 제공하는 PWM 클래스를 이용하여 PWM 객체를 생성한 후, LED의 밝기를 조절해봅니다.

다음에 초록색으로 표시된 GPIO 핀을 통해 사각 파형을 내보낼 수 있습니다.

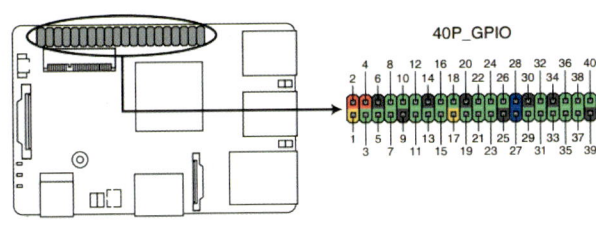 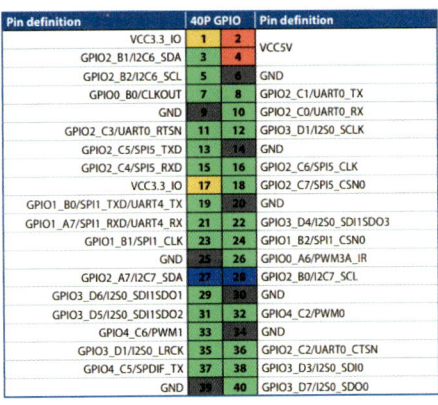

01 _ LED 점멸 반복하기

먼저 ASUS.GPIO.PWM 클래스를 이용하여 LED 점멸을 반복해 봅니다.

01 다음과 같이 예제를 작성합니다.

_07_pwm_output.py

```python
01 import ASUS.GPIO as GPIO
02 import sys
03
04 led_pin = int(sys.argv[1])
05 FREQUENCY = float(sys.argv[2])
06
07 GPIO.setmode(GPIO.BOARD)
08 GPIO.setwarnings(False)
09
10 GPIO.setup(led_pin, GPIO.OUT)
11
12 pwm = GPIO.PWM(led_pin, FREQUENCY)
13 pwm.start(50.0) # 0.0~100.0
14
15 try:
16     while True:
17         pass
18 except:
19     pass
20
21 pwm.stop()
22 GPIO.cleanup()
```

05 : FREQUENCY 변수를 선언한 후, 프로그램 실행 시 넘겨받게 될 2 번째 인자를 실수로 변환하여 초기화합니다.

12 : GPIO.PWM 객체를 하나 생성한 후, pwm 변수에 할당합니다. GPIO.PWM 객체 생성 시, 1 번 인자는 핀 번호가 되며, 2 번 인자는 주파수 값이 됩니다. 주파수 값은 0.0보다 큰 실수 값입니다. 예제에서는 1.0을 주고 있으며, 이 경우 1.0Hz의 주파수가 led_pin에 생성됩니다.

13 : pwm 객체의 start 함수를 호출하여 PWM 파형을 내보내기 시작합니다. start 함수의 인자는 0.0~100.0 사이의 실수 값으로 사각파형의 HIGH 구간의 비율을 나타냅니다. 여기서는 PWM 파형의 HIGH 구간을 50.0%로 설정하고 있습니다.

16, 17 : 빈 while 문을 수행하여 LED 핀으로 나가는 PWM 파형이 유지되도록 합니다. while 문을 끝내기 위해서는 Ctrl + C 키를 누릅니다.

21 : pwm 객체에 대해 stop 함수를 호출하여 PWM 파형 출력을 멈춥니다.

02 다음과 같이 예제를 실행합니다.

```
$ python _07_pwm_output.py 21 1
```

1 번 인자로 21(번 핀)을, 2 번 인자로 1(Hz)를 줍니다. 1초 주기로 LED가 점멸 하는 것을 확인합니다. 즉, 1Hz의 주파수로 LED의 점멸을 확인합니다.

GPIO.PWM 도움말 보기

GPIO.PWM 모듈에 대해 파이썬 쉘을 이용하여 살펴봅니다.

01 다음과 같이 차례대로 명령을 실행합니다.

```
linaro@linaro-alip:~/pyLabs$ python ❶
Python 3.7.3 (default, Oct 31 2022, 14:04:00)
[GCC 8.3.0] on linux
Type "help", "copyright", "credits" or "license" for more information.
>>> import ASUS.GPIO as GPIO ❷
>>> help(GPIO.PWM) ❸
```

❶ python 명령을 주어 파이썬 쉘을 실행시킵니다. ❷ ASUS.GPIO 모듈을 GPIO라는 이름으로 불러옵니다. 모듈이 가진 함수나 변수 등의 설명글을 보기 위해서 먼저 import 해야 합니다. ❸ help(GPIO.PWM) 명령을 이용해 GPIO.PWM 모듈을 살펴봅니다. 살펴보고자 하는 함수, 변수, 모듈 등을 help 명령의 인자로 주면 됩니다.

02 다음과 같이 PWM에 대한 설명글이 나옵니다.

```
Help on class PWM: ❶

class PWM(builtins.object) ❷
 |  Pulse Width Modulation class ❸
 |
 |  Methods defined here: ❹
 |
 |  ChangeDutyCycle(...) ❺
 |      Change the duty cycle
 |      dutycycle - between 0.0 and 100.0
 |
 |  ChangeFrequency(...) ❻
 |      Change the frequency
 |      frequency - frequency in Hz (freq > 1.0)
 |
 |  __init__(self, /, *args, **kwargs) ❼
 |      Initialize self.  See help(type(self)) for accurate signature.
 |
 |  start(...) ❽
 |      Start software PWM
 |      dutycycle - the duty cycle (0.0 to 100.0)
 |
 |  stop(...)
 |
:
```

❶ ASUS.GPIO 모듈 안에 있는 PWM 클래스에 대한 설명글입니다.

❷ PWM 클래스를 나타냅니다. 최상위 내장 클래스인 builtins.object 클래스를 상속합니다.

❸ 파형 폭 조절 클래스입니다. 클래스의 기능을 설명하는 부분입니다.

❹ 클래스 함수인 메쏘드 정의 시작 부분입니다. 메쏘드는 방법이라는 뜻으로 클래스 함수를 나타냅니다.

❺ ChangeDutyCycle 함수에 대한 설명 부분입니다. 듀티 사이클을 변경합니다. 듀티 사이클은 사각 파형의 HIGH 구간을 나타냅니다. dutycycle 값은 0.0~100.0 사이값을 줄 수 있습니다.

❻ ChangeFrequency 함수에 대한 설명 부분입니다. 주파수를 변경합니다. 주파수는 Hz 단위이며 1.0보다 커야 합니다.

❼ PWM 객체 생성 시 객체 초기화함수입니다.

❽ start 함수에 대한 설명 부분입니다. 소프트웨어 PWM을 시작합니다. dutycycle 값은 0.0~100.0 사이값을 줄 수 있습니다.

스페이스 기를 쳐봅니다. 다음 화면으로 넘어갑니다.

```
stop(...) ❶
    Stop software PWM
------------------------------------------------
Static methods defined here: ❷

__new__(*args, **kwargs) from builtins.type ❸
    Create and return a new object.  See help(type) for accurate signature.
~
(END)
```

❶ stop 함수에 대한 설명 부분입니다. 소프트웨어 PWM을 멈춥니다.

❷ 클래스 정적 함수인 메쏘드 정의 시작 부분입니다. 메쏘드는 방법이라는 뜻으로 클래스 함수를 나타냅니다.

❸ 새로운 객체를 생성하고 내어주는 객체 생성함수입니다.

종료는 q 문자를 입력합니다. 내용이 많을 때는 pgup, pgdn 키나 방향키 등을 이용하여 이동하면서 봅니다.

03 파이썬 쉘을 빠져 나올 때는 다음과 같이 quit() 함수를 수행해 줍니다.

```
>>> quit()
linaro@linaro-alip:~/pyLabs$
```

LED 점멸 간격 줄여보기

이제 LED의 점멸 간격을 줄여보도록 합니다. 그러면 여러분은 좀 더 조밀하게 LED가 점멸하는 것을 느낄 것입니다.

다음과 같이 앞에서 작성한 예제를 실행합니다.

```
$ python _07_pwm_output.py 21 10
```

2 번 인자로 10(Hz)를 줍니다. 이 예제의 경우 LED는 초당 10번 점멸 하게 됩니다. 즉, 10Hz의 주파수로 점멸하게 됩니다. 다음 그림과 같은 파형이 초당 10개가 생성됩니다.

LED 점멸을 밝기로 느껴보기

LED의 점멸 간격을 더 줄여보도록 합니다. 여기서 여러분은 LED의 점멸을 느끼지 못하게 될 것입니다. 오히려 LED가 일정하게 켜져 있다고 느낄 것입니다.

다음과 같이 앞에서 작성한 예제를 실행합니다.

```
$ python _07_pwm_output.py 21 100
```

2 번 인자로 100(Hz)를 줍니다. 이 예제의 경우 LED는 초당 100번 점멸하게 됩니다. 즉, 100Hz의 주파수로 점멸하게 됩니다. 다음 그림과 같은 파형이 초당 100개가 생성됩니다.

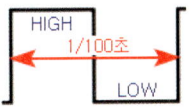

이제 여러분은 LED가 점멸하는 것을 느끼지 못할 것입니다. 오히려 LED가 일정한 밝기로 켜져 있다고 느낄 것입니다.

02 _ LED 밝기 변경하기

여기서는 주파수를 100Hz로 고정한 채 상하비를 조절하여 LED의 밝기를 조절해 봅니다.

LED 어둡게 해 보기

먼저 사각파형의 HIGH 구간을 10%로 해 LED를 어둡게 해 봅니다.

01 예제를 다음과 작성합니다.

_07_pwm_output_2.py

```python
01 import ASUS.GPIO as GPIO
02 import sys
03
04 led_pin = int(sys.argv[1])
05 FREQUENCY = float(sys.argv[2])
06 DUTYCYCLE = float(sys.argv[3])
07
08 GPIO.setmode(GPIO.BOARD)
09 GPIO.setwarnings(False)
10
11 GPIO.setup(led_pin, GPIO.OUT)
12
13 pwm = GPIO.PWM(led_pin, FREQUENCY)
14 pwm.start(DUTYCYCLE)
15
```

```
16 try:
17     while True:
18         pass
19 except KeyboardInterrupt:
20     pass
21
22 pwm.stop()
23 GPIO.cleanup()
```

06 : DUTYCYCLE 변수를 선언한 후, 프로그램 실행 시 넘겨받게 될 3 번째 인자를 실수로 변환하여 초기화합니다.
14 : pwm 객체의 start 함수의 인자로 DUTYCYCLE을 넘겨줍니다.

02 다음과 같이 예제를 실행합니다.

```
$ python _07_pwm_output_2.py 21 100 10
```

1 번 인자로 21(번 핀)을, 2 번 인자로 100(Hz)를, 3 번 인자로 10(%)를 줍니다. 이 예제의 경우도 LED는 초당 100번 점멸 하게 됩니다. 즉, 100Hz의 주파수로 점멸하게 됩니다. 그러나 10%는 점등 상태로, 90%는 소등 상태로 있게 됩니다. 그래서 우리는 LED가 바로 전에 수행했던 예제에 비해 어둡다고 느끼게 됩니다.

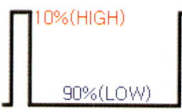

그림에서 LED는 실제로 10%만 점등 상태이지만 1000Hz의 주파수로 점멸하기 때문에 우리는 10%의 평균 밝기로 느끼게 됩니다.

LED 밝게 해 보기

다음은 사각파형의 HIGH 구간을 90%로 해 LED를 밝게 해 봅니다.
다음과 같이 앞에서 작성한 예제를 실행합니다.

```
$ python _07_pwm_output_2.py 21 100 90
```

3 번 인자로 90(%)를 줍니다. 이 예제의 경우 90%는 점등 상태로, 10%는 소등 상태로 있게 됩니다. 그래서 우리는 LED가 앞에서 수행했던 동작 비해 아주 밝다고 느끼게 됩니다.

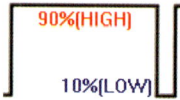

그림에서 LED는 실제로 90%만 점등 상태이지만 100Hz의 주파수로 점멸하기 때문에 우리는 90%의 평균 밝기로 느끼게 됩니다. 90%는 HIGH 구간에 의해 켜져 있고 10%는 LOW 구간에 의해 꺼져있으며, 이 경우 (HIGH:LOW)=(9:1)이 되게 됩니다. 즉, 상하비가 9:1이 됩니다.

03 _ LED 밝기 조절하기

여기서는 10밀리 초 간격으로 시작해서 1초 간격으로 LED의 밝기를 조절해 보도록 합니다.

01 예제를 다음과 같이 작성합니다.

_07_pwm_output_3.py

```python
01 import ASUS.GPIO as GPIO
02 import time
03 import sys
04
05 led_pin = int(sys.argv[1])
06
07 GPIO.setmode(GPIO.BOARD)
08 GPIO.setwarnings(False)
09
10 GPIO.setup(led_pin, GPIO.OUT)
11
12 pwm = GPIO.PWM(led_pin, 100.0) # 1.0Hz
13 pwm.start(0.0) # 0.0~100.0
14
15 try:
16     while True:
17         for t_high in range(0,101):
18             pwm.ChangeDutyCycle(t_high)
19             time.sleep(0.01)
20 except KeyboardInterrupt:
21     pass
22
23 pwm.stop()
24 GPIO.cleanup()
```

17 : t_high 변수를 0부터 101미만의 정수에 대해, 18,19줄을 수행합니다.

18 : pwm 객체의 ChangeDutyCycle 함수를 호출하여 PWM 파형의 상하비를 변경해 줍니다. ChangeDutyCycle 함수는 PWM 파형의 상하비를 변경하는 함수로 인자로 0.0~100.0 사이의 실수 값을 줄 수 있습니다. 13 번째 줄에서 start 함수를 호출하여 PWM 파형의 초기 상하비를 설정한 이후에, 상하비를 변경하고자 할 경우엔 ChangeDutyCycle 함수를 사용합니다.

19 : time.sleep 함수를 호출하여 0.01초만큼 기다립니다.

02 다음과 같이 예제를 실행합니다.

```
$ python _07_pwm_output_3.py 21
```

0.01초(=10밀리 초) 간격으로 다음의 비율로 LED가 밝아집니다.

```
0%, 1% 2%, 3%, ..., 97%, 98%, 99%, 100%
```

04 input 함수

input 함수는 사용자 입력을 받는 함수입니다. 사용자로부터 명령을 받고자 할 경우 input 함수를 사용할 수 있습니다.

01 _ 사용자 입력 받기

01 다음과 같이 예제를 작성합니다.

_10_input.py
```
1 try:
2     while True:
3         userInput = input() # for string
4         print(userInput)
5
6 except:
7     pass
```

3 : input 함수를 호출하여 키보드로 입력받은 문자열을 userInput 변수로 받습니다.
4 : print 함수를 호출하여 사용자로부터 전달된 문자열을 출력합니다.

02 다음과 같이 예제를 실행합니다.

```
$ python _10_input.py
```

키보드를 통해 문자열, 숫자를 입력해봅니다.

02 _ 파이썬 프롬프트 흉내내기

여기서는 파이썬 프롬프트처럼 프롬프트를 표시해 봅니다. 프롬프트는 사용자 입력 위치를 표시하는 문자열입니다.

01 다음과 같이 예제를 작성합니다.

_10_input_2.py
```
01 try:
02     while True:
03         userInput = input(">>> ")
04         print("You entered", userInput)
05         if userInput == "quit()":
06             print("bye...")
07             break
08
09 except:
10     pass
```

03 : input 함수 호출 시 인자로 ">>> " 문자열을 줍니다. input 함수에 주는 인자는 사용자 입력 위치를 표시하는 문자열입니다.
04 : print 함수를 호출하여 사용자로부터 전달된 문자열을 출력합니다.
05 : 사용자 입력값이 "quit()" 문자열이면
06 : print 함수를 호출하여 "bye..." 문자열을 출력하고
07 : break 문으로 while 문을 빠져 나옵니다.

02 다음과 같이 예제를 실행합니다.

```
$ python _10_input_2.py
```

키보드를 통해 문자열, 숫자를 입력해봅니다. 종료하기 위해서 quit()를 입력합니다.

05 ASUS.GPIO.input 함수

ASUS.GPIO.input 함수는 팅커 보드에서 논리적으로는 0, 1을 전기적으로는 0V, 3.3V를 읽는 함수입니다. 일반적으로 푸시 버튼을 통해 0, 1을 입력받습니다.

01 _ 푸시 버튼 살펴보기

일반적인 푸시 버튼의 모양은 다음과 같습니다. 가운데 버튼을 누르면 양 쪽의 핀이 연결되는 구조입니다.

다음과 같이 두 쌍의 핀이 있으며, 각 쌍은 내부적으로 연결되어 있습니다.

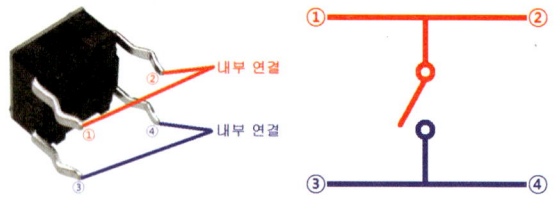

푸시 버튼을 나타내는 기호는 다음과 같고, 극성은 없습니다.

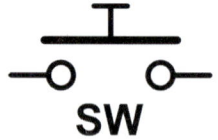

버튼 입력 회로는 일반적으로 다음과 같습니다.

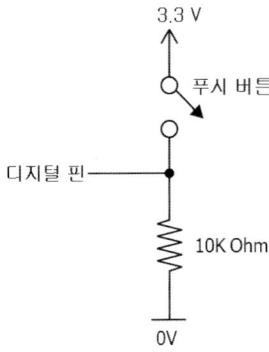

이 경우 디지털 핀은 버튼이 눌리지 않았을 때는 10K Ohm 저항을 통해 0V로 연결되며, 논리적으로 0 값이 입력됩니다(10K Ohm 저항 대신에 220 Ohm, 330 Ohm, 1K Ohm 저항을 사용하는 경우도 있습니다. 그러나 저항값이 너무 낮으면 흐르는 전류량이 많아져 전력 소모가 심해집니다). 버튼을 눌렀을 경우에 디지털 핀은 3.3V로 연결되며, 논리적으로 1 값이 입력됩니다. 저항이 없는 상태에서 버튼을 누를 경우 3.3V와 0V가 직접 연결되는 단락 회로(short-circuit)가 만들어지며, 이 경우 저항이 0 Ω에 가까운 회로가 만들어집니다. 이럴 경우 옴의 법칙(I = V/R)에 의해 아주 큰 전류가 흐르게 되고, 보호 회로가 없을 경우에 칩이 망가질 수 있습니다. 저항은 단락 회로를 방지하는 역할을 하게 됩니다.

버튼 입력 회로는 다음과 같이 구성할 수도 있습니다.

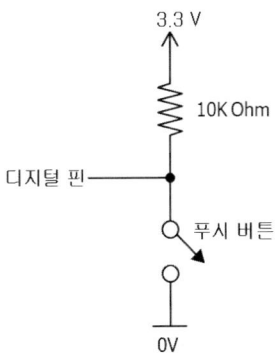

이 경우 디지털 핀은 버튼이 눌리지 않았을 때는 220 Ohm 저항을 통해 3.3V로 연결되며, 논리적으로 1 값이 입력됩니다. 220 Ohm 저항 대신에 330 Ohm, 1K Ohm, 10K Ohm 저항을 사용할 수도 있습니다. 버튼을 눌렀을 경우에 디지털 핀은 0V로 연결되며, 논리적으로 0 값이 입력됩니다.

Tinker Board 2 핀 맵

다음에 초록색으로 표시된 GPIO 핀의 상태를 읽을 수 있습니다.

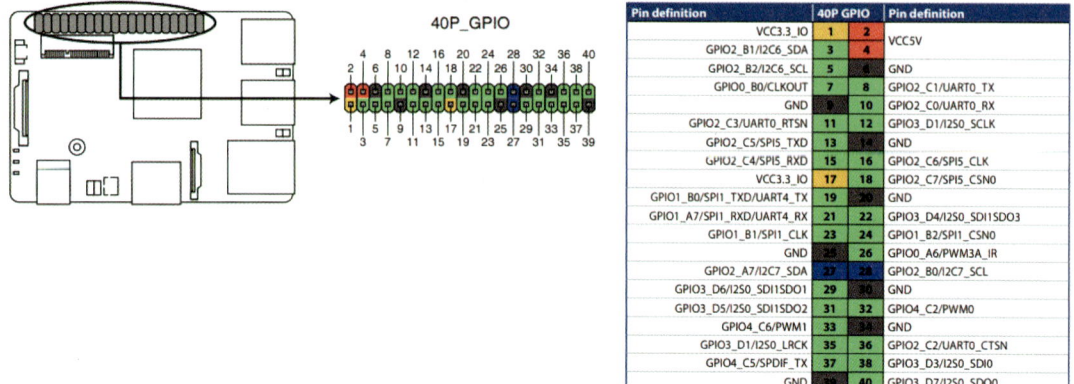

02 _ 버튼 회로 살펴보기

다음은 이 책에서 사용하는 [팅커 보드 A.I.Shield]입니다. ⒣ 부분에 팅커 보드의 32 번 핀으로 연결된 버튼이 장착되어 있습니다.

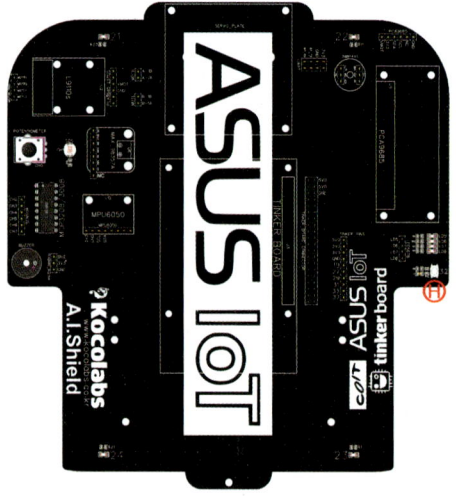

다음은 ⒣ 부분에 장착된 버튼 회로도를 나타냅니다. BUTTON에 연결된 핀이 팅커 보드의 32 번 핀으로 연결되어 있습니다. 버튼을 누르지 않은 기본 상태에서 BUTTON은 GND에 연결되어 있고, 버튼을 누르면 VCC로 연결됩니다. 즉, 버튼을 누르지 않은 상태에서는 논리적으로 0값이 버튼을 누르면 논리적으로 1값이 입력됩니다.

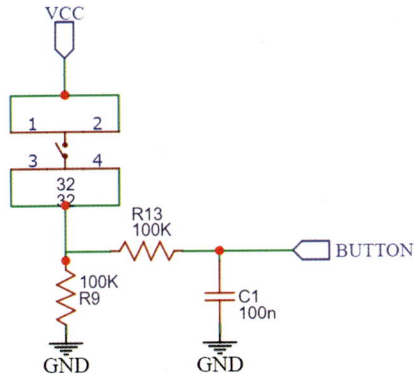

03 _ 버튼 값 읽어보기

여기서는 ASUS.GPIO.input 함수를 이용하여 32번 핀에 연결된 버튼을 눌러보며 0과 1을 읽어봅니다.

01 다음과 같이 예제를 작성합니다.

_11_gpio_input.py
```
01 import ASUS.GPIO as GPIO
02 import sys
03 import time
04
05 button_pin = int(sys.argv[1])
06
07 GPIO.setmode(GPIO.BOARD)
08 GPIO.setwarnings(False)
09
10 GPIO.setup(button_pin, GPIO.IN)
11
12 try:
13     while True:
14         buttonInput = GPIO.input(button_pin)
15         print(buttonInput)
16         time.sleep(0.01)
17
18 except:
19     pass
20
21 GPIO.cleanup()
```

05 : button_pin 변수를 선언한 후, 프로그램 실행 시 넘겨받게 될 1 번째 인자를 정수로 변환하여 초기화합니다.
13 : 계속 반복해서 14~16줄을 수행합니다. while 문을 끝내기 위해서는 CTRL+c 키를 누릅니다.
14 : GPIO.input 함수를 호출하여 button_pin 값을 읽어 buttonInput 변수가 가리키도록 합니다.
15 : buttonInput 변수 값을 출력합니다.
16 : time.sleep 함수를 호출하여 0.01초간 기다립니다.

02 다음과 같이 예제를 실행합니다.

```
$ python _11_gpio_input.py 32
```

1번 인자로 팅커 보드의 32번 핀 값을 줍니다. 버튼을 누른 채 값을 읽어 봅니다. 버튼을 떼고 값을 읽어봅니다.

04 _ 버튼 값에 따라 LED 켜고 끄기

여기서는 버튼을 누르면 LED가 켜지고 버튼을 떼면 LED가 꺼지도록 프로그램을 작성해 보도록 합니다. 다음 그림에서 Ⓗ의 32 번 버튼을 누르면 Ⓐ의 21번 LED가 켜지도록 해 봅니다.

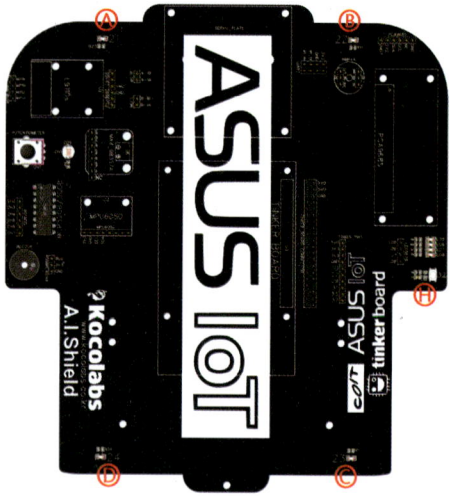

01 다음과 같이 예제를 작성합니다.

_11_gpio_input_2.py
```
01 import ASUS.GPIO as GPIO
02 import sys
03
04 button_pin = int(sys.argv[1])
05 led_pin = int(sys.argv[2])
06
07 GPIO.setmode(GPIO.BOARD)
08 GPIO.setwarnings(False)
09
10 GPIO.setup(button_pin, GPIO.IN)
11 GPIO.setup(led_pin, GPIO.OUT)
12
13 try:
```

```
14        while True:
15            buttonInput = GPIO.input(button_pin)
16            GPIO.output(led_pin, buttonInput)
17
18 except KeyboardInterrupt:
19        pass
20
21 GPIO.cleanup()
```

15 : GPIO.input 함수를 호출하여 button_pin 값을 읽어 buttonInput 변수가 가리키도록 합니다.
16 : GPIO.output 함수를 호출하여 buttonInput 값을 led_pin으로 씁니다.

02 다음과 같이 예제를 실행합니다.

```
$ python _11_gpio_input_2.py 32 21
```

1 번 인자로 32(버튼), 2 번 인자로 21(LED)을 줍니다. 버튼을 누르면 LED가 켜지고 버튼을 떼면 LED가 꺼지는 것을 확인합니다.

05 _ 버튼 토글하기

이전 예제에서는 버튼을 누르고 있어야만 LED가 켜졌습니다. 버튼을 떼게 되면 LED가 꺼지게 되어 불편합니다. 여기서는 버튼을 한 번 누르면 LED가 켜지고, 한 번 더 누르면 LED가 꺼지도록 해 봅니다.

01 다음과 같이 예제를 수정합니다.

_11_gpio_input_3.py

```
01 import ASUS.GPIO as GPIO
02 import sys
03
04 button_pin = int(sys.argv[1])
05 led_pin = int(sys.argv[2])
06
07 GPIO.setmode(GPIO.BOARD)
08 GPIO.setwarnings(False)
09
10 GPIO.setup(button_pin, GPIO.IN)
11 GPIO.setup(led_pin, GPIO.OUT)
12
13 buttonInputPrev = False
14 ledOn = False
```

```
15
16 try:
17     while True:
18             buttonInput = GPIO.input(button_pin)
19
20             if buttonInput and not buttonInputPrev:
21                     print("rising edge")
22                     ledOn = True if not ledOn else False
23                     GPIO.output(led_pin, ledOn)
24             elif not buttonInput and buttonInputPrev:
25                     print("falling edge")
26             else: pass
27
28             buttonInputPrev = buttonInput
29
30 except:
31     pass
32
33 GPIO.cleanup()
```

13 : buttonInputPrev 변수를 선언한 후, False 값으로 초기화합니다. buttonInputPrev 변수는 바로 전 GPIO.input 함수가 호출되었을 때의 버튼의 상태 값을 저장하는 변수입니다.
14 : ledOn 변수를 선언한 후, False 값으로 초기화합니다. ledOn 변수는 LED가 켜진 상태를 저장하는 변수입니다.
18 : GPIO.input 함수를 호출하여 button_pin 값을 읽어 buttonInput 변수가 가리키도록 합니다.
20 : buttonInput 변수가 True를 가리키고, 즉, 현재 버튼이 눌려졌고, buttonInputPrev 변수가 True가 아닌 False를 가리키고, 즉, 이전에 버튼이 눌려지지 않았으면 21~23줄을 수행합니다.
21 : print 함수를 호출하여 "rising edge" 문자열을 출력하고
22 : ledOn 변수가 True 또는 False를 가리키게 합니다. ledOn 변수가 False를 가리키고 있었다면 True를 가리키도록 변경하고 그렇지 않을 경우, 즉, ledOn 변수가 True를 가리키고 있었다면 False를 가리키도록 변경합니다.
23 : GPIO.output 함수를 호출하여 led_pin에 ledOn 값을 씁니다.
24 : 그렇지 않고 buttonInput 변수가 False를 가리키고, 즉, 현재 버튼이 눌려져있지 않고, buttonInputPrev 변수가 True를 가리키고 있으면, 즉, 이전에 버튼이 눌려져 있었으면
25 : print 함수를 호출하여 "falling edge" 문자열을 출력합니다.
26 : 그렇지 않으면, 즉, buttonInput 값과 buttonInputPrev 값이 동시에 True이거나 동시에 False이면 아무것도 수행하지 않습니다.
28 : buttonInput이 가리키는 값을 buttonInputPrev 변수가 가리키도록 합니다.

02 다음과 같이 예제를 실행합니다.

```
$ python _11_gpio_input_3.py 32 21
```

버튼을 한 번 누르면 LED가 켜지고 버튼을 한 번 더 누르면 LED가 꺼지는 것을 확인합니다.

※ 버튼을 누르면 LED가 깜빡이며 이전상태를 유지하는 경우도 있습니다. 이런 현상을 채터링이라고 하며, 문제를 해결하기 위해서는 회로 상에는 축전지를 장착하고, 소프트웨어적으로는 일정 시간동안 버튼의 상태가 유지되는 것을 확인하는 루틴을 추가해주어야 합니다.

06 ASUS.GPIO.add_event_callback 함수

이전 예제에서 버튼을 한 번 누르면 LED가 켜지고, 한 번 더 누르면 LED가 꺼지도록 해 보았습니다. 이 경우 외부 인터럽트를 이용해서 해결할 수도 있습니다.
여기서는 외부 인터럽트에 대해 살펴보고, 외부 인터럽트 처리기를 구현해 봅니다.

01 _ 외부 인터럽트 살펴보기

팅커 보드의 GPIO 핀은 모두 외부 인터럽트를 발생시키도록 설정할 수 있습니다.

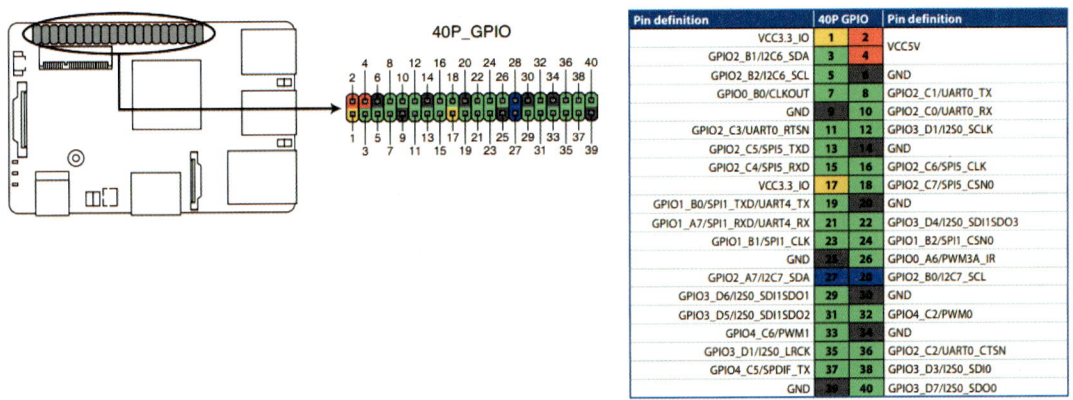

GPIO 핀으로 입력되는 값이 0에서 1로 또는 1에서 0으로 신호가 바뀌면 GPIO 모듈을 통해서 팅커 보드 SOC 내부에 있는 CPU로 인터럽트 신호를 보낼 수 있습니다. CPU는 인터럽트 신호를 받으면, 하드웨어적으로 함수를 호출하게 되는데, 이 때 수행되는 함수가 외부 인터럽트 처리 함수가 됩니다. CPU는 인터럽트 처리 함수를 수행하고 나서는 원래 수행되던 코드로 돌아갑니다.

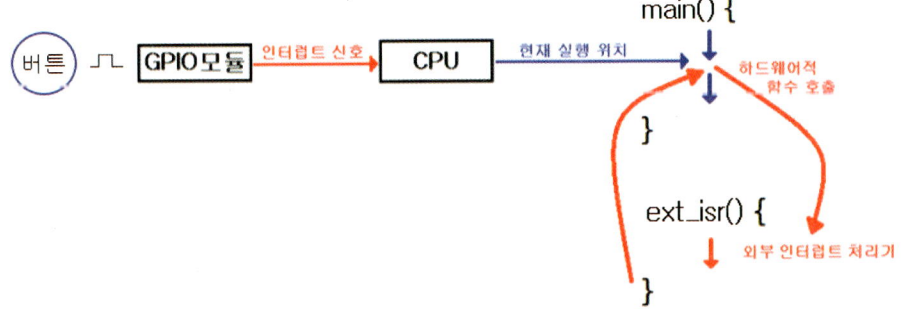

02 _ 버튼 인터럽트로 LED 켜기

여기서는 외부 인터럽트를 이용하여 LED를 켜고 끄도록 해봅니다.

01 다음과 같이 예제를 작성합니다.

_12_ext_int.py

```python
01 import ASUS.GPIO as GPIO
02 import sys
03
04 led_state = False
05 led_state_changed = False
06 def buttonPressed(channel):
07     global led_state
08     global led_state_changed
09     led_state = True if not led_state else False
10     led_state_changed = True
11
12 button_pin = int(sys.argv[1])
13 led_pin = int(sys.argv[2])
14
15 GPIO.setmode(GPIO.BOARD)
16 GPIO.setwarnings(False)
17
18 GPIO.setup(led_pin, GPIO.OUT)
19
20 GPIO.setup(button_pin, GPIO.IN)
21 GPIO.add_event_detect(button_pin, GPIO.RISING)
22 GPIO.add_event_callback(button_pin, buttonPressed)
23
24 try:
25     while True:
26         if led_state_changed == True:
27             led_state_changed = False
28             GPIO.output(led_pin, led_state)
29
30 except:
31     pass
32
33 GPIO.cleanup()
```

04 : led_state 변수를 선언하여 False를 가리키게 합니다. led_state 변수는 LED의 상태 값을 가리키는 변수입니다.
05 : led_state_changed 변수를 선언하여 False를 가리키게 합니다. led_state_changed 변수는 LED의 상태가 바뀌었다는 것을 알리는 변수입니다.
06~10 : buttonPressed 함수를 정의합니다. 버튼이 눌렸을 경우 수행되는 함수입니다.

07	: led_state 변수를 전역으로 선언합니다. 9 번째 줄에서 led_state 변수 값을 변경하는데, 전역 변수를 함수 내에서 변경하고자 할 경우엔 global 키워드를 붙여주어야 합니다. 그렇지 않을 경우 같은 이름을 가진 buttonPressed 함수의 지역 변수를 생성합니다.
08	: led_state_changed 변수를 전역으로 선언합니다. 10 번째 줄에서 led_state_changed 변수 값을 변경하기 때문에 led_state 변수와 같이 global로 선언해 줍니다.
09	: led_state 변수 값이 False이면 True를 led_state 변수에 대입합니다. led_state 변수 값이 True이면 False 값을 led_state 변수에 대입합니다.
10	: led_state_changed 변수 값을 True로 설정하여 led_state 변수 값이 바뀌었다는 것을 표시합니다.
20	: GPIO.setup 함수를 호출하여 button_pin을 GPIO 입력으로 설정합니다. 인터럽트 핀으로 사용할 경우에도 GPIO 입력으로 설정해 주어야 합니다.
21	: GPIO.add_event_detect 함수를 호출하여 button 핀의 값이 LOW에서 HIGH로 상승하는 순간 인터럽트가 발생하도록 설정합니다.
22	: GPIO.add_event_callback 함수를 호출하여 button 핀으로부터 인터럽트가 발생할 경우 buttonPressed 함수가 호출될 수 있도록 buttonPressed 함수를 등록합니다.
25	: 계속해서 26~28줄을 수행합니다.
26	: led_state_changed 변수 값이 True이면
27	: led_state_changed 변수 값을 False로 돌려놓고
28	: GPIO.output 함수를 호출하여 led_pin에 led_state 값을 씁니다.

02 다음과 같이 예제를 실행합니다.

```
$ sudo python _12_ext_int.py 32 21
```

버튼을 누르면 LED가 켜지고, 다시 버튼을 누르면 LED가 꺼지는 것을 확인합니다.

※ 인터럽트를 사용해야 할 경우 sudo 명령을 주어야 잘 동작합니다.
※ 버튼을 누르면 LED가 깜빡이며 이전상태를 유지하는 경우도 있습니다. 이런 현상을 채터링이라고 하며, 문제를 해결하기 위해서는 회로 상에는 축전지를 장착하고, 소프트웨어적으로는 일정 시간동안 버튼의 상태가 유지되는 것을 확인하는 루틴을 추가해주어야 합니다.

07 threading.Thread 클래스

팅커 보드는 리눅스 운영체제를 기반으로 동작합니다. 리눅스 운영체제는 쓰레드 프로그램을 지원합니다. 쓰레드 프로그램은 하나의 프로그램에서 여러 가지 입력을 받아 처리해야하는 경우에 필요합니다. 예를 들어, 하나의 프로그램에서 키보드 입력, 버튼 입력, 시간 지연을 위한 시간 입력을 동시에 처리해야 할 경우에 필요합니다. 여기서는 쓰레드 생성을 위해 threading.Thread 클래스를 소개합니다.

01 _ 쓰레드 이해하기

우리가 작성하는 프로그램은 하나의 프로세스 상에서 수행됩니다. 프로세스란 CPU가 수행하는 작업의 단위로 하나의 프로그램을 수행하기 위한 환경을 나타냅니다. 하나의 프로세스는 기본적으로 하나의 쓰레드를 갖습니다. 이 쓰레드를 주 쓰레드라고 합니다. 우리가 작성하는 프로그램은 주 쓰레드 상에서 수행됩니다. 주 쓰레드는 키보드 입력을 기다리다가 키보드 입력이 있으면 키보드 입력을 처리하고 다시 키보드 입력을 기다리는 형태로 동작합니다. 주 쓰레드가 키보드 입력을 기다리는 동안에는 CPU에 의해 수행되지 않는 상태가 됩니다.

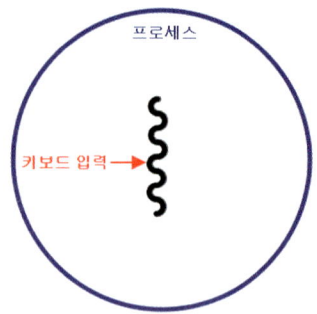

쓰레드는 하나의 입력을 처리하는 프로그램의 흐름을 나타냅니다. 주 쓰레드의 입력은 키보드 입력이 됩니다. 우리가 작성하는 대부분의 프로그램은 키보드 입력을 기다리다 처리하는 구조로 되어 있습니다. 그러다보니 하나의 쓰레드로 처리가 가능했습니다.

둘 이상의 쓰레드가 필요한 환경은 통신 프로그램입니다. 예를 들어, 온라인 게임과 같은 프로그램입니다. 통신 프로그램의 경우엔 지역 사용자의 키보드 입력도 처리해야 하지만 소켓을 통해 입력되는 원격 사용자의 키보드 입력도 처리해야 합니다. 그래서 원격 사용자의 입력을 처리하기 위한 쓰레드가 하나 더 필요합니다. 이 때 추가되는 쓰레드를 부 쓰레드라고 합니다.

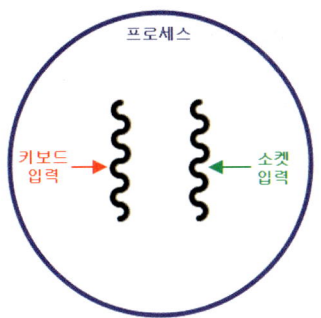

새로 추가된 부 쓰레드는 소켓 입력을 기다리다가 소켓 입력이 있으면 소켓 입력을 처리하고 다시 소켓 입력을 기다리는 형태로 동작합니다. 부 쓰레드가 소켓 입력을 기다리는 동안에는 CPU에 의해 수행되지 않는 상태가 됩니다.

02 _ 쓰레드 생성하기

여기서는 threading.Thread 클래스를 이용하여 쓰레드를 하나 생성한 후, 파이썬 프로그램을 읽고 수행하는 파이썬 쉘과 동시에 작업을 수행해 보도록 합니다.

01 다음과 같이 예제를 작성합니다.

_13_threading.py
```
01 import threading
02 import time
03
04 def t1_main():
05     while True:
06         print("\tt1")
07         time.sleep(0.5)
08
09 t1 = threading.Thread(target=t1_main)
10 t1.daemon = True
11 t1.start()
12
13 try:
14     while True:
15         print("main")
16         time.sleep(1.0);
17
18 except:
19     pass
```

01 : threading 모듈을 불러옵니다. threading 모듈은 9,10,11 줄에 있는 Thread 생성, daemon 변수, start 함수를 가지고 있으며 쓰레드를 사용하기 위해 필요합니다.
04~07 : 쓰레드가 수행할 t1_main 함수를 정의합니다.
05 : 계속 반복해서 6~7줄을 수행합니다.
06 : 탭,t1 문자열을 출력하고,
07 : 0.5초간 기다립니다.
09 : threading.Thread 객체를 생성하여 t1_main 함수를 수행할 t1 쓰레드를 하나 생성합니다.
10 : t1 객체의 daemon 속성을 True로 설정하여 프로그램 종료 시 t1 쓰레드가 같이 종료되도록 합니다. daemon 속성을 True로 설정하지 않을 경우 프로그램을 종료해도 쓰레드가 계속 수행됩니다.
11 : t1 객체에 대해 start 함수를 호출하여 쓰레드를 수행 가능한 상태로 변경합니다. 이제 쓰레드는 임의의 순간에 수행될 수 있습니다.
14 : 계속 반복해서 15~16줄을 수행합니다.
15 : main 문자열을 출력하고,
16 : 1.0초간 기다립니다.

02 다음과 같이 예제를 실행합니다.

```
$ python _13_threading.py
```

주 루틴과 t1 함수가 동시에 수행되는 것을 확인합니다. 주 루틴은 파이썬 쉘이 직접 수행하며 t1 함수는 threading.Thread 함수에 의해 생성된 쓰레드에서 수행됩니다.

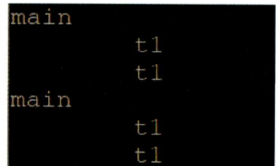

03 _ 쓰레드로 다중 작업하기

여기서는 threading.Thread 클래스를 이용하여 쓰레드를 하나 더 생성한 후, 파이썬 쉘과 함께 3개의 쓰레드가 동시에 수행되도록 해 봅니다.

01 다음과 같이 예제를 수정합니다.

_13_threading_2.py

```
01 import threading
02 import time
03
04 def t1_main():
05     while True:
06         print(" \tt1 ")
07         time.sleep(0.5)
```

```
08
09 def t2_main():
10      while True:
11              print("\t\tt2")
12              time.sleep(0.2)
13
14 t1 = threading.Thread(target=t1_main)
15 t1.daemon = True
16 t1.start()
17
18 t2 = threading.Thread(target=t2_main)
19 t2.daemon = True
20 t2.start()
21
22 try:
23      while True:
24              userInput = input()
25              print(userInput)
26
27 except:
28      pass
```

09~12 : 쓰레드가 수행할 t2_main 함수를 정의합니다.
10   : 계속 반복해서 11~12줄을 수행합니다.
11   : 탭,탭,t2 문자열을 출력하고,
12   : 0.2초간 기다립니다.
18   : threading.Thread 객체를 생성하여 t2_main 함수를 수행할 t2 쓰레드를 하나 더 생성합니다.
19   : t2 객체의 daemon 속성을 True로 설정합니다.
20   : t2 객체에 대해 start 함수를 호출하여 쓰레드를 수행 가능한 상태로 변경합니다.
24   : 주 쓰레드는 input 함수를 호출하여 사용자 입력을 기다립니다.
25   : 사용자 입력을 출력합니다.

02 다음과 같이 예제를 실행합니다.

```
$ python _13_threading_2.py
```

주 루틴과 t1_main, t2_main 함수가 동시에 수행되는 것을 확인합니다. 주 루틴은 파이썬 쉘이 수행하며 t1_main, t2_main 함수는 threading.Thread 클래스에 의해 생성된 2개의 쓰레드에서 수행됩니다. 키보드에 hello 문자열을 입력한 후, 엔터키를 쳐 봅니다. t1_main, t2_main 함수를 수행하는 쓰레드는 주기적으로 화면으로 출력을 하고, 파이썬 쉘은 사용자 입력을 기다리다가 사용자 입력이 있으면 입력받은 문자열을 출력합니다.

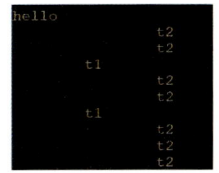

04 _ 쓰레드로 LED 점멸 반복하기

여기서는 쓰레드를 생성하여 LED의 점멸을 반복해보도록 합니다.

01 다음과 같이 예제를 작성합니다.

_13_threading_3.py

```python
01 import threading
02 import time
03 import ASUS.GPIO as GPIO
04 import sys
05
06 led_pin = int(sys.argv[1])
07
08 def blink_led():
09     while True:
10             GPIO.output(led_pin, True)
11             time.sleep(0.5)
12             GPIO.output(led_pin, False)
13             time.sleep(0.5)
14
15 GPIO.setmode(GPIO.BOARD)
16 GPIO.setwarnings(False)
17
18 GPIO.setup(led_pin, GPIO.OUT)
19
20 tBL = threading.Thread(target=blink_led)
21 tBL.daemon = True
22 tBL.start()
23
24 try:
25     while True:
26             print("main")
27             time.sleep(1.0);
28
29 except KeyboardInterrupt:
30     pass
```

08~13 : 쓰레드가 수행할 blink_led 함수를 정의합니다.
09 : 계속 반복해서 10~13줄을 수행합니다.
10~13 : 앞의 예제와 똑같이 작성합니다.
20 : threading.Thread 객체를 생성하여 blink_led 함수를 수행할 tBL 쓰레드를 하나 생성합니다.
21 : tBL 객체의 daemon 값을 True로 설정합니다.
22 : tBL 객체에 대해 start 함수를 호출하여 쓰레드를 수행 가능한 상태로 변경합니다.

02 다음과 같이 예제를 실행합니다.

```
$ python _13_threading_3.py 21
```

1 번 인자로 21(번 핀)을 줍니다. 주 루틴에서는 1초에 한 번씩 main 문자열이 출력되고, blink_led 함수에서는 1초 주기로 LED 점멸을 반복합니다. 주 루틴은 파이썬 쉘에 의해서 수행되며 blink_led 함수는 threading.Thread 클래스에 의해서 생성된 tBL 쓰레드에 의해서 수행됩니다.

05 _ 쓰레드로 LED 밝기 조절하기

여기서는 쓰레드를 이용하여 LED의 밝기를 조절해봅니다.

01 다음과 같이 예제를 작성합니다.

_13_threading_4.py

```python
01 import threading
02 import time
03 import ASUS.GPIO as GPIO
04 import sys
05
06 led_pin = int(sys.argv[1])
07
08 GPIO.setmode(GPIO.BOARD)
09 GPIO.setwarnings(False)
10
11 GPIO.setup(led_pin, GPIO.OUT)
12 pwm = GPIO.PWM(led_pin, 1000.0)
13 pwm.start(0)
14
15 def fading_led():
16     while True:
17         for t_high in range(0,101):
18             pwm.ChangeDutyCycle(t_high)
19             time.sleep(0.01)
20         for t_high in range(100,-1,-1):
21             pwm.ChangeDutyCycle(t_high)
22             time.sleep(0.01)
23
24 tFL = threading.Thread(target=fading_led)
25 tFL.daemon = True
26 tFL.start()
27
28 try:
29     while True:
```

```
30                    print("main")
31                    time.sleep(1.0);
32
33 except KeyboardInterrupt:
34       pass
35
36 pwm.stop()
37 GPIO.cleanup()
```

15~22 : 쓰레드가 수행할 fading_led 함수를 정의합니다.
24   : threading.Thread 객체를 생성하여 fading_led 함수를 수행할 tFL 쓰레드를 하나 생성합니다.
25   : tFL 객체의 daemon 값을 True로 설정합니다.
26   : tFL 객체에 대해 start 함수를 호출하여 쓰레드를 수행 가능한 상태로 변경합니다.

02 다음과 같이 예제를 실행합니다.

```
$ python _13_threading_4.py 21
```

파이썬 쉘이 수행하는 주 루틴에서는 1초에 한 번씩 main 문자열이 출력되고, fading_led 함수에서는 약 2초 주기로 LED가 밝아지고 어두워지기를 반복합니다.

08 메시지 큐 통신

우리는 앞에서 쓰레드 프로그램을 작성해 보았습니다. 프로그램을 두 개 이상의 쓰레드로 구성할 경우, 쓰레드 간에 데이터를 주고받아야 하는 경우가 있을 수 있습니다. 또, 인터럽트를 사용해야 할 경우 인터럽트 처리 함수에서 쓰레드로 데이터를 보내야 하는 경우가 있을 수 있습니다. 이 때, 사용할 수 있는 방법이 바로 메시지 큐입니다.

여기서는 쓰레드와 쓰레드 간, 인터럽트 처리 함수와 쓰레드 간에 데이터를 주고받기 위한 메시지 큐의 사용법을 살펴봅니다.

01 _ 주 루틴과 쓰레드 간 메시지 큐 통신하기

여기서는 queue.Queue 클래스를 이용하여 메시지 큐를 생성한 후, 메시지 큐를 이용하여 파이썬 쉘과 쓰레드 간에 메시지를 주고받아 봅니다.

01 다음과 같이 예제를 작성합니다.

_14_mqueue.py

```python
01 import queue
02 import threading
03 import time
04
05 HOW_MANY_MESSAGES = 10
06 mq = queue.Queue(HOW_MANY_MESSAGES)
07
08 def t1():
09     value = 0
10     while True:
11         value = value + 1
12         mq.put(value)
13         time.sleep(0.1)
14
15 tMQ = threading.Thread(target=t1)
16 tMQ.daemon = True
```

```
17 tMQ.start()
18
19 try:
20     while True:
21         value = mq.get()
22         print("Read Data %d" %value)
23
24 except:
25     pass
```

01 : queue 모듈을 불러옵니다. queue 모듈은 6,12,21 줄에 있는 Queue 생성자 함수, put, get 함수를 가지고 있으며 메시지 큐를 사용하기 위해 필요합니다.
05 : HOW_MANY_MESSAGES 변수를 선언한 후, 10으로 설정합니다. HOW_MANY_MESSAGES는 메시지 큐에 저장할 수 있는 최대 메시지의 개수를 나타냅니다.
06 : queue.Queue 객체를 생성하여 메시지 큐를 생성합니다. 객체 생성 시 최대 메시지의 개수를 인자로 줍니다.
08~13 : 쓰레드가 수행할 t1 함수를 정의합니다.
09 : 보내고자 하는 메시지를 저장할 value 변수를 하나 선언합니다.
10 : 계속 반복해서 11~13줄을 수행합니다.
11 : value 변수의 값을 하나 증가시킵니다.
12 : mq.put 함수를 호출하여 메시지 큐에 value 값을 씁니다.
13 : 0.1 초 동안 기다립니다.
15 : threading.Thread 객체를 생성하여 t1 함수를 수행할 tMQ 쓰레드를 하나 생성합니다.
16 : tMQ 객체의 daemon 값을 True로 설정합니다.
17 : tMQ 객체에 대해 start 함수를 호출하여 쓰레드를 수행 가능한 상태로 변경합니다.
20 : 계속 반복해서 21~22줄을 수행합니다.
21 : mq.get 함수를 호출하여 메시지 큐에 있는 메시지를 value 변수로 읽어냅니다. 읽을 메시지가 없을 경우 쓰레드는 메시지를 기다리게 됩니다. 21줄에 있는 value 변수는 주루틴의 변수이며, 9줄에 있는 value 변수는 t1 함수의 변수로 서로 다른 변수입니다.
22 : value 값을 출력합니다.

02 다음과 같이 예제를 실행합니다.

```
$ python _14_mqueue.py
```

다음과 같이 메시지가 전달되어 출력되는 것을 확인합니다.

```
Read Data 20
Read Data 21
Read Data 22
Read Data 23
Read Data 24
Read Data 25
Read Data 26
Read Data 27
Read Data 28
Read Data 29
```

02 _ 인터럽트 처리 함수와 쓰레드 간 메시지 큐 통신하기

여기서는 인터럽트 처리 함수와 파이썬 쉘 간에 메시지를 주고받아 봅니다.

01 다음과 같이 예제를 작성합니다.

_14_mqueue_2.py

```python
01 import queue
02 import ASUS.GPIO as GPIO
03 import time
04 import sys
05
06 HOW_MANY_MESSAGES =10
07 mq =queue.Queue(HOW_MANY_MESSAGES)
08
09 led_state = False
10 def buttonPressed(channel):
11     global led_state
12     led_state = True if not led_state else False
13     mq.put(led_state)
14
15 button_pin = int(sys.argv[1])
16 led_pin = int(sys.argv[2])
17
18 GPIO.setmode(GPIO.BOARD)
19 GPIO.setwarnings(False)
20
21 GPIO.setup(led_pin, GPIO.OUT)
22
23 GPIO.setup(button_pin, GPIO.IN)
24 GPIO.add_event_detect(button_pin, GPIO.RISING)
25 GPIO.add_event_callback(button_pin, buttonPressed)
26
27 try:
28     while True:
29         value = mq.get()
30         GPIO.output(led_pin, value)
31
32 except KeyboardInterrupt:
33     pass
34
35 GPIO.cleanup()
```

25 : GPIO.add_event_callback 함수를 호출하여 버튼을 눌러 신호가 올라갈 때 수행될 buttonPressed 함수를 등록합니다.
29 : mq.get 함수를 호출하여 메시지 큐에 있는 메시지를 value 변수로 읽어냅니다. 읽을 메시지가 없을 경우 쓰레드는 메시지를 기다리게 됩니다.
30 : GPIO.output 함수를 호출하여 led_pin에 value 변수 값을 출력합니다.
09 : 보내고자 하는 메시지를 저장할 정수 변수 led_state를 선언합니다.
12 : led_state 값이 False이면 True로 그렇지 않으면 False로 led_state 값을 변경합니다.
13 : mq.put 함수를 호출하여 메시지 큐에 led_state 값을 씁니다.

02 다음과 같이 예제를 실행합니다.

```
$ sudo python _14_mqueue_2.py 32 21
```

버튼을 누르면 LED가 켜지고, 다시 버튼을 누르면 LED가 꺼지는 것을 확인합니다.

※ 인터럽트를 사용해야 할 경우 sudo 명령을 주어야 잘 동작합니다.

CHAPTER

03

외부 디바이스 붙이기

여기서는 팅커 보드에 외부 디바이스를 붙이는 방법을 소개합니다. 그 과정에서 UART, SPI, I2C 버스를 활용하는 방법도 소개합니다. 첫 번째, LS9110S 모터 드라이버를 붙이고 제어하는 방법을 소개합니다. 두 번째, 시리얼 입력을 위해 UART 포트에 HM10 디바이스를 붙이고 제어하는 방법을 소개합니다. 세 번째, 아날로그 센서 입력을 위하여 SPI 버스에 MCP3208 디바이스를 붙이고 제어하는 방법을 소개합니다. 네 번째, PWM 출력을 위하여 I2C 버스에 PCA9685 디바이스를 붙이고 제어하는 방법과 기울어진 정도를 측정할 수 있는 MPU6050 기울기 센서를 붙이고 센서를 읽는 방법을 소개합니다.

01 L9110S 모터 드라이버 제어하기

여기서는 팅커 보드를 이용하여 DC 모터를 제어하는 방법을 소개합니다. DC 모터를 제어하면 RC 카 등의 모터를 제어할 수 있습니다. DC 모터를 제어하기 위해서는 모터 드라이버가 필요합니다. 여기서는 L9110S 모터 드라이버를 제어하는 방법을 소개합니다.

01 _ L9110S 모터 드라이버 살펴보기

다음은 L9110S 모터 드라이버입니다. L9110S 모터 드라이버는 저용량의 모터를 구동하기 위한 드라이버로 2개의 DC 모터를 구동할 수 있습니다. 모터 드라이버 상에 있는 L9110S 칩은 모터로 각각 800mA 의 전류를 공급할 수 있으며 동작 전압은 2.5V~12V입니다.

핀	설명	비고
B-IA	모터 B 입력 A (IA)	PWM 핀에 연결
B-IB	모터 B 입력 B (IB)	디지털 핀에 연결
GND	Ground	
VCC	동작 전압 2.5–12V	
A-IA	모터 A 입력 A (IA)	PWM 핀에 연결
A-IB	모터 A 입력 B (IB)	디지털 핀에 연결

L9110S 모터 드라이버는 2 개의 DC 모터를 제어할 수 있습니다. 왼쪽에 있는 핀은 모터 제어 핀과 모터 전원 핀입니다. 오른쪽 부분은 모터를 연결하는 부분입니다. B-IA, B-IB는 모터B 제어를 위해 팅커 보드에 연결해 줍니다. A-IA, A-IB는 모터A 제어를 위해 팅커 보드에 연결해 줍니다. GND, VCC 핀은 모터 구동 전원으로 연결해줍니다.

다음은 IA, IB의 신호 값에 따른 모터의 구동 상태를 나타냅니다.

IA	IB	모터 상태
LOW	LOW	꺼짐
HIGH	LOW	후진/전진
LOW	HIGH	전진/후진
HIGH	HIGH	꺼짐

IA, IB에 동시에 같은 신호 값이 들어가면 모터는 동작하지 않습니다. IA, IB에 각각 HIGH, LOW 값이 들어가면 모터는 모터 연결부에 연결된 상태에 따라 전진 또는 후진 상태로 회전합니다. IA, IB 에 각각 LOW, HIGH 값이 들어가면 모터는 이전과 반대 상태로 회전합니다. IA 핀에 연결된 PWM 신호로 모터의 속도를 조절하며 IB 핀에 연결된 디지털 신호로 모터의 방향을 결정합니다.

02 _ L9110S 모터 연결 살펴보기

L9110S 모듈은 [팅커 보드 A.I.Shield]의 Ⓐ 부분에 장착됩니다. Ⓑ L9110S 모듈의 제어/전원 6 핀 과 Ⓒ [팅커 보드 A.I.Shield]의 6 핀이 연결됩니다. Ⓒ 핀의 가운데 2 핀은 각각 모터 전원(VMOT), GND 핀으로 모터에 전원을 공급하며, 그림 기준 상단부 2 핀은 Ⓓ 핀, 하단부 2 핀은 Ⓔ 핀에 연결되어 있습니다. Ⓓ, Ⓔ 핀은 Ⓕ 핀에 연결되어 모터를 제어할 수 있습니다. 우리 책에서는 Ⓓ 핀의 A-IA, A-IB를 각각 GPIO29, GPIO31번 핀에 연결합니다. 또, Ⓔ 핀의 B-IA, B-IB를 각각 GPIO37, GPIO33번 핀에 연결합니다. 모터는 Ⓖ 핀을 통해 Ⓗ 단자로 연결됩니다. 모터는 [팅커 보드 A.I.Shield]의 하단의 Ⓘ, Ⓙ에 장착됩니다. 오른쪽 모터선은 Ⓚ 단자에 장착된 후, Ⓖ로 연결됩니다. 왼쪽 모터선은 Ⓛ 단자에 장착된 후, Ⓖ로 연결됩니다.

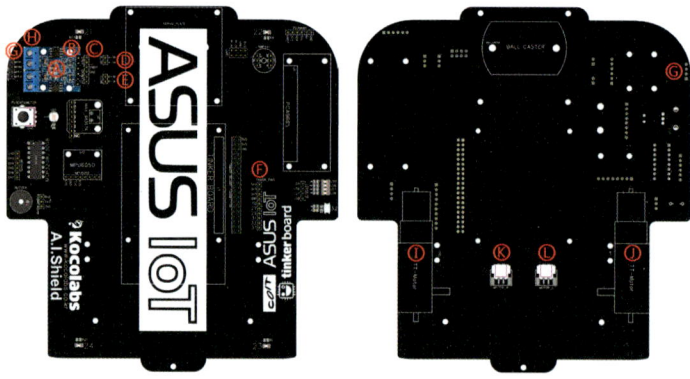

03 _ 모터 회전시켜 보기

여기서는 두 개의 모터에 대한 전진, 후진, 정지 테스트를 수행하도록 합니다.

01 다음과 같이 예제를 작성합니다.

_15_l9110s_motor.py

```
01 import ASUS.GPIO as GPIO
02 import sys
03 import time
04
05 IA_pwm = int(sys.argv[1])
```

```
06 IB = int(sys.argv[2])
07
08 GPIO.setmode(GPIO.BOARD)
09 GPIO.setwarnings(False)
10
11 GPIO.setup(IA_pwm, GPIO.OUT)
12 GPIO.setup(IB, GPIO.OUT)
13
14 pwm = GPIO.PWM(IA_pwm, 100)
15 pwm.start(0.0)
16
17 try:
18     for _ in range(3):
19         GPIO.output(IB, False)
20         pwm.ChangeDutyCycle(0.0)
21         time.sleep(1.0)
22         GPIO.output(IB, True)
23         pwm.ChangeDutyCycle(0.0)
24         time.sleep(1.0)
25         GPIO.output(IB, True)
26         pwm.ChangeDutyCycle(100.0)
27         time.sleep(1.0)
28         GPIO.output(IB, False)
29         pwm.ChangeDutyCycle(100.0)
30         time.sleep(1.0)
31 except:
32     pass
33
34 pwm.ChangeDutyCycle(0.0)
35
36 pwm.stop()
37 GPIO.cleanup()
```

05	: IA_pwm 변수에 1 번 인자의 값을 정수로 변환하여 할당합니다. IA_pwm 변수는 모터 전진, 후진 속도 조절에 사용됩니다.
06	: IB 변수에 2 번 인자의 값을 정수로 변환하여 할당합니다. IB 변수는 모터 전진, 후진 방향 조절에 사용됩니다.
11	: IA_pwm을 GPIO 출력으로 설정합니다.
12	: IB를 GPIO 출력으로 설정합니다.
19	: IB를 False로 설정합니다. False로 설정할 경우, 모터는 장착 방향에 따라 전진 또는 후진 상태가 됩니다.
20	: pwm 변수가 가리키는 객체에 대해 ChangeDutyCycle 함수를 호출하여 HIGH 구간의 값을 0.0%로 설정합니다. 이렇게 하면 모터의 속도 값이 0이 됩니다.
21	: 1.0초간 지연을 줍니다.
22	: IB를 True로 설정하여 모터를 전진 또는 후진 상태로 만듭니다.
23	: pwm 변수가 가리키는 객체에 대해 ChangeDutyCycle 함수를 호출하여 HIGH 구간의 값을 0.0%로 설정하여 모터의 속도 값이 최대가 되게 합니다.
24	: 1.0초간 지연을 줍니다.
25, 26	: IB를 True로, pwm 변수가 가리키는 객체에 대해 ChangeDutyCycle 함수를 호출하여 HIGH 구간의 값을 100.0%로 설정하여 모터를 멈춥니다.

27 : 1.0초간 지연을 줍니다.
28 : IB를 False로 설정하여 모터를 후진 또는 전진 상태로 만듭니다.
29 : pwm 변수가 가리키는 객체에 대해 ChangeDutyCycle 함수를 호출하여 HIGH 구간의 값을 100.0%로 설정하여 모터의 속도 값이 최대가 되게 합니다.
30 : 1.0초간 지연을 줍니다.

02 다음과 같이 예제를 실행합니다.

```
$ python _15_l9110s_motor.py 31 29
```

오른쪽 모터가 전진, 정지, 후진, 정지를 반복합니다.

03 다음과 같이 예제를 실행합니다.

```
$ python _15_l9110s_motor.py 33 37
```

왼쪽 모터가 전진, 정지, 후진, 정지를 반복합니다.

04 _ 모터 속도 조절해보기

여기서는 모터에 대한 속도 조절을 수행해 봅니다.

01 다음과 같이 예제를 수정합니다.

_15_l9110s_motor_2.py

```python
01 import ASUS.GPIO as GPIO
02 import time
03 import sys
04
05 IA = int(sys.argv[1])
06 IB_pwm = int(sys.argv[2])
07
08 GPIO.setmode(GPIO.BOARD)
09 GPIO.setwarnings(False)
10
11 GPIO.setup(IA, GPIO.OUT)
12 GPIO.setup(IB_pwm, GPIO.OUT)
13
14 pwm = GPIO.PWM(IB_pwm, 100)
15 pwm.start(0.0)
16
17 try:
18     for _ in range(3):
19         GPIO.output(IA, False)
20         pwm.ChangeDutyCycle(0.0)
21         time.sleep(1.0)
```

```
22
23        for speed in range(0,101,20):
24                pwm.ChangeDutyCycle(speed)
25                time.sleep(0.5)
26        for speed in range(100,-1,-20):
27                pwm.ChangeDutyCycle(speed)
28                time.sleep(0.5)
29
30        GPIO.output(IA, True)
31        pwm.ChangeDutyCycle(100.0)
32        time.sleep(1.0)
33
34        for speed in range(100,-1,-20):
35                pwm.ChangeDutyCycle(speed)
36                time.sleep(0.5)
37        for speed in range(0,101,20):
38                pwm.ChangeDutyCycle(speed)
39                time.sleep(0.5)
40
41 except:
42     pass
43
44 pwm.ChangeDutyCycle(0.0)
45
46 pwm.stop()
47 GPIO.cleanup()
```

19 : IB를 False로 설정합니다. False로 설정할 경우, 모터는 장착 방향에 따라 전진 또는 후진 상태가 됩니다.

20 : pwm 변수가 가리키는 객체에 대해 ChangeDutyCycle 함수를 호출하여 HIGH 구간의 값을 0.0%로 설정합니다. 이렇게 하면 모터의 속도 값이 0이 됩니다.

23 : speed 값을 0부터 100까지 20씩 더해가며, 즉, 0, 20, 40, 60, 80, 100에 대해 24,25줄을 수행합니다.

24 : pwm 변수가 가리키는 객체에 대해 ChangeDutyCycle 함수를 호출하여 HIGH 구간의 값을 speed로 설정합니다. 이렇게 하면 모터의 속도 값이 for 문을 돌면서 차례대로 0, 20, 40, 60, 80, 100으로 설정되어 속도가 빨라집니다.

25 : 0.5초간 지연을 줍니다.

26 : speed 값을 100부터 0까지 20씩 빼가며, 즉, 100, 80, 60, 40, 20, 0에 대해 27,28줄을 수행합니다.

27 : pwm 변수가 가리키는 객체에 대해 ChangeDutyCycle 함수를 호출하여 HIGH 구간의 값을 speed로 설정합니다. 이렇게 하면 모터의 속도 값이 for 문을 돌면서 차례대로 100, 80, 60, 40, 20, 0으로 설정되어 속도가 느려집니다.

28 : 0.5초간 지연을 줍니다.

30, 31 : IB를 True로, pwm 변수가 가리키는 객체에 대해 ChangeDutyCycle 함수를 호출하여 HIGH 구간의 값을 100.0%로 설정하여 모터를 멈춥니다.

34 : speed 값을 100부터 0까지 20씩 빼가며, 즉, 100, 80, 60, 40, 20, 0에 대해 35,36줄을 수행합니다.

35 : pwm 변수가 가리키는 객체에 대해 ChangeDutyCycle 함수를 호출하여 HIGH 구간의 값을 speed로 설정합니다. 이렇게 하면 모터의 속도 값이 for 문을 돌면서 차례대로 100, 80, 60, 40, 20, 0으로 설정되어 속도가 빨라집니다.

36 : 0.5초간 지연을 줍니다.

37 : speed 값을 0부터 100까지 20씩 더해가며, 즉, 0, 20, 40, 60, 80, 100에 대해 38,39줄을 수행합니다.

38 : pwm 변수가 가리키는 객체에 대해 ChangeDutyCycle 함수를 호출하여 HIGH 구간의 값을 speed로 설정합니다. 이렇게 하면 모터의 속도 값이 for 문을 돌면서 차례대로 100, 80, 60, 40, 20, 0으로 설정되어 속도가 느려집니다.

39 : 0.5초간 지연을 줍니다.

02 다음과 같이 예제를 실행합니다.

```
$ python _15_l9110s_motor_2.py 31 29
```

오른쪽 모터의 속도가 점점 빨라졌다 느려지는 것을 반복하는 것을 확인합니다.

03 다음과 같이 예제를 실행합니다.

```
$ python _15_l9110s_motor_2.py 33 37
```

왼쪽 모터의 속도가 점점 빨라졌다 느려지는 것을 반복하는 것을 확인합니다.

05 _ RC카 주행 테스트하기

여기서는 RC카 전진, 후진, 좌회전, 우회전 테스트를 해 봅니다.

※ 다음 예제에서 사용하는 tinker_car 모듈은 소스와 함께 제공됩니다.

01 다음과 같이 예제를 수정합니다.

_15_tinker_car.py
```python
01 import time
02 import sys
03 import tinker_car
04
05 R_IA = int(sys.argv[1])
06 R_IB_pwm = int(sys.argv[2])
07 L_IA = int(sys.argv[3])
08 L_IB_pwm = int(sys.argv[4])
09
10 pins = [ R_IA, R_IB_pwm, L_IA, L_IB_pwm ]
11
12 CAR_SPEED = 20 # 0~50
13
14 with tinker_car.TinkerCar(*pins) as car:
15
16         car.goForward(CAR_SPEED)
17         time.sleep(2)
18         car.goBackward(CAR_SPEED)
19         time.sleep(2)
20         car.turnLeft(CAR_SPEED)
21         time.sleep(2)
22         car.turnRight(CAR_SPEED)
23         time.sleep(2)
24         car.stopMotor()
25         time.sleep(1)
```

- 03 : tinker_car 모듈을 불러옵니다. tinker_car 라이브러리는 소스와 함께 제공되며, 라이브러리에 대한 설명은 부록을 참고합니다.
- 05 : R_IA 변수에 1 번 인자의 값을 정수로 변환하여 할당합니다. R_IA 변수는 오른쪽 모터 전진, 후진 방향 조절에 사용됩니다.
- 06 : R_IB_pwm 변수에 2 번 인자의 값을 정수로 변환하여 할당합니다. R_IB_pwm 변수는 오른쪽 모터 전진, 후진 속도 조절에 사용됩니다.
- 07 : L_IA 변수에 3 번 인자의 값을 정수로 변환하여 할당합니다. L_IA 변수는 왼쪽 모터 전진, 후진 방향 조절에 사용됩니다.
- 08 : L_IB_pwm 변수에 4 번 인자의 값을 정수로 변환하여 할당합니다. L_IB_pwm 변수는 왼쪽 모터 전진, 후진 속도 조절에 사용됩니다.
- 10 : pins 변수를 선언하고 R_IA, R_IB_pwm, L_IA, L_IB_pwm 핀 번호 리스트를 만들어 할당합니다. 핀 번호 순서는 이 순서가 되도록 합니다.
- 12 : CAR_SPEED 변수를 선언하고 20으로 초기화합니다. RC카의 속도는 최소 0에서 최대 50까지 가능합니다.
- 14 : tinker_car 모듈의 TinkerCar 객체를 생성한 후, car 변수에 할당합니다. TinkerCar 객체 생성 시 pins 리스트의 항목 값을 전달합니다. 여기서 pins 변수 앞에 붙인 *는 unpacking operator로 리스트를 풀어서 리스트 내의 값들을 전달합니다.
- 16~17 : car.goForward 함수를 호출하여 CAR_SPEED 의 속도로 2 초간 전진합니다.
- 18~19 : car.goBackward 함수를 호출하여 CAR_SPEED 의 속도로 2 초간 후진합니다.
- 20~21 : car.turnLeft 함수를 호출하여 CAR_SPEED 의 속도로 2 초간 좌회전합니다.
- 22~23 : car.turnRight 함수를 호출하여 CAR_SPEED 의 속도로 2 초간 우회전합니다.
- 24 : car.stopMotor 함수를 호출하여 1초간 RC카를 멈춥니다.

02 제공되는 소스에서 tinker_car.py 파일을 pyLabs 디렉터리로 복사해 옵니다.

03 다음과 같이 예제를 실행합니다.

```
$ python _15_tinker_car.py 31 29 33 37
```

RC카가 2초간 전진, 2초간 후진, 2초간 좌회전, 2초간 우회전 후 멈추는 것을 확인합니다.

※ RC카가 자유롭게 움직이기 위해 어댑터 전원을 배터리 전원으로 바꾼 후, RC카를 바닥에 놓습니다.

06 _ RC카 수동 조종해 보기

여기서는 사용자 입력을 받아 RC카를 수동 조종해 봅니다.

01 다음과 같이 이전 예제를 수정합니다.

_15_tinker_car_2.py

```
01 import time
02 import sys
03 import tinker_car
04
05 R_IA = int(sys.argv[1])
06 R_IB_pwm = int(sys.argv[2])
07 L_IA = int(sys.argv[3])
```

```
08 L_IB_pwm = int(sys.argv[4])
09
10 pins = [ R_IA, R_IB_pwm, L_IA, L_IB_pwm ]
11
12 CAR_SPEED = 20 # 0~50
13
14 with tinker_car.TinkerCar(*pins) as car:
15
16     try:
17         while True:
18
19             cmd = input(' ' '
20             w : go forward
21             x : go backward
22             a : turn left
23             d : turn right
24             s : stop
25             ' ' ')
26
27             if cmd == 'w':
28                 car.goForward(CAR_SPEED)
29             elif cmd == 'x':
30                 car.goBackward(CAR_SPEED)
31             elif cmd == 'a':
32                 car.turnLeft(CAR_SPEED)
33             elif cmd == 'd':
34                 car.turnRight(CAR_SPEED)
35             elif cmd == 's':
36                 car.stopMotor()
37     except:
38         pass
```

19~25 : input 함수를 이용하여 사용자 입력을 받아 cmd 변수에 할당합니다. 전진은 w, 후진은 x, 좌회전은 a, 우회전은 d, 정지는 s를 입력합니다.
27~28 : cmd 값이 'w'이면 전진합니다.
29~30 : cmd 값이 'x'이면 후진합니다.
31~32 : cmd 값이 'a'이면 좌회전합니다.
33~34 : cmd 값이 'd'이면 우회전합니다.
35~36 : cmd 값이 's'이면 정지합니다.

02 다음과 같이 예제를 실행합니다.

```
$ python _15_tinker_car_2.py 31 29 33 37
```

```
w : go forward
x : go backward
a : turn left
d : turn right
s : stop
```

w, x, a, d, s 값을 입력하여 RC 카를 조종해 봅니다.

※ RC카를 원격 조종하기 위해 어댑터 전원을 배터리 전원으로 바꾼 후, RC카를 바닥에 놓습니다.

02 Serial에 HM10 블루투스 디바이스 붙이기

여기서는 팅커 보드의 UART에 HM10 블루투스 디바이스를 붙여보도록 합니다. HM10 블루투스 디바이스를 이용하여 사용자로부터 원격 입력을 받을 수 있습니다.

01 _ HM10 블루투스 디바이스 소개

다음은 HM10 블루투스 디바이스입니다.

HM10은 블루투스 통신과 UART 통신을 연결해주는 디바이스로서 모바일 기기의 블루투스 마스터 모듈을 팅커 보드의 UART 통신 모듈로 연결해줍니다.

팅커 보드는 다음과 같이 UART 핀을 가지고 있습니다. GPIO8, GPIO10번 핀이 각각 UART0_TX, UART0_RX 핀으로 팅커 보드 칩 내부에 있는 UART0 모듈이 사용할 수 있는 핀입니다. HM10 디바이스의 TX, RX 핀을 각각 팅커 보드의 UART0_RX, UART0_TX 핀에 연결하면 됩니다.

02 _ HM10 모듈 연결 살펴보기

HM10 모듈은 [팅커 보드 A.I.Shield]의 Ⓐ 부분에 장착됩니다. Ⓐ의 BT_RX, BT_TX 핀은 각각 팅커 보드의 8번, 10번 핀으로 연결됩니다. HM10의 VCC, GND, TX, RX 핀을 Ⓐ의 3V3, GND, BT_RX, BT_TX 핀에 맞추어 장착해 줍니다.

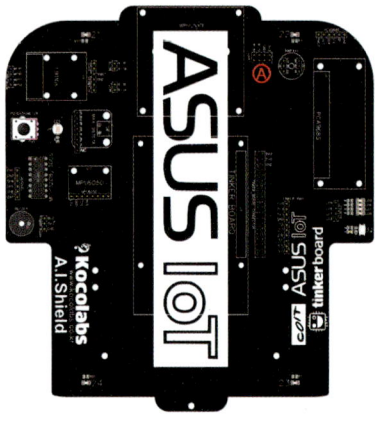

03 _ UART 모듈 활성화하기

HM10 디바이스와 UART 통신을 하기 위해서는 먼저 팅커 보드의 UART0 모듈을 활성화해야 합니다. 다음과 같은 순서로 UART0 모듈을 활성화합니다.

```
$ sudo tinker-config
  [5 Interfacing Options] > [F6 UART] > [uart0]
$ sudo pip3 install pyserial
```

01 다음과 같이 명령을 수행합니다.

```
linaro@linaro-alip:~$ sudo tinker-config
```

tinker-config는 팅커 보드 설정 프로그램입니다.

02 그러면 다음과 같은 창이 열립니다. 엔터키를 누릅니다.

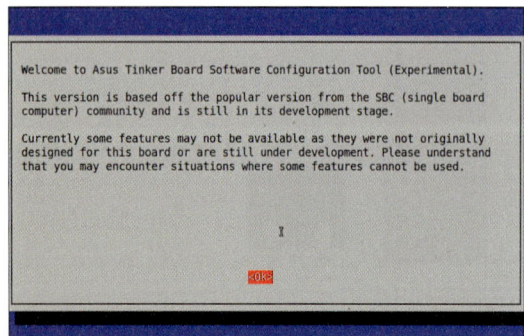

03 그러면 다음 창으로 이동합니다.

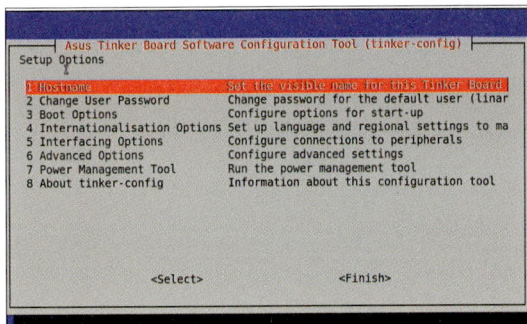

04 방향키를 이용하여 [5 Interfacing Options]로 이동한 후, 엔터키를 눌러 선택합니다.

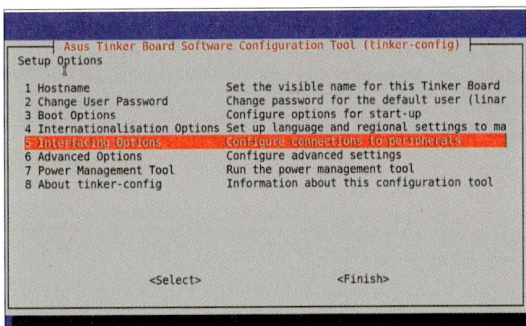

05 그러면 다음과 같은 창이 열립니다.

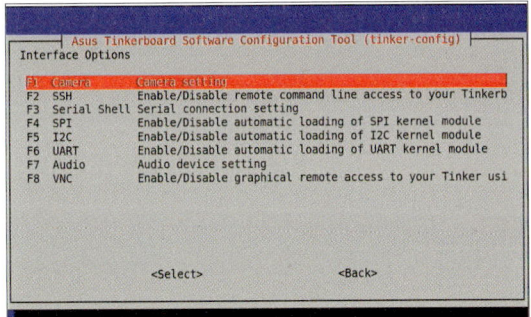

06 방향키를 이용하여 [P6 UART]로 이동하여 엔터키를 칩니다.

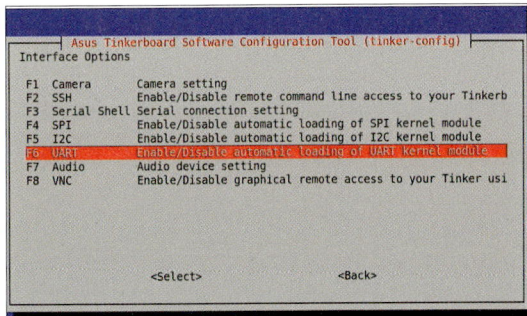

07 그러면 다음과 같은 창이 뜹니다.

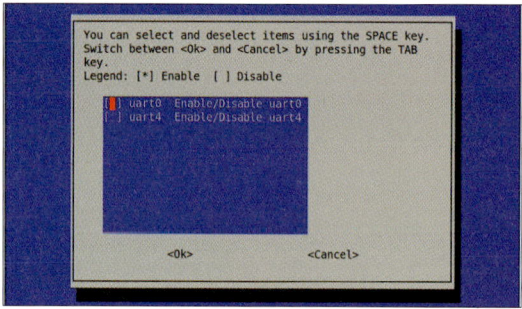

08 스페이스 키를 눌러 [uart0]를 선택합니다.

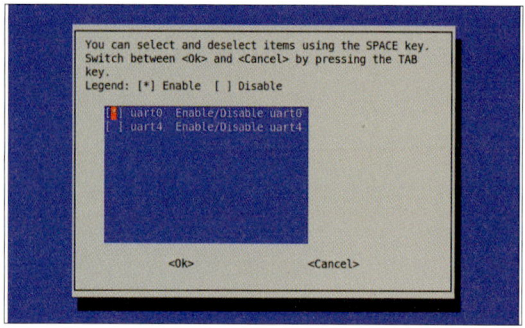

09 탭 키를 눌러 [〈OK〉]로 이동한 후, 엔터키를 칩니다.

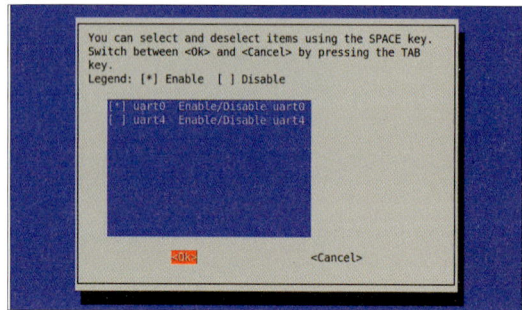

10 그러면 다음과 같은 창이 뜹니다. 엔터키를 눌러 창을 빠져 나옵니다.

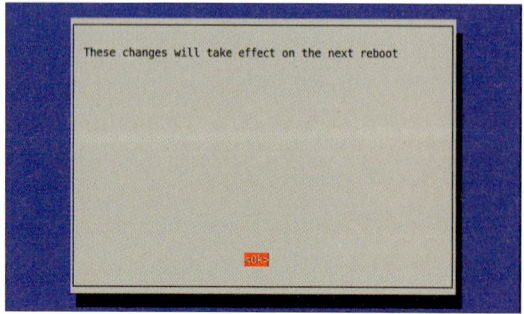

11 다음과 같이 이전 화면으로 나옵니다.

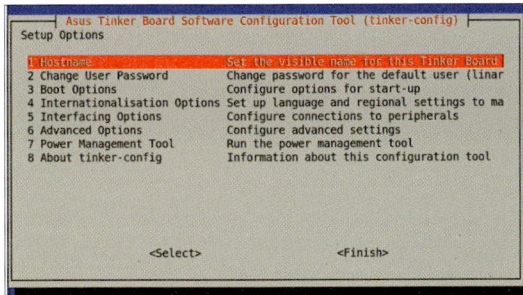

12 탭 키를 눌러 [〈Finish〉]로 이동한 후, 엔터키를 눌러 창을 닫습니다.

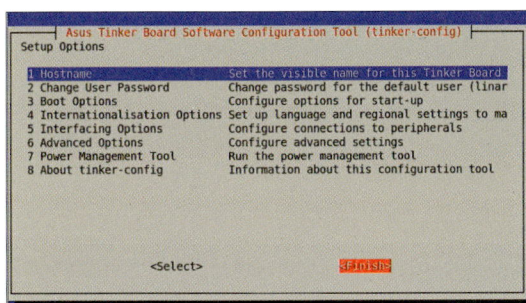

13 그러면 다음과 같이 재부팅 창이 나옵니다. [〈Yes〉]가 선택된 상태에서 엔터키를 눌러 재부팅을 수행합니다.

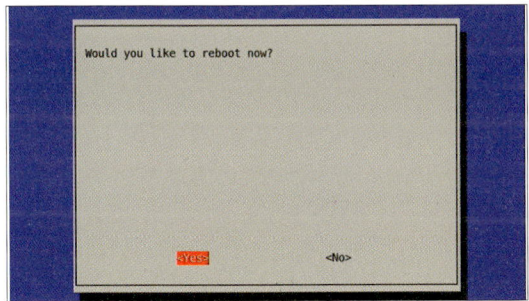

14 재부팅 후, [LXTerminal] 창을 띄워 다음과 같이 명령을 수행해 ttyS0를 확인합니다.

```
linaro@linaro-alip:~$ ls -l /dev/ | grep ttyS0
crw-rw----  1 root uartuser    4,  64 Jan 24 11:41 ttyS0
```

15 다음과 같이 ❶ pyserial 라이브러리를 설치해 줍니다.

```
linaro@linaro-alip:~$ sudo pip3 install pyserial  ❶
Collecting pyserial
  Downloading https://files.pythonhosted.org/packages/07/bc/587a445451b253b28562
9263eb51c2d8e9bcea4fc97826266d186f96f558/pyserial-3.5-py2.py3-none-any.whl (90kB
)
    100% |████████████████████████████████| 92kB 1.6MB/s
Installing collected packages: pyserial
Successfully installed pyserial-3.5
linaro@linaro-alip:~$
```

04 _ 블루투스 통신 테스트하기

여기서는 HM10 디바이스를 이용하여 안드로이드 디바이스로부터 팅커 보드로 데이터를 보내봅니다. serial.Serial 함수를 이용하여 /dev/ttyS0을 연 후, 다음 스마트폰 앱(Serial Bluetooth Terminal)으로부터 데이터를 받아봅니다.

Serial Bluetooth Terminal
Kai Morich
인앱 구매

01 다음과 같이 예제를 작성합니다.

_16_serial.py
```python
01 import serial
02
03 serialP = serial.Serial("/dev/ttyS0", baudrate=9600, timeout=3.0)
04
05 try:
06     while True:
07         dat = serialP.read(1)
08         print(dat)
09 except:
10     pass
11
12 serialP.close()
```

01 : serial 모듈을 불러옵니다. serial 모듈은 3,7,12 줄에 있는 Serial 생성자 함수, read, close 함수를 가지고 있으며 시리얼을 사용하기 위해 필요합니다.
03 : serial.Serial 객체를 생성하여 /dev/ttyS0 디바이스 파일을 엽니다. 시리얼 통신 속도는 9600으로 설정하고, 입력 대기 시간을 3초로 설정합니다. 입력을 기다리다가 3초가 지나면 입력이 없더라도 입력 대기 함수(7줄)를 빠져나옵니다.
07 : serialP가 가리키는 객체에 대해 read 함수를 호출하여 1 바이트 데이터를 기다립니다. 데이터 입력이 없을 경우 3초 후에 함수를 빠져 나옵니다.
08 : 데이터를 화면으로 출력합니다.
12 : 키보드 인터럽트 발생시 serial 디바이스를 닫습니다.

02 다음과 같이 예제를 실행합니다.

```
$ python _16_serial.py
```

03 구글 [Play 스토어]에서 [Serial Bluetooth Terminal] 앱을 설치합니다.

Serial Bluetooth Terminal
Kai Morich
인앱 구매

04 설치한 [Serial Bluetooth Terminal] 앱을 실행합니다.

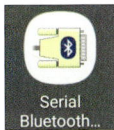

05 앱이 실행되면 다음 그림에서 ❶ 메뉴를 누릅니다. 그러면 팝업 창이 뜨고 ❷ [Devices] 항목을 선택합니다.

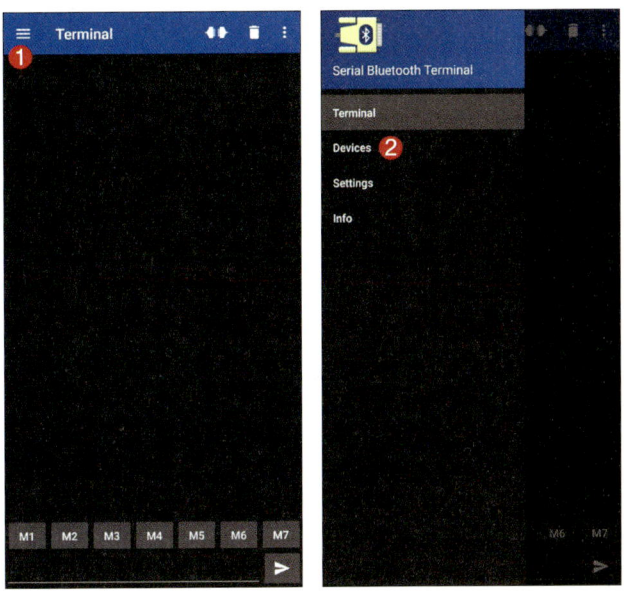

06 다음 왼쪽 창에서 ❶ [Bluetooth LE] 탭을 선택한 후, ❷ [HMSoft]를 선택합니다. 그러면 오른쪽 창으로 바뀌면서 ❸ HM10 모듈에 연결이 됩니다.

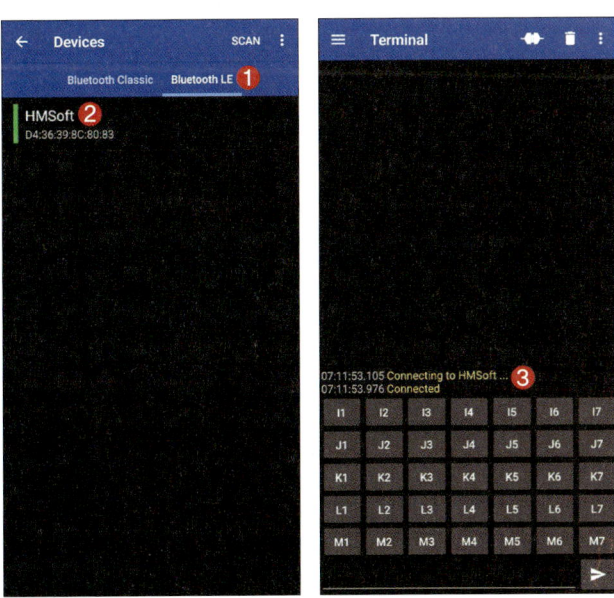

한 번 연결이 되면 이후에는 다음 메뉴를 이용하여 바로 연결할 수 있습니다.

07 다음 그림에서 ❶ 입력창에 [hello]를 입력한 후, ❷ 보내기 버튼을 누릅니다. 그러면 오른쪽과 같이 ❸ [hello] 문자열이 표시됩니다.

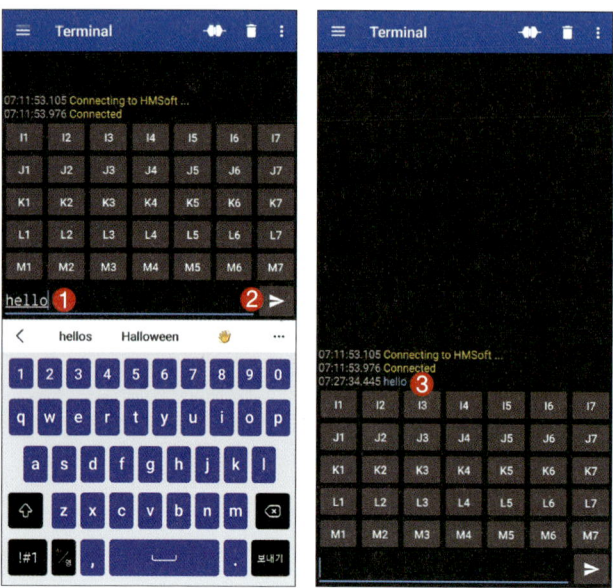

08 팅커 보드에는 다음과 같이 표시됩니다.

03 SPI 버스에 MCP3208 디바이스 붙이기

여기서는 팅커 보드의 SPI 버스에 MCP3208 ADC 입력 디바이스를 연결해 보도록 합니다. MCP3208 ADC 디바이스를 이용하여 가변저항을 포함해 여러 가지 센서 값을 읽을 수 있습니다.

01 _ MCP3208 ADC 디바이스 소개

다음은 MCP3208 ADC 변환기입니다.

MCP3208 디바이스는 12비트 해상도(0~4095 값)의 ADC 변환기입니다. MCP3208은 8 개의 단일 종단 입력 또는 4 개의 차동 입력을 받을 수 있습니다. 디바이스와의 통신은 SPI 프로토콜과 호환가능한 간단한 직렬 인터페이스를 사용하여 이루어집니다. 디바이스는 최대 100ksps의 속도로 ADC 변환을 수행할 수 있습니다.

※ MCP3208의 내부 구조는 부록에서 소개합니다.

SPI 버스 구조 살펴보기

다음은 팅커 보드에 2개의 SPI 모듈을 연결한 그림입니다.

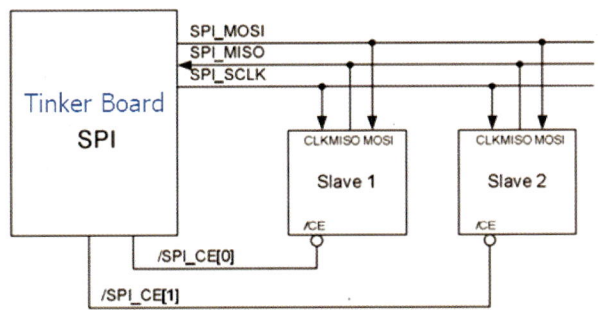

SPI 통신을 하기 위해서는 CE, SCLK, MOSI, MISO와 같이 4개의 핀이 필요합니다. CE(Chip Enable)는 칩을 선택하는 핀으로 SPI 디바이스 당 하나의 핀이 연결됩니다. SCLK(SPI CLK)는 클록 핀으로 여기서 나오는 클록 신호에 맞춰 데이터를 주고받습니다. MOSI(Master Output Slave Input)는 팅커 보드에서 디바이스로 나가는 데이터 핀입니다. MISO(Master Input Slave Output)은 디바이스로부터 팅커 보드로 들어오는 데이터 핀입니다. SPI 통신은 데이터 핀이 2개이기 때문에 동시에 양방향 통신이 가능합니다.

SPI 버스 핀 살펴보기

팅커 보드는 다음과 같이 SPI 핀을 가지고 있습니다. GPIO13, GPIO15, GPIO16, GPIO18, 번 핀이 각각 SPI5_TXD(MOSI), SPI5_RXD(MISO), SPI5_CLK(SCLK), SPI5_CSN0(CE) 핀으로 팅커 보드 칩 내부에 있는 SPI 5번 모듈이 사용하는 핀입니다.

MCP3208 디바이스의 CS/SHDN, CLK, Dout, Din 핀을 각각 팅커 보드의 SPI5_CSN0, SPI5_CLK, SPI5_RXD, SPI5_TXD 핀에 연결하면 됩니다.

02 _ 센서 살펴보기

여기서는 이 책에서 사용하는 가변 저항과 빛 센서를 살펴봅니다.

가변 저항

본 책에서 사용한 가변 저항의 모양은 다음과 같습니다.

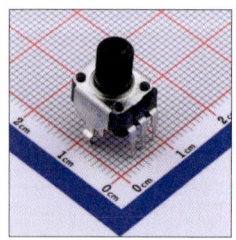

가변 저항은 세 개의 핀으로 구성되며, 내부 구조는 다음과 같습니다.

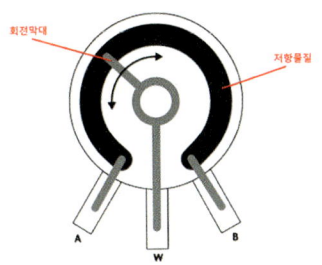

가변 저항은 극성이 없으며 A 핀을 VCC, B 핀을 GND 또는 반대로 A 핀을 GND, B 핀을 VCC로 연결을 해줍니다. W 핀은 MCP3208 모듈의 아날로그 입력 핀으로 연결되며 내부 막대의 위치에 따라 W 핀에 연결된 아날로그 값이 정해집니다.

앞의 그림은 다음과 같이 표시할 수 있습니다.

A와 B를 잡아 늘리면 다음 그림과 같이 표시할 수 있습니다.

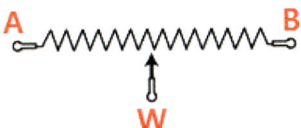

회전 막대가 움직이는 것은 W 핀이 A와 B 사이를 움직이는 것과 같습니다. A 핀을 VCC, B 핀을 GND에 연결한 상태에서 W 핀이 A 핀에 가까워질수록 W 핀은 VCC에 가까워지고, 반대로 B핀에 가까워질수록 GND에 가까워집니다. W 핀이 아날로그 핀에 연결되어 있으면 해당 전압이 아날로그 핀으로 입력됩니다.

가변 저항의 기호는 다음과 같습니다.

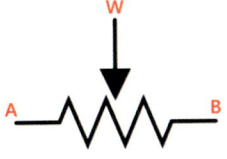

또는 다음과 같이 표시합니다.

빛 센서

빛 센서의 모양은 다음과 같습니다.

빛 센서는 두 개의 핀을 갖고, 극성은 없습니다.

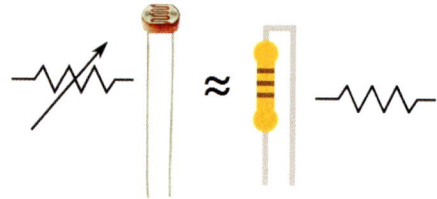

빛 센서는 빛의 양에 따라 값이 변하는 가변저항과 같습니다.

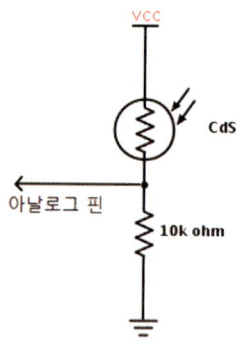

빛 센서의 회로는 일반적으로 다음과 같이 구성합니다.
팅커보드의 경우 VCC는 3.3V가 됩니다.

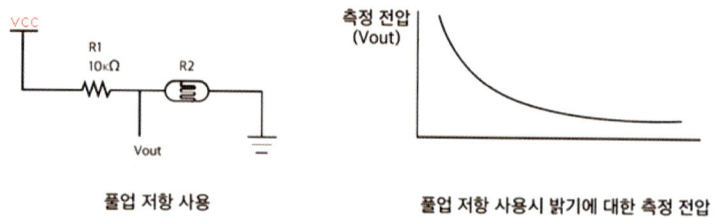

10KΩ 저항과 직렬로 연결합니다. 빛 센서로 입력되는 빛의 양에 따라 저항값이 달라집니다. 빛의 양이 적을수록, 즉 어두울수록 저항 값은 높아지고, 빛의 양이 많을 수록 저항 값은 낮아집니다.

03 _ MCP3208 디바이스 연결 살펴보기

MCP3208 디바이스는 [팅커 보드 A.I.Shield]의 Ⓐ 부분에 장착됩니다. Ⓑ 부분은 가변 저항으로 MCP3208의 0번 채널에 연결되어 있고, Ⓒ 부분은 빛 센서로 MCP3208의 1번 채널에 연결되어 있습니다. Ⓓ 부분은 MCP3208의 2~7번 채널 확장 핀으로, Ⓔ 부분에 있는 3V3, GND 핀에 선을 직접 연결하여 테스트할 수 있습니다.

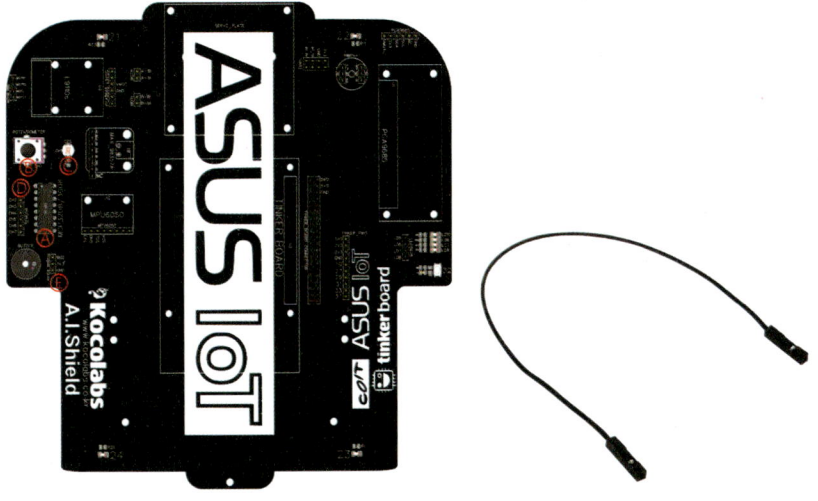

04 _ SPI 모듈 활성화하기

MCP3208 디바이스와 SPI 통신을 하기 위해서는 먼저 팅커 보드의 SPI 모듈을 활성화해야 합니다. 다음과 같은 순서로 SPI 모듈을 활성화합니다.

```
$ sudo tinker-config
  [5 Interfacing Options] > [F4 SPI] > [spi5]
$ ls /dev/spidev5.0
$ sudo pip3 install wheel
$ sudo pip3 install spidev
```

01 다음과 같이 명령을 수행합니다.

```
linaro@linaro-alip:~$ sudo tinker-config
```

02 그러면 다음과 같은 창이 열립니다. 엔터키를 누릅니다.

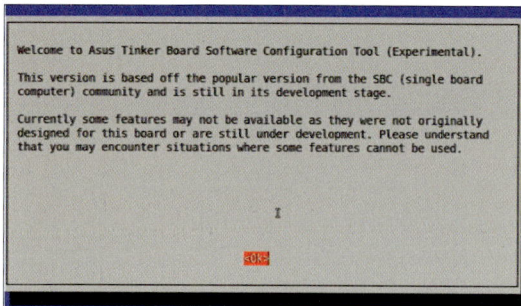

03 그러면 다음 창으로 이동합니다.

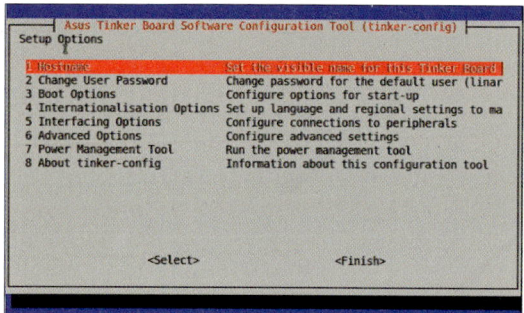

04 방향키를 이용하여 [5 Interfacing Options]로 이동한 후, 엔터키를 눌러 선택합니다.

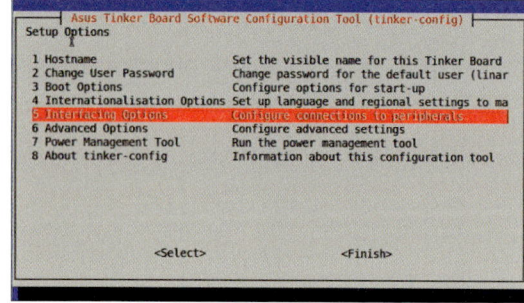

05 그러면 다음과 같은 창이 열립니다.

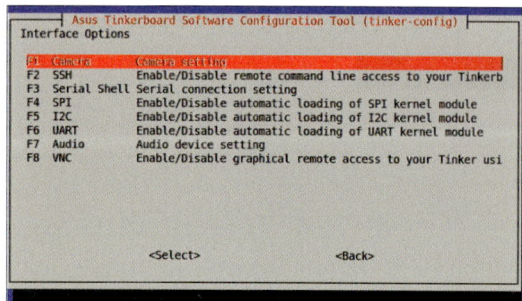

06 방향키를 이용하여 [P4 SPI]로 이동하여 엔터키를 칩니다.

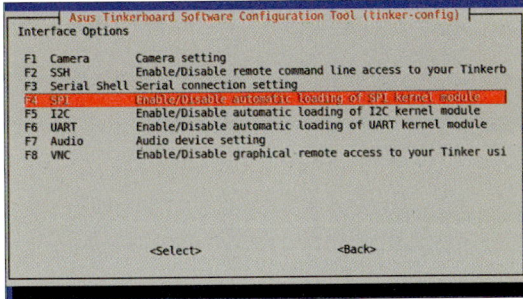

07 그러면 다음과 같은 창이 뜹니다.

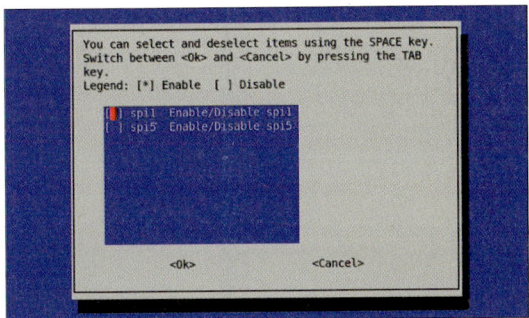

08 방향키를 이용하여 [spi5]로 이동한 후, 스페이스 키를 눌러 선택합니다.

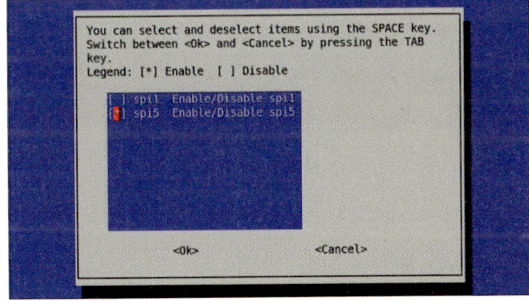

09 탭 키를 눌러 [〈OK〉]로 이동한 후, 엔터키를 칩니다.

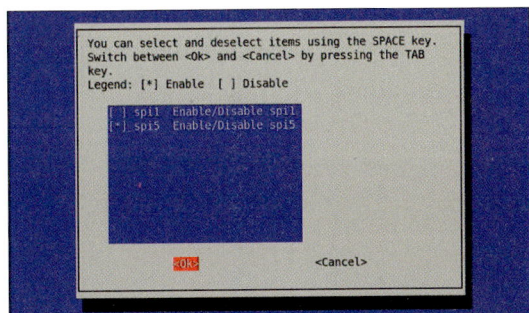

10 그러면 다음과 같은 창이 뜹니다. 엔터키를 눌러 창을 빠져 나옵니다.

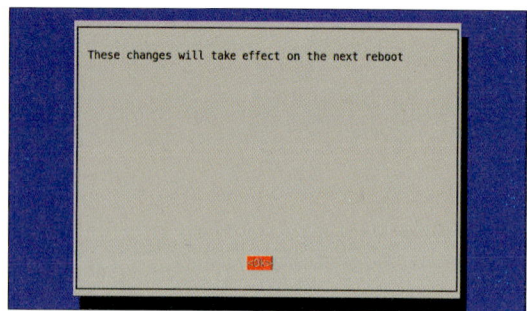

11 다음과 같이 이전 화면으로 나옵니다.

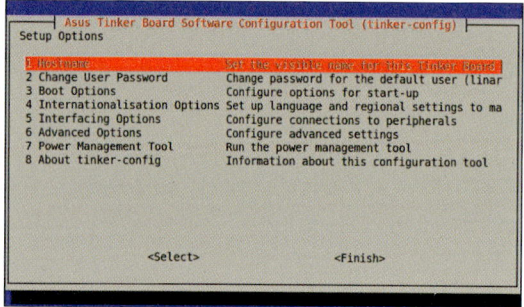

12 탭 키를 2 번 눌러 [〈Finish〉]로 이동한 후, 엔터키를 눌러 창을 닫습니다.

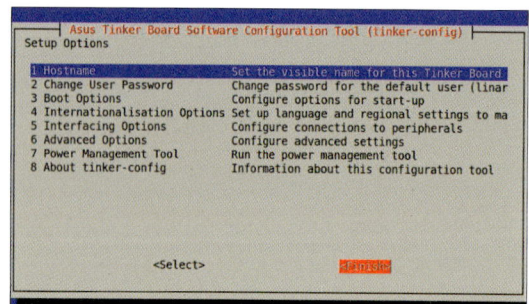

13 그러면 다음과 같이 재부팅 창이 나옵니다. [〈Yes〉]가 선택된 상태에서 엔터키를 눌러 재부팅을 수행합니다.

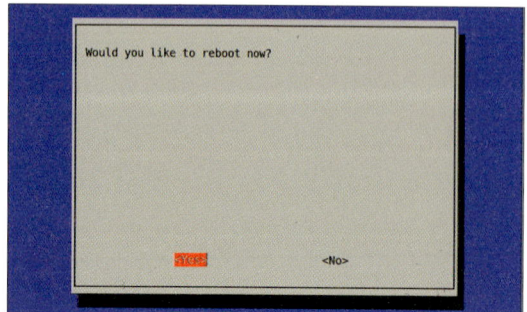

14 재부팅 후, [LXTerminal] 창을 띄워 다음과 같이 명령을 수행해 spidev5.0를 확인합니다.

```
linaro@linaro-alip:~$ ls /dev/spidev5.0 -l
crw-rw---- 1 root spidevuser 153, 0 Jan 24 11:52 /dev/spidev5.0
```

15 다음과 같이 ❶ wheel, ❷ spidev 라이브러리를 설치해 줍니다.

```
linaro@linaro-alip:~$ sudo pip3 install wheel  ❶
Collecting wheel
  Downloading https://files.pythonhosted.org/packages/bd/7c/d38a0b30ce22fc26ed7d
bc087c6d00851fb3395e9d0dac40bec1f905030c/wheel-0.38.4-py3-none-any.whl
Installing collected packages: wheel
Successfully installed wheel-0.38.4
linaro@linaro-alip:~$ sudo pip3 install spidev  ❷
Collecting spidev
  Using cached https://files.pythonhosted.org/packages/c7/d9/401c0a7be089e02826c
f2c201f489876b601f15be100fe391ef9c2faed83/spidev-3.6.tar.gz
  Installing build dependencies ... done
Building wheels for collected packages: spidev
  Running setup.py bdist_wheel for spidev ... done
  Stored in directory: /root/.cache/pip/wheels/cc/cc/35/a1cbe5dc34170f21a43a6ce3
4e216265b79b9949c2a49a03c2
Successfully built spidev
Installing collected packages: spidev
Successfully installed spidev-3.6
linaro@linaro-alip:~$
```

05 _ ADC 값 읽어보기

여기서는 MCP3208 디바이스의 CH0, CH1에 연결된 가변 저항, 빛 센서 값을 읽어 보도록 합니다.

※ 다음 예제에서 사용하는 mcp3208 모듈은 소스와 함께 제공됩니다.

01 다음과 같이 예제를 작성합니다.

_17_mcp3208_adc.py

```python
01 import spidev
02 import time
03 import sys
04 import mcp3208
05
06 channel = int(sys.argv[1])
07
08 bus, device = 5, 0
09
10 spi = spidev.SpiDev()
11 spi.open(bus, device)
12 spi.max_speed_hz =10000000
13
14 adc = mcp3208.ADC(spi)
15
16 try:
17     while True:
18         sensorInput = adc.analogRead(channel)
19         print(sensorInput)
20         time.sleep(0.1)
```

```
21
22 except KeyboardInterrupt:
23     pass
24
25 spi.close()
```

01 : spidev 모듈을 불러옵니다.
04 : mcp3208 라이브러리를 불러옵니다. mcp3208 라이브러리는 소스와 함께 제공되며, 라이브러리에 대한 설명은 부록을 참고합니다.
06 : channel 변수를 선언한 후, 프로그램 시 넘겨받게 될 1 번 인자 값을 정수로 변환하여 초기화합니다.
08 : bus, device 변수를 선언한 후, 각각 SPI 버스 값 5, CE 값 0으로 초기화합니다. 팅커 보드에서 사용하는 SPI 버스는 5번 버스이고, MCP3208은 CE0에 연결되어 있습니다.
10 : spi 변수를 선언한 후, spidev.SpiDev 객체를 할당합니다.
11 : spi.open 함수를 호출하여 MCP3208 디바이스를 사용할 준비를 합니다. 첫 번째 인자로 버스 번호, 두 번째 인자로 디바이스 번호를 줍니다.
12 : spi 버스의 최대 속도를 설정합니다.
14 : adc 변수를 선언한 후, mcp320.ADC 객체를 할당합니다.
18 : adc.analogRead 함수를 호출하여 channel에 연결된 센서 값을 읽습니다.
19 : 센서 값을 출력합니다.
20 : 0.1초간 지연을 줍니다.

02 다음과 같이 예제를 실행합니다.

```
$ python _17_mcp3208_adc.py 0
```

가변 저항을 돌려서 값이 변하는 것을 확인합니다.

03 다음과 같이 예제를 실행합니다.

```
$ python _17_mcp3208_adc.py 1
```

빛 센서 값을 손으로 가려가며 값이 변하는 것을 확인합니다.

06 _ 가변저항 입력에 따라 LED 밝기 조절하기

여기서는 가변 저항 값에 따라 LED의 밝기를 조절하는 예제를 수행해 보도록 합니다.

01 다음과 같이 예제를 수정합니다.

_17_mcp3208_adc_2.py

```
01 import spidev
02 import time
03 import sys
04 import mcp3208
```

```python
05 import ASUS.GPIO as GPIO
06
07 channel = int(sys.argv[1])
08 led_pin = int(sys.argv[2])
09
10 bus, device = 5, 0
11
12 spi = spidev.SpiDev()
13 spi.open(bus, device)
14 spi.max_speed_hz =1000000
15
16 adc = mcp3208.ADC(spi)
17
18 GPIO.setmode(GPIO.BOARD)
19
20 GPIO.setup(led_pin, GPIO.OUT)
21
22 pwm = GPIO.PWM(led_pin, 1000.0) # 1000.0Hz
23 pwm.start(0.0) # 0.0~100.0
24
25 try:
26     while True:
27         sensorInput = adc.analogRead(channel)
28         pwm.ChangeDutyCycle(sensorInput/4095*100.0)
29         print(sensorInput/4095*100.0)
30         time.sleep(0.1)
31 except:
32     pass
33
34 spi.close()
35 pwm.stop()
36 GPIO.cleanup()
```

07 : led_pin 변수를 선언한 후, 프로그램 실행 시 넘겨받게 될 2 번 인자 값을 정수로 변환하여 초기화합니다.

22 : GPIO.PWM 객체를 하나 생성한 후, pwm 변수가 가리키도록 합니다. GPIO.PWM 객체 생성 시, 첫 번째 인자는 핀 번호가 되며, 두 번째 인자는 주파수 값이 됩니다. 예제에서는 100.0을 주고 있으며, 이 경우 100.0Hz의 주파수가 led_pin에 생성됩니다.

23 : pwm 객체에 대해 start 함수를 호출하여 PWM 파형을 내보내기 시작합니다. start 함수는 상하비의 HIGH 구간의 비율을 나타냅니다. 여기서는 PWM 파형의 HIGH 구간을 0.0%로 설정하고 있습니다.

26 : while 문을 돌면서 27~30줄을 무한 반복합니다.

27 : adc.analogRead 함수를 호출하여 channel에 연결된 센서 값을 읽습니다.

28 : pwm 객체에 대해 ChangeDutyCycle 함수를 호출하여 PWM 파형의 상하비를 변경해 줍니다. sensorInput 값을 4095로 나눈 후, 100.0을 곱해 0.0~100.0 사이의 값으로 변경합니다. 이렇게 하면 sensorInput 값에 따라 LED의 밝기가 변경됩니다.

35 : pwm 객체에 대해 stop 함수를 호출하여 PWM 기능을 멈춥니다.

02 다음과 같이 예제를 실행합니다.

```
$ python _17_mcp3208_adc_2.py 0 21
```

가변 저항을 돌려서 21 번 핀에 연결된 LED의 밝기가 변하는 것을 확인합니다.

04 I2C 버스에 PCA9685 디바이스 붙이기

여기서는 팅커 보드의 I2C 버스에 PCA9685 PWM 출력 디바이스를 연결해 보도록 합니다. PCA9685 PWM 출력 디바이스를 이용하여 LED의 밝기, 부저의 소리, 서보모터의 각도를 제어할 수 있습니다.

01 _ PCA9685 PWM 디바이스 소개

다음은 PCA9685 PWM 디바이스입니다.

PCA9685 디바이스는 I2C 버스로 제어하는 16 채널 LED 제어기로 LCD RGBA 컬러 후면 광 응용에 최적화되어있습니다. PCA9685는 40~1000Hz 주파수를 가질 수 있습니다. 모든 출력은 하나의 PWM 주파수에 고정됩니다. 각 LED 출력은 개별적으로 12 비트 해상도인 4096 단계를 갖습니다.

I2C 버스 구조 살펴보기

다음은 일반적인 I2C 버스 연결 그림입니다.

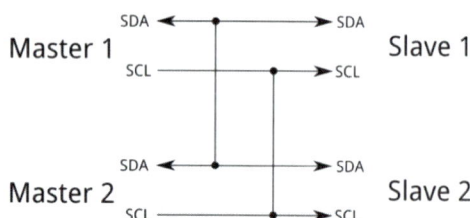

I2C 버스는 하나 이상의 마스터와 하나 이상의 슬레이브로 구성됩니다. 마스터는 팅커 보드나 아두이노와 같은 보드들이 되며, 슬레이브는 팅커 보드나 아두이노 보드에 붙여서 기능을 확장할 수 있는 디바이스들이 됩니다. 예를 들어, 이 단원에서 살펴볼 PCA9685 PWM 디바이스 또는 다음 단원에서 살펴볼 MPU6050 가속도 자이로 센서가 I2C 슬레이브가 됩니다.

I2C 통신을 하기 위해서는 SCL, SDA와 같이 2개의 핀이 필요합니다. SCL은 클록 핀으로 여기서 나오는 클록 신호에 맞춰 마스터와 슬레이브 간에 데이터를 주고받습니다. SCL의 클록 신호는 일반적으로 마스터에서 생성합니다. SDA는 데이터를 주고받는 핀으로 양 방향으로 데이터 이동이 가능합니다. 즉, 마스터에서 슬레이브로, 슬레이브에서 마스터로 데이터 이동이 가능합니다.

마스터와 슬레이브는 주소를 가지고 있으며, 이 주소를 이용하여 특정한 마스터나 슬레이브를 지정할 수 있습니다.

I2C 버스 핀 살펴보기

팅커 보드는 다음과 같이 I2C 핀을 가지고 있습니다. GPIO2, GPIO3번 핀이 각각 I2C6_SDA, I2C6_SCL 핀으로 팅커 보드 칩 내부에 있는 I2C 6 번 모듈이 사용하는 핀입니다.

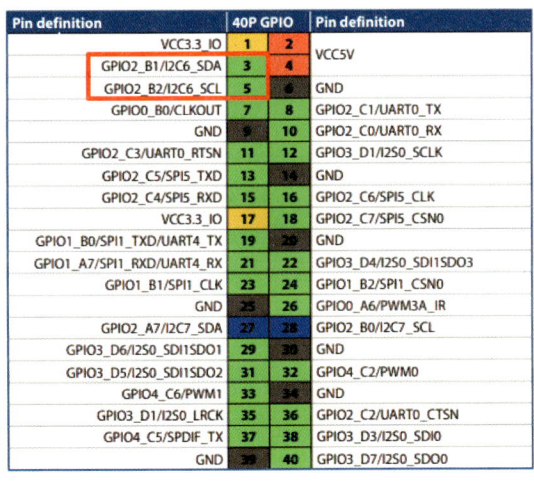 

PCA9685 디바이스의 ❶ SDA, SCL 핀을 각각 팅커 보드의 SDA, SCL핀에 연결하면 됩니다. PCA9685 디바이스는 ❷ 16개의 제어 핀을 가지고 있으며 그림을 기준으로 맨 위부터 0 번 핀으로 시작해서 맨 아래 15 번 핀까지 있습니다.

02 _ PCA9685 디바이스 연결 살펴보기

PCA9685 디바이스는 [팅커 보드 A.I.Shield]의 Ⓐ 부분에 장착됩니다. Ⓑ 부분의 PCA9685 디바이스의 제어/전원 6 핀과 Ⓒ 부분의 [팅커 보드 A.I.Shield]의 6 핀이 연결됩니다. Ⓒ의 VMOT, GND 핀은 PCA9685 디바이스에 서보 모터 연결 시 서보 모터에 전원을 공급합니다. NC로 표시된 핀은 실제로 사용하지 않는 핀입니다. PCA9685 디바이스 상에 있는 Ⓓ 부분의 노란 핀을 이용하여 LED, 부저, 서보 모터를 제어할 수 있습니다. 특히, 서보 모터의 경우 빨간색 핀(VMOT)과 검정색 핀(GND)을 이용하여 전원을 공급할 수 있습니다. Ⓕ 부분에 있는 LED의 경우 Ⓓ의 노란 핀을 Ⓔ에 있는 핀과 연결하여 제어할 수 있습니다. Ⓗ 부분에 있는 부저의 경우 Ⓓ의 노란 핀을 Ⓖ에 있는 BUZ 핀과 연결하여 제어할 수 있습니다. 서보 모터의 경우 Ⓓ의 세 핀에 색깔을 맞추어 연결한 후, 제어할 수 있습니다.

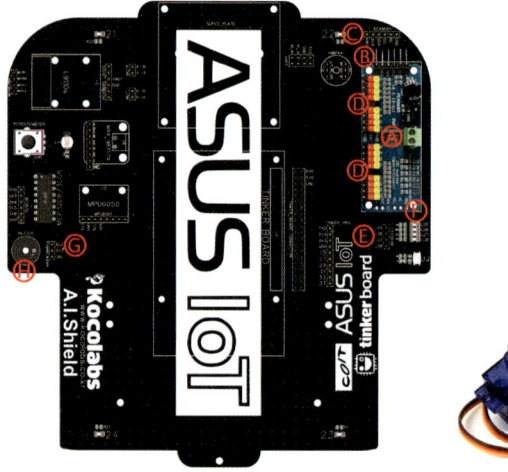

03 _ I2C 모듈 활성화하기

PCA9685 디바이스와 I2C 통신을 하기 위해서는 먼저 팅커 보드의 I2C 모듈을 활성화해야 합니다. 다음과 같은 순서로 I2C 모듈을 활성화합니다.

```
$ sudo tinker-config
  [5 Interfacing Options] > [F5 I2C] > [i2c6]
$ sudo i2cdetect -y 6
$ sudo apt install python3-smbus
```

01 다음과 같이 명령을 수행합니다.

02 그러면 다음과 같은 창이 열립니다. 엔터키를 누릅니다.

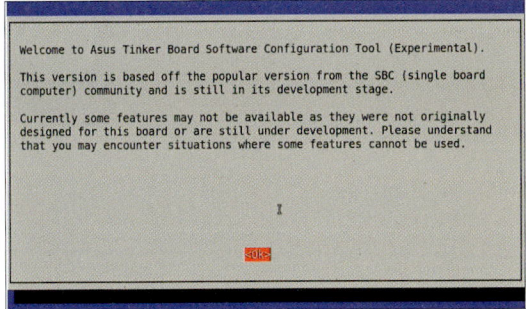

03 그러면 다음 창으로 이동합니다.

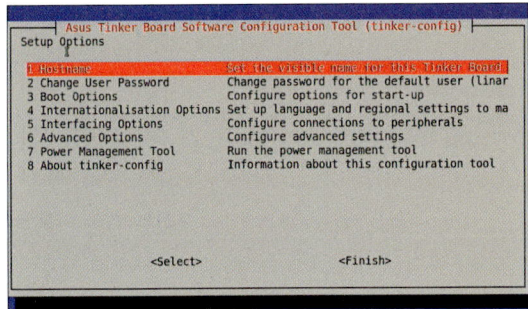

04 방향키를 이용하여 [5 Interfacing Options]로 이동한 후, 엔터키를 눌러 선택합니다.

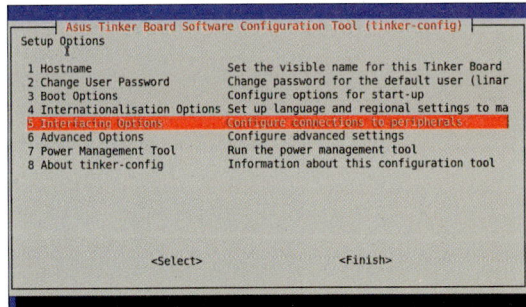

05 그러면 다음과 같은 창이 열립니다.

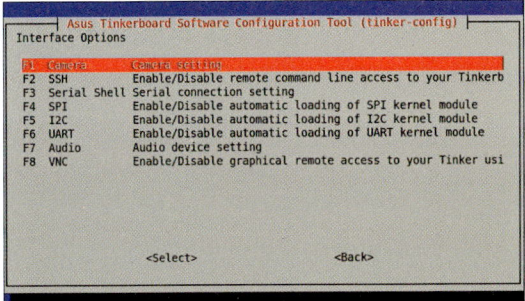

Chapter 03 _ 외부 디바이스 붙이기 • **137**

06 방향키를 이용하여 [P5 I2C]로 이동하여 엔터키를 칩니다.

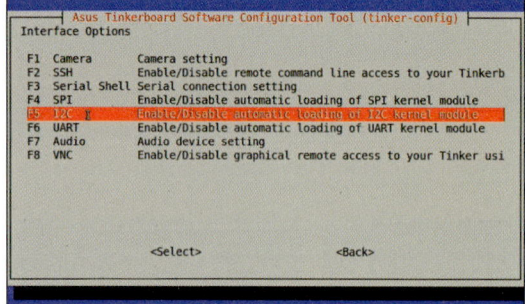

07 그러면 다음과 같은 창이 뜹니다.

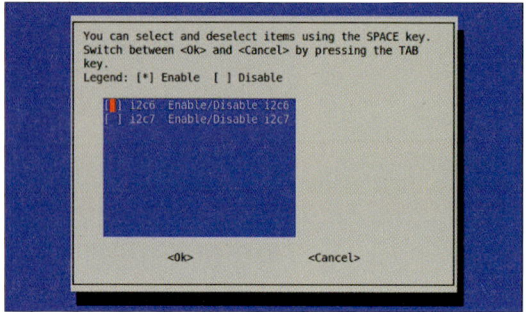

08 스페이스 키를 눌러 [i2c6]를 선택합니다.

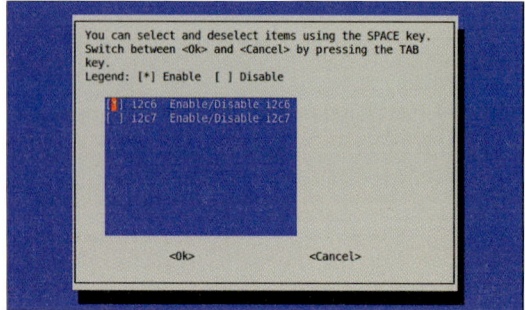

09 탭 키를 눌러 [〈OK〉]로 이동한 후, 엔터키를 칩니다.

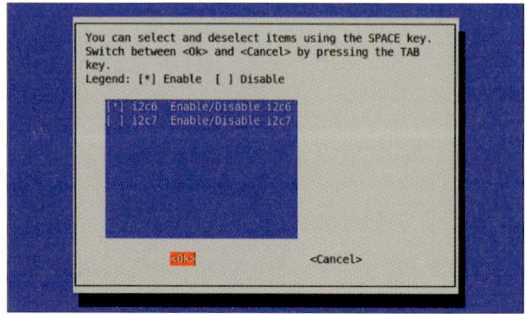

10 그러면 다음과 같은 창이 뜹니다. 엔터키를 눌러 창을 빠져 나옵니다.

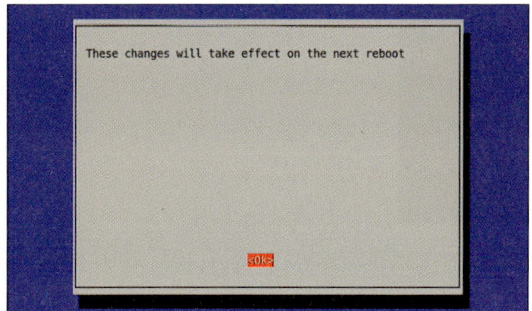

11 다음과 같이 이전 화면으로 나옵니다.

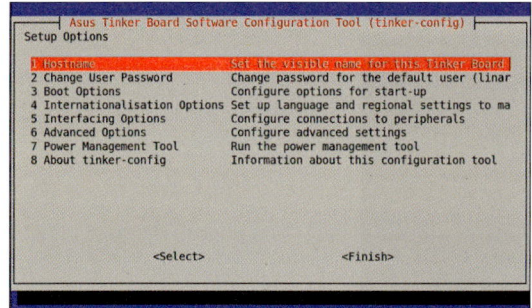

12 탭 키를 눌러 [〈Finish〉]로 이동한 후, 엔터키를 눌러 창을 닫습니다.

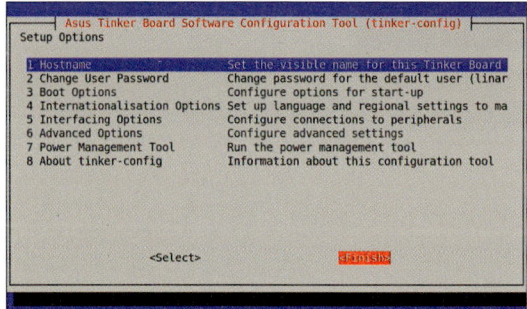

13 그러면 다음과 같이 재부팅 창이 나옵니다. [〈Yes〉]가 선택된 상태에서 엔터키를 눌러 재부팅을 수행합니다.

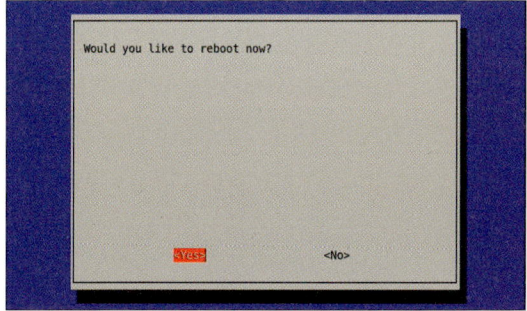

14 I2C 어댑터에 연결된 I2C 디바이스를 검색해 봅니다. 다음과 같이 명령을 수행합니다.

```
linaro@linaro-alip:~$ sudo i2cdetect -y 6
     0  1  2  3  4  5  6  7  8  9  a  b  c  d  e  f
00:          -- -- -- -- -- -- -- -- -- -- -- -- --
10: -- -- -- -- -- -- -- -- -- -- -- -- -- -- -- --
20: -- -- -- -- -- -- -- -- -- -- -- -- -- -- -- --
30: -- -- -- -- -- -- -- -- -- -- -- -- -- -- -- --
40: 40 -- -- -- -- -- -- -- -- -- -- -- -- -- -- --
50: -- -- -- -- -- -- -- -- -- -- -- -- -- -- -- --
60: -- -- -- -- -- -- -- -- 68 -- -- -- -- -- -- --
70: 70 -- -- -- -- -- --
linaro@linaro-alip:~$
```

[sudo i2cdetect -y 6] 명령은 I2C 어댑터 6에 연결된 I2C 디바이스를 검색합니다. 여기서 40은 PCA9685 디바이스의 주소를 나타내며, 십육진수입니다.

15 다음과 같이 ❶ python3-smbus 라이브러리를 설치해 줍니다.

```
linaro@linaro-alip:~$ sudo apt install python3-smbus  ❶
Reading package lists... Done
Building dependency tree
Reading state information... Done
The following packages were automatically installed and are no longer required:
  libaom0 libdrm-freedreno1 libdrm-tegra0 libmysofa0 libva-drm2 libva-x11-2
  libva2 libvdpau1 libvidstab1.1
Use 'sudo apt autoremove' to remove them.
The following NEW packages will be installed:
  python3-smbus
0 upgraded, 1 newly installed, 0 to remove and 102 not upgraded.
Need to get 12.4 kB of archives.
After this operation, 61.4 kB of additional disk space will be used.
Get:1 http://cdn-fastly.deb.debian.org/debian buster/main arm64 python3-smbus ar
m64 4.1-1 [12.4 kB]
Fetched 12.4 kB in 6s (2245 B/s)
Selecting previously unselected package python3-smbus:arm64.
(Reading database ... 79272 files and directories currently installed.)
Preparing to unpack .../python3-smbus_4.1-1_arm64.deb ...
Unpacking python3-smbus:arm64 (4.1-1) ...
Setting up python3-smbus:arm64 (4.1-1) ...
linaro@linaro-alip:~$
```

04 _ LED 점멸 반복해보기

여기서는 PCA9685 디바이스를 이용하여 LED를 켜고 꺼 봅니다. 다음과 같이 ⒟ PCA9685 디바이스의 8번 핀을 ⒠ LD5 핀에 연결합니다.

※ 다음 예제에서 사용하는 pca9685 모듈은 소스와 함께 제공됩니다.

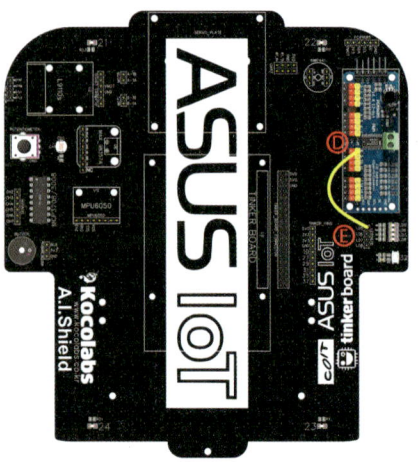

01 다음과 같이 예제를 작성합니다.

_18_pca9685_blink.py

```
01 import smbus
02 import pca9685
03 import time
04 import sys
05
06 led_pin = int(sys.argv[1])
07
08 i2c_bus = smbus.SMBus(6) # 6 :/dev/i2c-6 (port I2C6)
09 pwm = pca9685.PWM(i2c_bus)
10
11 pwm.setFreq(1000)
12
13 try:
14     while True:
15         pwm.setDuty(led_pin, 0)
16         time.sleep(0.5)
17         pwm.setDuty(led_pin, 4095)
18         time.sleep(0.5)
19
20 except:
21     pass
22
23 pwm.setDuty(led_pin, 0)
24 i2c_bus.close()
```

01 : I2C 버스를 사용하기 위해 smbus 모듈을 불러옵니다. smbus는 인텔에서 정의한 I2C 버스의 일종입니다. smbus 모듈은 8,24 줄에 있는 SMBus 생성자 함수, close 함수를 가지고 있습니다.

02 : pca9685 라이브러리를 불러옵니다. pca9685 라이브러리는 소스와 함께 제공되며, 라이브러리에 대한 설명은 부록을 참고합니다.

06 : led_pin 변수를 선언한 후, 프로그램 실행 시 넘겨받게 될 1 번 인자로 초기화합니다.

08 : smbus.SMBus 객체를 생성하여 i2c 버스에 연결합니다. 인자로 넘어가는 숫자 6은 I2C 6번 버스를 의미합니다.

09 : pca9685.PWM 객체를 생성한 후, pwm 변수가 가리키도록 합니다. PWM 객체 생성 시, 첫 번째 인자로 i2c_bus 객체를 넘겨줍니다.

11 : pwm 객체에 대해 setFreq 함수를 호출하여 1000으로 설정합니다. 이렇게 하면 주파수가 1000Hz가 됩니다.

14 : 계속해서 15~18줄을 수행합니다.

15 : pwm 객체에 대해 setDuty 함수를 호출하여, led_pin으로 출력될 듀티 사이클 값을 0으로 설정합니다. 듀티 사이클은 사각 파형의 HIGH 구간에 해당합니다.

16 : 0.5 초 지연을 줍니다.

17 : pwm 객체에 대해 setDuty 함수를 호출하여, led_pin으로 출력될 듀티 사이클 값을 4095로 설정합니다.

18 : 0.5 초 지연을 줍니다.

23 : pwm 객체에 대해 setDuty 함수를 호출하여, led_pin으로 출력될 듀티 사이클 값을 0으로 설정합니다. 이렇게 하면 LED가 꺼집니다.

24 : i2c_bus 객체에 대해 close 함수를 호출하여 i2c 버스 연결을 해제합니다.

02 다음과 같이 예제를 실행합니다.

```
$ python _18_pca9685_blink.py 8
```

LD5 LED가 켜지고 꺼지는 것을 반복하는 것을 확인합니다.

05 _ LED 밝기 4095 단계로 조절해보기

여기서는 PCA9685 디바이스를 이용하여 LED의 밝기를 조절해 봅니다. 핀 연결은 이전 예제와 같습니다.

01 다음과 같이 예제를 작성합니다.

_18_pca9685_fading.py

```python
01 import smbus
02 import pca9685
03 import time
04 import sys
05
06 led_pin = int(sys.argv[1])
07
08 i2c_bus = smbus.SMBus(6) # 6 :/dev/i2c-6 (port I2C6)
09 pwm = pca9685.PWM(i2c_bus)
10
11 pwm.setFreq(1000)
12
13 try:
14     while True:
15         for dutyCycle in range(0,4096,8):
16             pwm.setDuty(led_pin, dutyCycle)
17             time.sleep(0.001)
18         for dutyCycle in range(4095,-1,-8):
19             pwm.setDuty(led_pin, dutyCycle)
20             time.sleep(0.001)
21
22 except:
23     pass
24
25 pwm.setDuty(led_pin, 0)
26 i2c_bus.close()
```

15 : for 문을 사용하여 dutyCycle 변수 값을 0부터 4095까지 8 간격으로 더해주면서 16,17줄을 수행합니다.
16 : pwm 객체에 대해 setDuty 함수를 호출하여, led_pin으로 출력될 듀티 사이클 값을 dutyCycle로 설정합니다. 듀티 사이클은 사각 파형의 HIGH 구간에 해당합니다.

17 : 0.001초(=1밀리초) 동안 기다립니다.
18 : for 문을 사용하여 duty_cycle 변수 값을 4095부터 0까지 8 간격으로 빼주면서 19,20줄을 수행합니다.
19 : pwm 객체에 대해 setDuty 함수를 호출하여, led_pin으로 출력될 듀티 사이클 값을 dutyCycle로 설정합니다.
20 : 0.001초(=1밀리초) 초 동안 기다립니다.

02 다음과 같이 예제를 실행합니다.

```
$ python _18_pca9685_fading.py 8
```

LD5 LED가 주기적으로 밝아지고 어두워지는 것을 반복하는 것을 확인합니다.

06 _ 부저 소리내보기

여기서는 PCA9685 디바이스를 이용하여 부저를 제어해 봅니다. 다음과 같이 ⓓ PCA9685 디바이스의 12번 핀을 ⓖ BUZ 핀에 연결합니다.

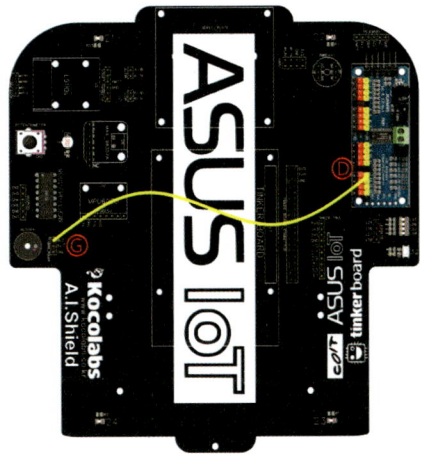

01 다음과 같이 예제를 작성합니다.

_18_pca9685_buzzer.py

```python
01 import smbus
02 import pca9685
03 import time
04 import sys
05
06 led_pin = int(sys.argv[1])
07
08 i2c_bus = smbus.SMBus(6) # 6 :/dev/i2c-6 (port I2C6)
09 pwm = pca9685.PWM(i2c_bus)
10
11 pwm.setFreq(1000)
```

```
12
13  try:
14      while True:
15          for dutyCycle in range(0,4096,8):
16                  pwm.setDuty(led_pin, dutyCycle)
17                  time.sleep(0.001)
18          for dutyCycle in range(4095,-1,-8):
19                  pwm.setDuty(led_pin, dutyCycle)
20                  time.sleep(0.001)
21
22  except:
23      pass
24
25  pwm.setDuty(led_pin, 0)
26  i2c_bus.close()
```

06 : buzzer_pin 변수를 선언한 후, 프로그램 실행 시 넘겨받게 될 1 번 인자로 초기화합니다.

11 : pwm 객체에 대해 setDuty 함수를 호출하여, buzzer_pin으로 출력될 듀티 사이클 값을 2047로 설정합니다. 이렇게 하면 pca9685 디바이스의 buzzer_pin의 듀티 비가 1:1이 됩니다. pca9685 디바이스의 내부 레지스터인 COUNTER 레지스터의 값은 0~4095 사이의 값을 가지며, 중간 크기의 값은 2047이 됩니다. 즉, 0~2046까지는 HIGH 구간, 2047~4095까지는 LOW 구간이 됩니다.

14 : for 문을 사용하여 cnt 변수 값을 0부터 3미만의 정수에 대해 15~18줄을 수행합니다.

15 : pwm 객체에 대해 setFreq 함수를 호출하여 262로 설정합니다. 이렇게 하면 4옥타브의 도가 됩니다.

16 : 1.0초 동안 기다립니다.

17 : pwm 객체에 대해 setFreq 함수를 호출하여 294로 설정합니다. 이렇게 하면 4옥타브의 레가 됩니다.

18 : 1.0초 동안 기다립니다.

23 : pwm 객체에 대해 setDuty 함수를 호출하여, led_pin으로 출력될 듀티 사이클 값을 0으로 설정합니다. 이렇게 하면 소리가 꺼지게 됩니다.

02 다음과 같이 예제를 실행합니다.

```
$ python _18_pca9685_buzzer.py 12
```

부저에서 도 음과 레 음이 2초 주기로 3회 반복되는 것을 확인합니다.

07 _ 부저 멜로디 연주하기

여기서는 PCA9685 디바이스와 부저를 이용하여 멜로디를 생성해 보도록 하겠습니다. 핀 연결은 이전 예제와 같습니다.

01 다음과 같이 예제를 작성합니다.

_18_pca9685_melody.py

```python
01 import smbus
02 import pca9685
03 import time
04 import sys
05
06 buzzer_pin = int(sys.argv[1])
07
08 melody = [262,294,330,349,392,440,494,523]
09
10 i2c_bus = smbus.SMBus(6) # 6 :/dev/i2c-6 (port I2C6)
11 pwm = pca9685.PWM(i2c_bus)
12
13 pwm.setDuty(buzzer_pin, 2047)
14
15 try:
16     for note in range(8):
17         pwm.setFreq(melody[note])
18         time.sleep(0.5)
19
20 except:
21     pass
22
23 pwm.setDuty(buzzer_pin, 0)
24 i2c_bus.close()
```

08 : 4 옥타브의 도, 레, 미, 파, 솔, 라, 시와 5 옥타브의 도에 해당하는 주파수를 값으로 갖는 리스트 객체를 melody 변수를 생성하여 가리키도록 합니다.
16 : note 변수 값을 0부터 8 미만의 정수에 대해 17,18줄을 수행합니다.
17 : pwm 객체에 대해 setFreq 함수를 호출하여 PCA9685 디바이스의 주파수를 melody[note] 값으로 설정합니다.
18 : 0.5초간 기다립니다.

02 다음과 같이 예제를 실행합니다.

```
$ python _18_pca9685_melody.py 12
```

0.5초 간격으로 도, 레, 미, 파, 솔, 라, 시, 도 음이 연주되는 것을 확인합니다.

※ 음이 정확하지 않은 부분도 있는데 이 경우는 해당 주파수를 정확히 생성해 내지 못하기 때문입니다.

08 _ 서보모터 각도 조절해보기

여기서는 PCA9685 디바이스를 이용하여 서보 모터를 제어해 봅니다. 서보 모터는 다음과 같이 PCA9685 디바이스의 0, 4번 핀에 연결되어 있습니다.

01 다음과 같이 예제를 작성합니다.

_18_pca9685_servo.py

```
01 import smbus
02 import pca9685
03 import time
04 import sys
05
06 servo_pin = int(sys.argv[1])
07 servo_frequency = 50
08
09 i2c_bus = smbus.SMBus(6) # 6 :/dev/i2c-6 (port I2C6)
10 pwm = pca9685.PWM(i2c_bus)
11
12 pwm.setFreq(servo_frequency)
13
14 try:
15     for cnt in range(3):
16         pwm.setDuty(servo_pin, (4095/20)*0.6)
17         time.sleep(1.0)
18         pwm.setDuty(servo_pin, (4095/20)*2.5)
19         time.sleep(1.0)
20
21 except:
22     pass
23
24 pwm.setDuty(servo_pin, (4095/20)*(0.6+2.5)/2)
25 time.sleep(1.0)
26
27 pwm.setDuty(servo_pin, 0)
28 i2c_bus.close()
```

06 : servo_pin 변수를 선언한 후, 프로그램 실행 시 넘겨받게 될 1 번 인자로 초기화합니다.
07 : servo_frequency 변수를 생성한 후, 서보의 주파수를 나타내는 50으로 초기화합니다.
12 : pwm 객체에 대해 setFreq 함수를 호출하여 pca9685 디바이스의 주파수를 servo_frequency로 설정합니다.
15 : for 문을 사용하여 cnt 변수 값을 0부터 3 미만의 정수에 대해 16~19줄을 수행합니다.
16 : pwm 객체에 대해 setDuty 함수를 호출하여 pca9685 디바이스의 servo_pin의 HIGH 신호 구간을 0.6 밀리 초로 설정합니다. 이렇게 하면 우리가 사용하는 서보 모터는 0도 지점으로 회전합니다.
17 : 1.0초 동안 기다립니다.
18 : pwm 객체에 대해 setDuty 함수를 호출하여 pca9685 디바이스의 servo_pin의 HIGH 신호 구간을 2.5 밀리 초로 설정합니다. 이렇게 하면 우리가 사용하는 서보 모터는 180도 지점으로 회전합니다.
19 : 1.0초 동안 기다립니다.
24 : pwm 객체에 대해 setDuty 함수를 호출하여 pca9685 디바이스의 servo_pin의 HIGH 신호 구간을 (0.6+2.5)/2 밀리 초로 설정합니다. 이렇게 하면 우리가 사용하는 서보 모터는 90도 지점으로 회전합니다.
25 : 1.0초 동안 기다립니다.
27 : pwm 객체에 대해 setDuty 함수를 호출하여 pca9685 디바이스의 servo_pin의 HIGH 구간을 0으로 합니다. 이렇게 하면 서보의 동작이 멈추게 됩니다.

02 다음과 같이 예제를 실행합니다.

```
$ python _18_pca9685_servo.py 0
```

0번 핀에 연결된 서보가 0도과 90도를 2초 주기로 3회 회전하는 것을 확인합니다.

03 다음과 같이 예제를 실행합니다.

```
$ python _18_pca9685_servo.py 4
```

4번 핀에 연결된 서보가 0도과 90도를 2초 주기로 3회 회전하는 것을 확인합니다.

05 I2C 버스에 MPU6050 디바이스 붙이기

여기서는 팅커 보드의 I2C 버스에 MPU6050 디바이스를 붙여보도록 합니다. 여기서는 MPU6050 디바이스의 원시 상태의 센서값을 읽어봅니다.

01 _ MPU6050 가속도 자이로 센서 소개

다음은 MPU6050 가속도 자이로 센서 디바이스입니다.

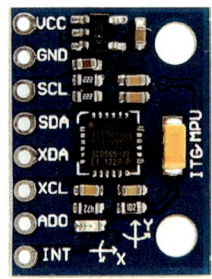

MPU6050 디바이스는 하나의 칩 안에 MEMS 가속도 센서와 MEMS 자이로 센서를 가지고 있습니다. MEMS란 Micro Electro Mechanical Systems의 약자로 미세 전자기계 시스템으로 불리며, 반도체 제조 공정 기술을 기반으로 한 마이크로미터(μm)나 밀리미터(mm)크기의 초소형 정밀기계 제작 기술을 말합니다. 아래 그림은 MEMS 기술로 만들어진 초소형 기계 시스템을 보여주고 있습니다.

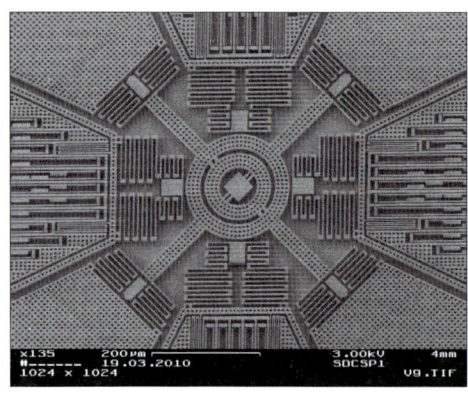
▲ 출처_http://www.machinedesign.com

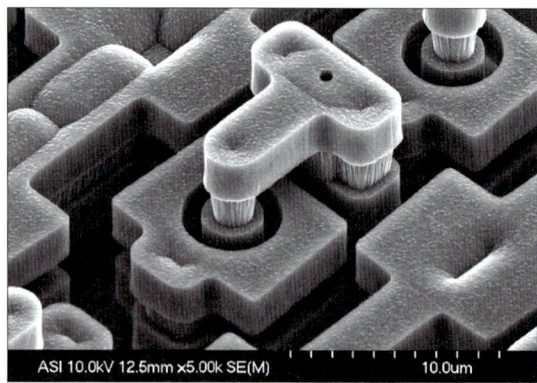
▲ 출처_http://www.kinews.net〉

MPU6050 센서는 가속도 3 축, 자이로 3 축의 센서로 구성되며 각 센서에 대해 16 비트 크기의 값을 출력해 주는 ADC 모듈을 가지고 있습니다.

I2C 버스 핀 살펴보기

팅커 보드는 다음과 같이 I2C 핀을 가지고 있습니다. GPIO2, GPIO3번 핀이 각각 I2C6_SDA, I2C6_SCL 핀으로 팅커 보드 칩 내부에 있는 I2C 6 번 모듈이 사용하는 핀입니다.

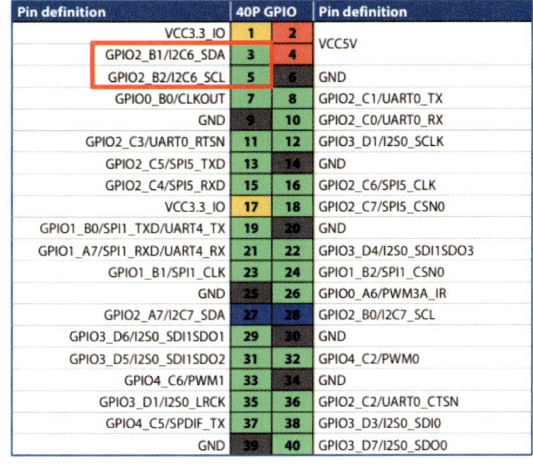
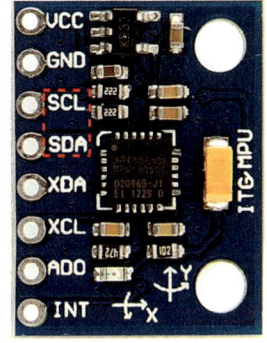

MPU6050 디바이스의 SDA, SCL 핀을 각각 팅커 보드의 I2C6_SDA, I2C6_SCL 핀에 연결하면 됩니다.

MPU6050 내부 블록도 살펴보기

다음은 MPU-6050 센서의 내부 블록도입니다.

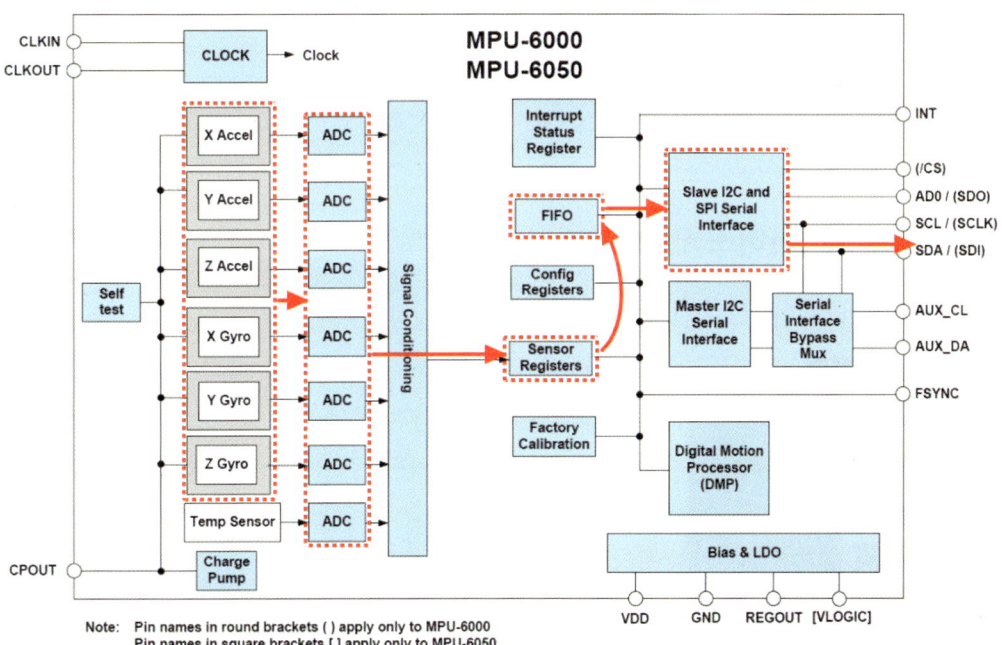

X, Y, Z 축에 대한 가속도와 자이로 값이 각각의 ADC 블록을 거쳐 센서 레지스터(Sensor Register)에 저장됩니다. 센서 레지스터에 저장된 값은 I2C 통신을 통해 팅커 보드로 가져올 수 있습니다.

MUP6050 레지스터 살펴보기

여기서는 MPU6050을 초기화하기 위한 설정 레지스터와 자이로 센서 값을 저장하는 레지스터를 살펴보도록 합니다. 레지스터는 CPU와 디바이스가 통신하기 위한 디바이스가 가진 변수와 같습니다. 다음은 PWR_MGMT_1 레지스터를 나타냅니다.

6B	107	PWR_MGMT_1	R/W	DEVICE_RESET	SLEEP	CYCLE		TEMP_DIS	CLKSEL[2:0]

SLEEP 부분이 1로 설정되면 MPU6050은 sleep mode가 되며 반대로 0으로 설정되면 깨어나게 됩니다. 다음은 MPU6050의 내부 0x3B 번지 ~ 0x48 번지에 있는 14 바이트의 레지스터를 타냅니다. 0x3B 번지부터 시작해 총 14 바이트 크기의 레지스터에 가속도 자이로 센서 값과 온도 센서 값이 저장됩니다.

Addr (Hex)	Addr (Dec.)	Register Name
3B	59	ACCEL_XOUT_H
3C	60	ACCEL_XOUT_L
3D	61	ACCEL_YOUT_H
3E	62	ACCEL_YOUT_L
3F	63	ACCEL_ZOUT_H
40	64	ACCEL_ZOUT_L
41	65	TEMP_OUT_H
42	66	TEMP_OUT_L
43	67	GYRO_XOUT_H
44	68	GYRO_XOUT_L
45	69	GYRO_YOUT_H
46	70	GYRO_YOUT_L
47	71	GYRO_ZOUT_H
48	72	GYRO_ZOUT_L

02 _ MUP6050 디바이스 연결 살펴보기

MPU6050 디바이스는 [팅커 보드 A.I.Shield]의 Ⓐ 부분에 장착됩니다.

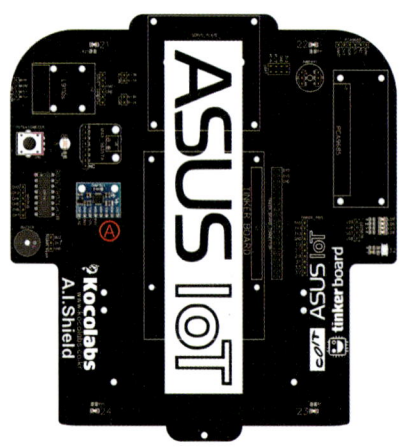

MPU6050 디바이스의 SDA, SCL 핀은 각각 [팅커 보드 A.I.Shield]의 SDA, SCL 핀에 연결됩니다. MPU6050 디바이스의 VCC, GND 핀은 각각 [팅커 보드 A.I.Shield]의 3V3, GND 핀에 연결됩니다.

03 _ MUP6050 I2C 테스트하기

회로를 구성했다면 다음과 같은 순서로 명령을 수행해 봅니다.

```
$ sudo i2cdetect -y 6
$ sudo i2cdump -y 6 0x68
$ sudo i2cget -y 6 0x68 0x75
```

01 다음과 같이 명령을 수행합니다.

i2c-6 모듈에 연결된 i2c 디바이스를 확인합니다. 0x68번 주소를 갖는 MPU6050을 확인합니다.

02 다음과 같이 명령을 수행합니다.

i2cdump 명령은 i2c 슬레이브 디바이스의 레지스터 256 바이트를 읽어보는 명령입니다. 여기서는 i2c-6 모듈에 연결된 0x68 슬레이브 디바이스의 레지스터를 읽고 있습니다.

03 다음과 같이 명령을 수행합니다.

i2cget 명령은 특정한 레지스터의 값을 읽는 명령입니다. 여기서는 i2c-6 모듈에 연결된 0x68 슬레이브 디바이스의 0x75 레지스터를 읽어보고 있습니다. 0x75 번지는 MPU6050의 디바이스 ID가 저장되어 있습니다.

04 _ 자이로 센서 X축 값 읽어보기

여기서는 smbus.SMBus 함수를 이용하여 i2c 버스 객체를 생성한 후, I2C 버스에 연결된 MPU6050 디바이스로부터 자이로 값을 읽어 봅니다. 먼저 자이로 센서 X축 값을 있는 그대로 읽어 보도록 합니다. Y, Z축도 같은 방법으로 읽을 수 있습니다.

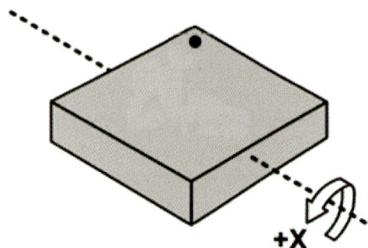

※ 다음 예제에서 사용하는 mpu6050 모듈은 소스와 함께 제공됩니다.

01 다음과 같이 예제를 작성합니다.

_19_mpu6050_read.py

```
01 import smbus
02 import mpu6050
03
04 i2c_bus = smbus.SMBus(6)
05 mpu6050 = mpu6050.MPU6050(i2c_bus)
06
07 try:
08     while True:
09         GyX, _, _ = mpu6050.read_gyro()
10
11         print("GyX = %5d " %GyX)
12
13 except:
14     pass
15
16 i2c_bus.close()
```

01 : I2C 버스를 사용하기 위해 smbus 모듈을 불러옵니다. smbus는 인텔에서 정의한 I2C 버스의 일종입니다. smbus 모듈은 4,16 줄에 있는 SMBus 생성자 함수, close 함수를 가지고 있습니다.

02 : mpu6050 모듈을 불러옵니다. mpu6050 라이브러리는 소스와 함께 제공되며, 라이브러리에 대한 설명은 부록을 참고합니다.

04 : smbus.SMBus 객체를 생성하여 i2c 버스에 연결합니다. 인자로 넘어가는 숫자 6은 6번 버스를 의미합니다.

05 : mpu6050.MPU6050 객체를 생성한 후, mpu6050 변수가 가리키도록 합니다. MPU6050 객체 생성 시, 첫 번째 인자로 i2c_bus 객체를 넘겨줍니다.

09 : mpu6050.read_gyro 함수를 호출하여 자이로 센서 값을 읽어온 후, 자이로 센서 X 값을 GyX 변수로 받습니다. 자이로 센서 Y, Z 값은 이 예제에서 사용하지 않습니다.

11 : 읽어온 자이로 센서 X 값을 출력합니다. 5자리 10진수로 출력합니다.

02 다음과 같이 예제를 실행합니다.

```
$ python _19_mpu6050_read.py
```

MPU6050 센서를 지면에 평평한 상태로 출력 결과를 확인해 봅니다. 자이로 센서를 곡선 X축 진행 방향과 같게 또는 반대로 회전 시키면서 테스트합니다.

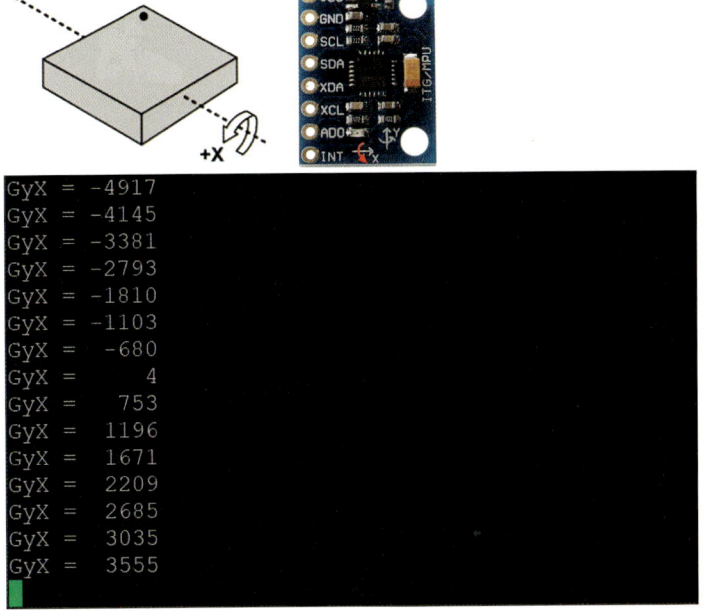

```
GyX = -4917
GyX = -4145
GyX = -3381
GyX = -2793
GyX = -1810
GyX = -1103
GyX =  -680
GyX =     4
GyX =   753
GyX =  1196
GyX =  1671
GyX =  2209
GyX =  2685
GyX =  3035
GyX =  3555
```

GyX 값이 −32768에서 32767 범위에서 출력되는 것을 확인합니다.

06 이미지로 얼굴 인식하기

여기서는 사진 파일로부터 이미지를 읽어 흑백 이미지로 변경한 후, Haar Cascade 머신 러닝 필터를 이용하여 얼굴과 눈을 인식한 후, 사진에 표시해 봅니다.

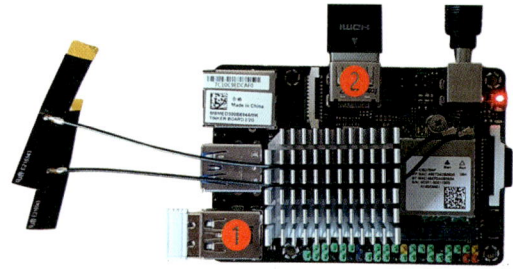

01 _ python3-opencv 설치하기

팅커 보드 기반 파이썬에서 이미지와 영상을 처리하기 위해서는 python3-opencv 패키지를 설치합니다. opencv는 Open Source Computer Vision Library의 약자로 공개 소스 컴퓨터 영상 처리 라이브러리입니다. python3-opencv은 팅커 보드에서 opencv 라이브러리를 접근할 수 있는 파이썬 함수 라이브러리입니다. 다음과 같이 팅커 보드에서 python3-opencv 라이브러리를 설치합니다.

```
$ sudo apt install python3-opencv -y
```

※ python3-opencv는 python 3.x 용 패키지입니다. 우리 책은 python 3.x 기반으로 예제를 수행하고 있습니다.

02 _ 이미지 읽고 보여주기

여기서는 사진 파일로부터 컬러 이미지를 읽어 화면에 출력해봅니다. 다음은 실습에 사용할 사진 파일입니다. 제공되는 소스에서 해당 이미지를 찾을 수 있습니다.

◀ photo.jpg

먼저 이미지를 팅커 보드의 pyLabs 실습 디렉터리로 옮깁니다.

01 다음과 같이 예제를 작성합니다.

_20_cv2_image.py

```
01 import cv2
02
03 img = cv2.imread('photo.jpg')
04
05 cv2.imshow('photo', img)
06 cv2.waitKey(0)
07 cv2.destroyAllWindows()
```

01 : cv2 모듈을 가져옵니다. cv2는 OpenCV에 대한 파이썬 라이브러리입니다. OpenCV 라이브러리는 영상 처리 라이브러리입니다.

03 : cv2 모듈의 imread 함수를 호출하여 photo.png 파일을 읽어와 img 변수로 가리키게 합니다. imread 함수는 numpy.ndarray 객체를 내어줍니다. numpy.ndarray는 numpy 모듈에서 제공하는 배열입니다.

05 : cv2 모듈의 imshow 함수를 호출하여 img 변수가 가리키는 그림을 화면에 보여줍니다. 첫 번째 인자인 'photo'는 화면에 표시된 그림의 제목을 나타내며 변경할 수 있습니다.

06 : cv2 모듈의 waitKey 함수를 호출하여 키보드 입력을 기다립니다. 인자로 넘어가는 0 값은 키보드 입력을 기다리는 시간으로 밀리 초 단위입니다. 0이 인자로 넘어갈 경우엔 키보드 입력이 있을 때까지 계속 기다립니다. 키 값은 임의의 키 값입니다.

07 : cv2 모듈의 destroyAllWindows 함수를 호출하여 열려있는 모든 그림 창을 닫습니다.

02 다음과 같이 예제를 실행합니다.

```
$ python _20_cv2_image.py
```

컬러 이미지가 화면에 뜨는 것을 확인합니다.

임의의 키를 눌러 화면을 닫습니다.

※ _20_cv2_image.py 파일과 photo.jpg 파일은 같은 디렉터리에 있어야 합니다. 그렇지 않을 경우 다음과 같이 오류 메시지가 발생합니다.

```
OpenCV Error: Assertion failed (size.width>0 && size.height>0) in imshow, file /build/opencv-tragD2/opencv-3.2.0+dfsg/modules/highgui/src/window.cpp, line 304
Traceback (most recent call last):
  File "_20_cv2_image.py", line 5, in <module>
    cv2.imshow('photo', img)
cv2.error: /build/opencv-tragD2/opencv-3.2.0+dfsg/modules/highgui/src/window.cpp:304: error: (-215) size.width>0 && size.height>0 in function imshow
```

03 _ 흑백 이미지로 바꾸기

여기서는 컬러 이미지를 흑백 이미지로 바꿔 화면에 출력해봅니다.

01 다음과 같이 예제를 작성합니다.

_20_cv2_image_2.py

```python
1  import cv2
2
3  img = cv2.imread('photo.jpg')
4  gray = cv2.cvtColor(img, cv2.COLOR_BGR2GRAY)
5
6  cv2.imshow('photo', gray)
7  cv2.waitKey(0)
8  cv2.destroyAllWindows()
```

04 : cv2 모듈의 cvtColor 함수를 호출하여 img 변수가 가리키는 그림의 색깔을 바꾼 후, 바뀐 그림을 gray 변수가 가리키도록 합니다. BGR 형식의 파일을 GRAY 형식의 파일로 바꿉니다. OpenCV의 색깔 형식을 RGB라고 하나 실제로는 바이트 데이터의 순서가 반대인 BGR 형식입니다.

06 : cv2 모듈의 imshow 함수를 호출하여 gray 변수가 가리키는 그림을 화면에 보여줍니다.

02 다음과 같이 예제를 실행합니다.

```
$ python _20_cv2_image_2.py
```

흑백으로 바뀐 이미지가 화면에 뜨는 것을 확인합니다.

임의의 키를 눌러 화면을 닫습니다.

04 _ 얼굴 인식하기

여기서는 Haar Cascade 머신 러닝 필터를 이용하여 이미지에 있는 얼굴 인식을 해 봅니다. Haar Cascade는 머신 러닝기반의 객체 검출 알고리즘입니다. Haar cascade classifier(다단계 분류)는 2001년 Paul Viola와 Michael Jones의 논문 'Rapid Detection using a Boosted Cascade of

Simple Features'에서 제안된 효과적인 객체 검출 방법입니다. 이 방법은 다수의 객체 이미지(이를 positive 이미지라고 합니다)와 객체가 아닌 이미지(이름 negative 이미지라고 합니다)를 cascade 함수로 학습시켜 객체 검출을 달성하는 머신러닝 기반의 접근 방법입니다.

Haar Cascade 머신 러닝 필터 파일 가져오기

먼저 Haar Cascade 머신 러닝 필터를 가져와 필터 파일을 pyLabs 디렉터리로 복사하도록 합니다.

01 다음과 같이 [Chromium Browser] 브라우저를 실행합니다.

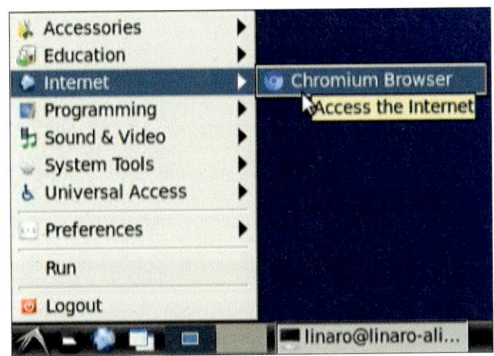

02 다음 사이트에 접속합니다. 이 사이트는 opencv 라이브러리 소스를 제공합니다.

🔒 github.com/opencv/opencv

03 다음과 같이 [Code] 버튼을 찾아 마우스 클릭한 후, [Download ZIP] 버튼을 눌러 파일을 다운로드 받습니다.

04 다음과 같이 다운로드가 완료되면 압축을 풉니다.

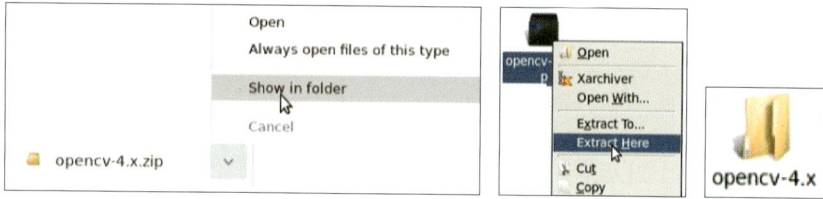

/home/linaro/Downloads 디렉터레에 다운로드 됩니다.

05 [opencv-4.x]-[data]-[haarcascades] 디렉터리에서 다음 2 파일을 pyLabs 디렉터리로 복사합니다.

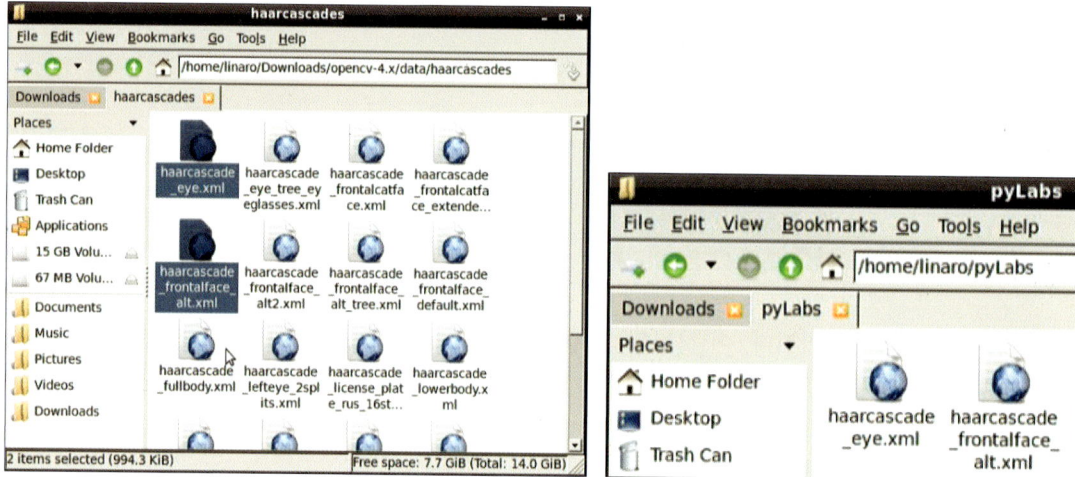

얼굴 인식하기

haarcascade_frontalface_default.xml 파일을 이용하여 얼굴 인식을 수행해 봅니다.

01 다음과 같이 예제를 작성합니다.

_20_cv2_image_3.py
```
01 import cv2
02
03 img = cv2.imread('photo.jpg')
04 gray = cv2.cvtColor(img, cv2.COLOR_BGR2GRAY)
05
06 face_cascade = cv2.CascadeClassifier('haarcascade_frontalface_default.xml')
07 faces = face_cascade.detectMultiScale(gray, 1.3, 6)
08 for (x,y,w,h) in faces:
09     img = cv2.rectangle(img,(x,y),(x +w,y +h),(255,0,0),2)
10
11 cv2.imshow('photo', img)
12 cv2.waitKey(0)
13 cv2.destroyAllWindows()
```

06 : cv2 모듈의 CascadeClassifier 클래스를 이용하여 CascadeClassifier 객체를 생성한 후, face_cascade 변수가 가리키도록 합니다. CascadeClassifier 객체 생성 시 인자로 haarcascade_frontalface_default.xml 파일을 인자로 줍니다. CascasdClassifier는 다단계 분류기라는 의미로 머신러닝 기빈의 객체 검출 알고리즘을 구현한 클래스입니다. haarcascade_frontalface_default.xml 파일은 전면 얼굴을 검출하기 위해 미리 학습시켜 놓은 XML 포맷으로 저장된 분류기 파일입니다.

07 : face_cascade 변수가 가리키는 CascadeClassifier 객체에 대해 detectMultiScale 함수를 호출하여 gray 변수가 가리키는 회색 그림에서 얼굴을 검출합니다. 검출된 얼굴은 사각형의 목록으로 나옵니다. detectMultiScale 함수는 입력된 그림을 내부적으로 축소해가며 검출 대상을 검출하는 함수입니다. detectMultiScale 함수의 첫 번째 인자는 그림 파일을 가리키는 변수입니다. 두 번째 인자는 scaleFactor로 그림 파일을 이 비율만큼 반복적으로 줄여가며 검출 대상을 검출하게 됩니다. 여기서는 1.3 값을 주어 1.3배만큼 줄여가며 검출합니다. 즉, 그림을 30%씩 줄여가며 얼굴을 찾습니다. 값이 작을수록 검출율이 높지만 시간이 더 걸립니다. 세 번째 인자는 minNeighbors로 scaleFactor에 따라 단계별로 얼굴을 검출하는 과정에서 같은 대상이 여러 번 검출될 수 있는데, 최소 추가 검출 회수를 나타냅니다. 예를 들어, 해당 인자를 0값으로 주면 한 번이라도 얼굴로 검출된 것들은 모두 표시됩니다. 1값으로 주면 최소 검출회수가 2회는 되어야 얼굴로 인식하게 됩니다. 우리 예제에서는 최소 6회 얼굴로 검출되었을 때 얼굴로 인식됩니다.

08 : 검출된 얼굴들의 좌표 (x,y)와 크기 (w,h)에 대해

09 : cv2 모듈의 rectangle 함수를 이용하여 img가 가리키는 그림 파일에 사각형 표시를 추가합니다.

02 다음과 같이 예제를 실행합니다.

```
$ python _20_cv2_image_3.py
```

얼굴 주변에 파란색 사각형 표시가 되는 것을 확인합니다.

임의의 키를 눌러 화면을 닫습니다.

눈 인식하기

여기서는 haarcascade_eye.xml 파일을 이용하여 눈 인식을 수행해 봅니다.

01 다음과 같이 예제를 작성합니다.

_20_cv2_image_4.py

```
01 import cv2
02
03 img = cv2.imread('photo.jpg')
04 gray = cv2.cvtColor(img, cv2.COLOR_BGR2GRAY)
```

```
05
06 face_cascade = cv2.CascadeClassifier('haarcascade_frontalface_default.xml')
07 eye_cascade = cv2.CascadeClassifier('haarcascade_eye.xml')
08
09 faces = face_cascade.detectMultiScale(gray, 1.3, 6)
10 for (x,y,w,h) in faces:
11     img = cv2.rectangle(img,(x,y),(x +w,y +h),(255,0,0),2)
12     roi_gray = gray[y:y +h, x:x +w]
13     roi_color = img[y:y +h, x:x +w]
14     eyes = eye_cascade.detectMultiScale(roi_gray)
15     for (ex,ey,ew,eh) in eyes:
16         cv2.rectangle(roi_color,(ex,ey),(ex +ew,ey +eh),(0,255,0),2)
17
18 cv2.imshow('photo', img)
19 cv2.waitKey(0)
20 cv2.destroyAllWindows()
```

07: cv2 모듈의 CascadeClassifier 클래스를 이용하여 CascadeClassifier 객체를 생성한 후, eye_cascade 변수가 가리키도록 합니다. CascadeClassifier 객체 생성 시 인자로 haarcascade_eye.xml 파일을 인자로 줍니다. CascasdClassifier는 다단계 분류기라는 의미로 머신러닝 기반의 객체 검출 알고리즘을 구현한 클래스입니다. haarcascade_eye.xml 파일은 눈을 검출하기 위해 미리 학습시켜 놓은 XML 포맷으로 저장된 분류기 파일입니다.

12: roi_gray 변수를 생성하여 gray 변수가 가리키는 그림의 부분적인 그림(감지한 얼굴 영역의 그림)에 대한 numpy.ndarray 객체를 가리키게 합니다.

13: roi_color 변수를 생성하여 img 변수가 가리키는 그림의 부분적인 그림(감지한 얼굴 영역의 그림)에 대한 numpy.ndarray 객체를 가리키게 합니다.

14: eye_cascade 변수가 가리키는 CascadeClassifier 객체에 대해 detectMultiScale 함수를 호출하여 roi_gray 변수가 가리키는 회색 그림에서 눈을 검출합니다. 검출된 눈은 사각형의 목록으로 나옵니다. detectMultiScale 함수는 입력된 그림을 내부적으로 축소해가며 검출 대상을 검출하는 함수입니다. detectMultiScale 함수의 인자는 그림 파일을 가리키는 변수입니다.

15: 검출된 눈들의 좌표 (ex,ey)와 크기 (ew,eh)에 대해

16: cv2 모듈의 rectangle 함수를 이용하여 roi_color가 가리키는 그림 파일에 사각형 표시를 추가합니다.

※ roi는 Region of Interest의 약자로 관심영역이라는 의미입니다.

02 다음과 같이 예제를 실행합니다.

```
$ python _20_cv2_image_4.py
```

눈 주변에 초록색 사각형 표시가 되는 것을 확인합니다.

임의의 키를 눌러 화면을 닫습니다.

07 카메라로 얼굴 인식하기

여기서는 팅커 보드에 장착된 USB 카메라로부터 영상을 받아 얼굴을 인식해 봅니다. 우리 책에서는 다음 USB 카메라를 사용합니다.

01 _ Web Streaming 활성화하기

먼저 motion 서버를 설치하여 web streaming을 활성화해 봅니다. web streaming을 활성화하면 로컬이나 원격에서 웹 브라우저를 이용하여 영상을 받아볼 수 있습니다. 또, opencv 라이브러리를 이용하여 영상을 받아 처리할 수도 있습니다.

01 먼저 다음과 같이 motion을 설치합니다.

```
$ sudo apt install motion -y
```

02 설치가 완료되면 다음과 같이 motion.conf 파일을 열어 수정합니다.

```
$ sudo nano /etc/motion/motion.conf
```

다음과 같이 수정합니다. nano 명령을 이용하여 줄을 표시하고 이동하며 수정합니다.

※ 각 항목에 대한 설명은 파일 내용을 참고합니다.

줄번호	수정내용	nano 명령
1	daemon on	
39	videodevice /dev/video5	줄 번호 표시
79	width 640	Art + #
82	height 480	
86	framerate 100	줄 이동
458	stream_maxrate 100	Ctrl + _
461	stream_localhost off	
495	webcontrol_localhost off	

03 계속해서 motion 파일을 열어 수정합니다.

```
$ sudo nano /etc/default/motion
```

다음과 같이 수정합니다.

```
start_motion_daemon=yes
```

04 다음과 같이 motion 서버를 구동합니다.

```
$ sudo service motion restart
```

05 다음과 같이 motion을 시작합니다.

```
$ sudo motion
```

06 팅커 보드에서 웹 브라우저를 띄운 후 다음과 같이 주소를 입력합니다.

※ 127.0.0.1은 로컬 컴퓨터의 주소입니다.

07 웹 브라우저 상에 다음과 같이 표시되는 것을 확인합니다.

08 팅커 보드의 IP 주소를 다음과 같이 확인합니다.

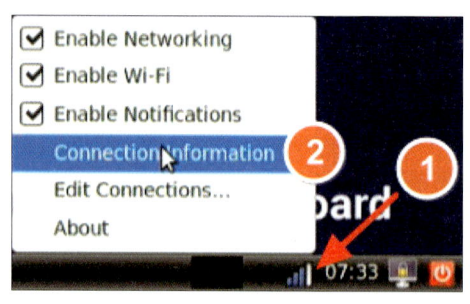
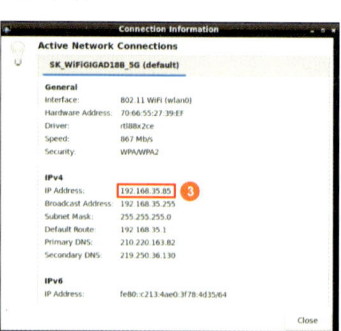

❶ WiFi 아이콘 상에서 마우스 오른쪽 버튼을 누르고, ❷ [Connection Information] 메뉴를 선택한 후, ❸ 팅커 보드의 IP 주소를 확인합니다.

09 윈도우 PC에서 웹 브라우저를 띄운 후, 다음과 같이 팅커 보드의 주소를 입력합니다.

192.168.35.85:8081/stream

※ 위 주소는 필자의 팅커 보드 주소입니다. 독자 여러분은 독자 여러분의 팅커 보드 주소로 입력해 주어야 합니다.

10 웹 브라우저 상에 다음과 같이 표시되는 것을 확인합니다.

02 _ 카메라 영상 읽고 출력하기

motion 서버의 web streaming 영상은 opencv를 통해서도 받아볼 수 있습니다. 여기서는 opencv에서 영상을 받아 화면에 출력해봅니다.

01 다음과 같이 예제를 작성합니다.

_21_cv2_video.py
```
01 import cv2
02
03 cap = cv2.VideoCapture('http://127.0.0.1:8081/stream')
04 if cap.isOpened():
05     print('width: ', cap.get(cv2.CAP_PROP_FRAME_WIDTH))
06     print('height: ', cap.get(cv2.CAP_PROP_FRAME_HEIGHT))
07     print('fps: ', cap.get(cv2.CAP_PROP_FPS))
08
09 while cap.isOpened():
10     ret,img = cap.read()
11
12     if ret:
13       cv2.imshow('Video Capture', img)
14
15       key = cv2.waitKey(1) &0xFF #1ms wait
16       if key ==27: #ESC
17             break
18
19 cap.release()
20 cv2.destroyAllWindows()
```

03 : cv2 모듈의 VideoCapture 클래스로 VideoCapture 객체를 생성한 후, cap 변수가 가리키도록 합니다. VideoCapture 클래스는 영상 입력 기능을 가지는 클래스로 카메라 또는 파일로부터 영상을 입력 받을 수 있습니다. VideoCapture 객체 생성 시 인자로 motion 서버의 주소를 줍니다.
04 : 영상 입력 기능이 정상적으로 열렸으면
05~07 : print 함수를 호출하여 영상의 가로, 세로, 초당 프레임 수를 출력합니다.
09 : 영상 입력 기능이 정상적으로 열려있는 동안에
10 : 비디오 프레임을 읽어옵니다. ret는 프레임이 정상적으로 읽히면 True 값을 그렇지 않으면 False 값을 받게 됩니다. img는 그림에 대한 행렬 객체를 받게 됩니다.
12 : ret 값이 True이면

- 13 : cv2 모듈의 imshow 함수를 호출하여 img 변수가 가리키는 그림을 화면에 보여줍니다. 첫 번째 인자인 'Video Capture'는 화면에 표시된 영상의 제목을 나타내며, 변경할 수 있습니다.
- 15 : cv2 모듈의 waitKey 함수를 호출하여 키보드 입력을 기다립니다. 인자로 넘어가는 1은 키보드 입력을 기다리는 시간으로 밀리 초 단위입니다. 10 인자로 넘어가기 때문에 1밀리 초간 키보드 입력을 기다립니다. waitKey 함수를 통해 입력받은 키가 있을 경우 하위 8비트만 거른 후, key 변수에 할당합니다.
- 16 : key 변수가 가리키는 값이 27(ESC 키 값)이면
- 17 : break를 이용하여 9줄에 있는 while 문을 빠져 나옵니다.
- 19 : 영상 입력 기능을 종료합니다.
- 20 : cv2 모듈의 destroyAllWindows 함수를 호출하여 열려있는 모든 창을 닫습니다.

02 다음과 같이 예제를 실행합니다.

```
$ python _21_cv2_video.py
```

카메라 영상이 화면으로 출력되는 것을 확인합니다.

명령 실행 창에는 다음과 같이 표시됩니다.

```
librga:RGA GET VERSION:3.02,3.020000
ctx=0x27f15300,ctx->rgaFd=3
Rga built version:7bf9abf
width: 640.0
height: 480.0
fps: 25.0
```

가로는 640픽셀, 세로는 480픽셀, 초당 프레임 수는 30프레임으로 표시됩니다.

ESC 키를 눌러 화면을 닫습니다.

03 _ 카메라 영상 얼굴 인식하기

여기서는 Haar Cascade 머신 러닝 필터를 이용하여 카메라 영상으로부터 얼굴 인식을 해 봅니다.

01 다음과 같이 예제를 작성합니다.

_21_cv2_video_2.py
```
01 import cv2
02
03 face_cascade = cv2.CascadeClassifier('haarcascade_frontalface_default.xml')
04
05 cap = cv2.VideoCapture('http://127.0.0.1:8081/stream')
```

```
06
07 while cap.isOpened():
08     ret,img = cap.read()
09
10     if ret:
11        gray = cv2.cvtColor(img, cv2.COLOR_BGR2GRAY)
12        faces = face_cascade.detectMultiScale(gray, 1.3, 5)
13        for (x,y,w,h) in faces:
14              img = cv2.rectangle(img,(x,y),(x +w,y +h),(255,0,0),2)
15
16        cv2.imshow('Video Capture', img)
17
18        key = cv2.waitKey(1) &0xFF #1ms wait
19        if key ==27: #ESC
20              break
21
22 cap.release()
23 cv2.destroyAllWindows()
```

03 : cv2 모듈의 CascadeClassifier 클래스를 이용하여 CascadeClassifier 객체를 생성한 후, face_cascade 변수가 가리키도록 합니다. CascadeClassifier 객체 생성 시 인자로 haarcascade_frontalface_default.xml 파일을 인자로 줍니다. CascasdClassifier는 다단계 분류기라는 의미로 머신러닝 기반의 객체 검출 알고리즘을 구현한 클래스입니다. haarcascade_frontalface_default.xml 파일은 전면 얼굴을 검출하기 위해 미리 학습시켜 놓은 XML 포맷으로 저장된 분류기 파일입니다.

11 : cv2 모듈의 cvtColor 함수를 호출하여 img 변수가 가리키는 그림의 색깔을 바꾼 후, 바뀐 그림을 gray 변수가 가리키도록 합니다. BGR 형식의 파일을 GRAY 형식의 파일로 바꿉니다. OpenCV의 색깔 형식을 RGB라고 하나 실제로는 바이트 데이터의 순서가 반대인 BGR 형식입니다.

12 : face_cascade 변수가 가리키는 CascadeClassifier 객체에 대해 detectMultiScale 함수를 호출하여 gray 변수가 가리키는 회색 그림에서 얼굴을 검출합니다. 검출된 얼굴은 사각형의 목록으로 나옵니다. detectMultiScale 함수는 입력된 그림을 내부적으로 축소해가며 검출 대상을 검출하는 함수입니다. detectMultiScale 함수의 인자는 그림 파일을 가리키는 변수입니다.

13 : 검출된 얼굴들의 좌표 (x,y)와 크기 (w,h)에 대해

14 : cv2 모듈의 rectangle 함수를 이용하여 img가 가리키는 그림 파일에 사각형 표시를 추가합니다.

02 다음과 같이 예제를 실행합니다.

```
$ python _21_cv2_video_2.py
```

카메라 영상에 나타나는 얼굴 주변에 파란색 사각형 표시가 되는 것을 확인합니다.

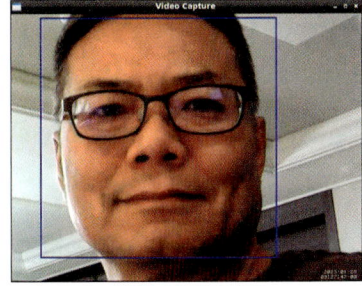

※ 놀라지 마세요. 필자입니다.

ESC 키를 눌러 화면을 닫습니다.

CHAPTER
04
Deep Learning 알고리즘의 이해

여기서는 딥러닝의 기본 알고리즘을 딥러닝 7 공식을 통해 이해해 보고, 텐서플로우의 활용 방법을 소개합니다.

01 딥러닝 개요

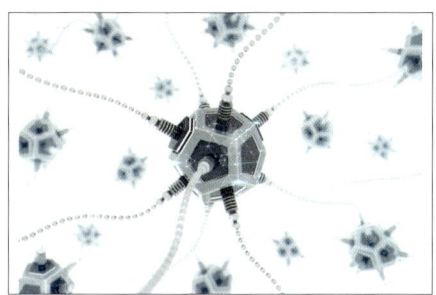

▲ 출처_https://www.discovermagazine.com/technology/we-almost-gave-up-on-building-artificial-brains

인공 신경망은 딥러닝의 약진에 의해 최근 몇 년 동안 주목을 받아왔습니다. 그러면 인공 신경망은 무엇이고 어떻게 만들어졌을까요? 여기서는 인공 신경망의 바탕이 되는 실제 생체 신경의 구조와 구성 요소를 살펴보고 그것들이 어떻게 인공 신경의 구조와 구성요소에 대응이 되는지 살펴봅니다.

01 _ 인공 신경망이란?

독자 여러분은 지금까지 왜 사람에게는 아주 간단하지만 컴퓨터에게는 상상할 수 없을 정도로 어려운 일들이 있는지 궁금해 한 적이 있나요? 인공 신경망(ANN's : Artificial neural networks)은 인간의 중앙 신경계로부터 영감을 얻어 만들어졌습니다. 생체 신경망과 같이 인공 신경망은 커다란 망으로 함께 연결되어 있는 인공 신경을 기반으로 구성됩니다. 개개의 인공 신경은 생체 신경과 같이 간단한 신호 처리를 할 수 있도록 구현되어 있습니다.

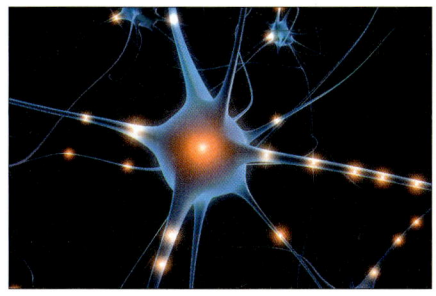

▲ 출처_https://www.allerin.com/blog/4-benefits-of-using-artificial-neural-nets

인공 신경망으로 할 수 있는 일들

우리는 인공 신경망으로 무엇을 할 수 있을까요? 인공 신경망은 많은 문제 영역에 성공적으로 적용되어 왔습니다. 예를 들어 다음과 같은 문제들에 적용되었습니다.

- 패턴 인식에 의한 데이터 분류

  그림에 있는 이것은 나무인가?

- 입력 네이터가 일반석인 패턴과 맞지 않았을 때의 이상 감지

  트럭 운전사가 잠들 위험이 있는가?

  이 지진은 일반적인 땅의 움직임인가 아니면 커다란 지진인가?

- 신호 처리

  신호 거르기

  신호 분리하기

  신호 압축하기

- 예측과 예보에 유용한 목표 함수 접근

  이 폭풍은 태풍으로 변할 것인가?

이런 문제들은 조금은 추상적으로 들립니다. 그래서 몇 가지 실제로 적용된 응용 예들을 보도록 합니다. 인공 신경망은 다음과 같은 것들을 할 수 있습니다.

- 얼굴 확인하기
- 음성 인식하기
- 손 글씨 읽기
- 문장 번역하기
- 게임 하기(보드 게임이나 카드 게임)
- 자동차나 로봇 제어하기
- 그리고 더 많은 것들!

인공 신경망을 이용하면 세상에 있는 많은 문제들을 해결할 수 있습니다. 독자 여러분도 해결하고 싶은 문제가 있다면, 인공 신경망을 이용해 해결할 가능성이 있습니다. 인공 신경망을 통한 문제 해결은 이제 선택이 아닌 필수가 되어가고 있으며, 인공 신경망을 통한 문제 해결 능력은 여러분에게 더 많은 기회를 줄 것입니다.

인공 신경망의 구조

인공 신경망을 구성하는 방법은 다양합니다. 예를 들어 다음과 같은 형태로 인공 신경망을 구성할 수 있습니다. 다음 그림에서 노란색 노드로 표현된 은닉 층이 2층 이상일 때 심층 신경망(DNN)이라고 합니다.

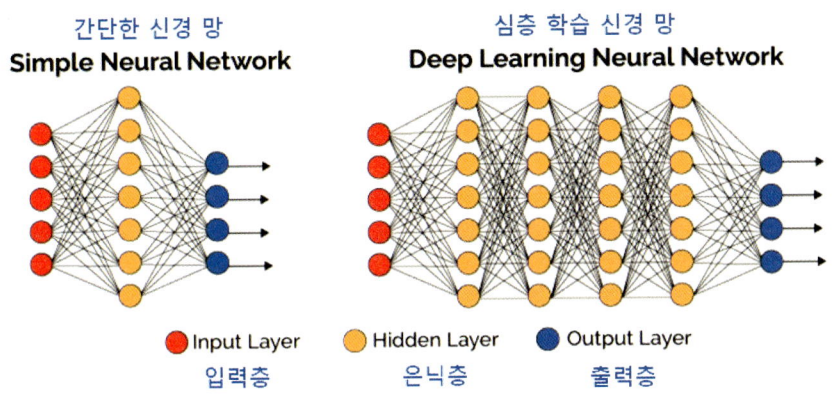

다음은 CNN 형태의 인공 신경망입니다. CNN은 이미지 인식에 뛰어난 인공 신경망으로 이미지의 특징을 뽑아내는 인공 신경망과 분류를 위한 인공 신경망으로 구성됩니다.

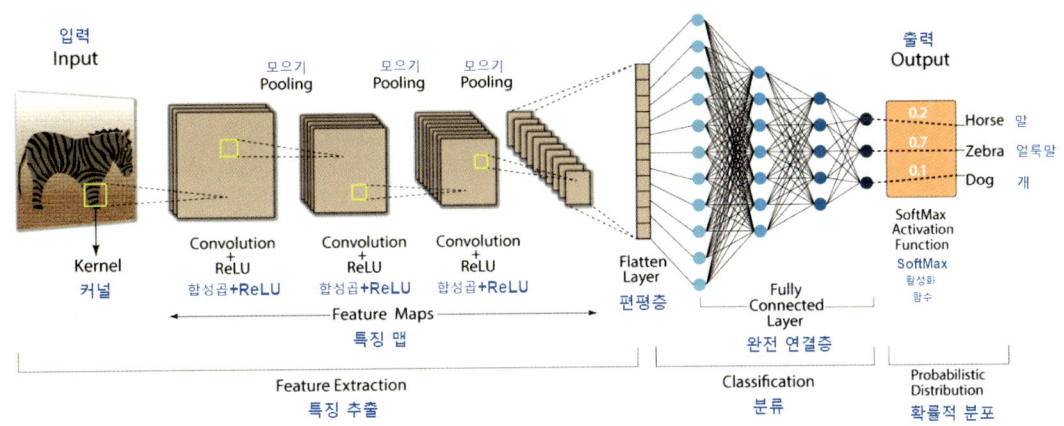

다음은 RNN 형태의 인공 신경망입니다. 아래 그림에서 왼쪽에 있는 그림은 RNN 형태의 신경망으로 노드에서 나온 값이 다시 되먹임 되는 형태로 인공 신경망이 구성됩니다. 오른쪽에 있는 그림은 한 방향으로만 신호가 흐르는 기본적인 인공 신경망입니다. RNN 형태의 인공 신경망은 문장 인식에 뛰어난 인공 신경망입니다.

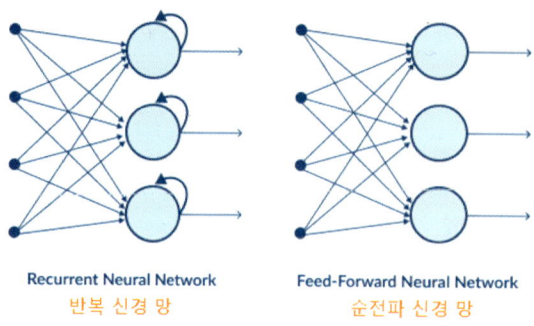

인공 신경망은 구성 방법에 따라 동작 방식도 달라집니다. 가장 간단한 인공 신경망의 구조는 신호가 한 방향으로 흐르는 인공 신경망으로 다음과 같은 형태입니다.

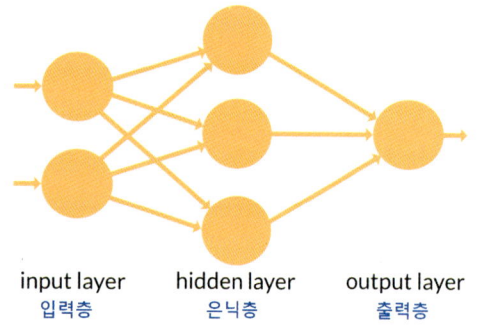

일반적으로 인공 신경망은 3개의 층으로 구성됩니다. 각각 입력 층, 은닉 층, 출력 층이라고 합니다. 입력 층은 입력 신호를 받아서 다음 층에 있는 은닉 층으로 보냅니다. 은닉 층은 하나 이상 존재할 수 있습니다. 마지막에는 결과를 전달하는 출력 층이 옵니다.

02 _ 인공 신경망의 학습 방법

전통적인 알고리즘들과는 달리 인공 신경망은 프로그래머의 의도대로 작업하도록 '프로그램 되거나' 또는 '구성되거나' 할 수 없습니다. 인간의 뇌처럼 인공 신경망은 하나의 일을 수행할 방법을 직접 배워야 합니다. 일반적으로 인공 신경망의 학습 방법에는 3가지 전략이 있습니다.

지도 학습

가장 간단한 학습 방법입니다. 미리 알려진 결과들이 있는 충분히 많은 데이터가 있을 때 사용하는 방법입니다. 지도 학습은 다음 순서로 진행됩니다. ❶ 하나의 입력 데이터를 처리합니다. ❷ 출력값을 미리 알려진 결과와 비교합니다. ❸ 인공 신경망을 수정합니다. ❹ 이 과정을 반복합니다. 이것이 지도 학습 방법입니다. 예를 들어 엄마가 어린 아이에게 그림판을 이용하여 사물을 학습시키는 방법은 지도 학습과 같습니다. 한글, 숫자 등에 대한 학습도 지도 학습의 형태입니다. 아래에 있는 그림판에는 동물, 과일, 채소 그림이 있고 해당 그림에 대한 이름이 있습니다. 아이에게 고양이를 가리키면서 '고양이'라고 알려주는 과정에서 아이는 학습을 하게 됩니다. 이와 같은 방식으로 인공 신경망도 학습을 시킬 수 있으며, 이런 방법을 지도 학습이라고 합니다.

비지도 학습

비지도 학습은 입력 값이 목표 값과 같을 때 사용하는 학습 방법입니다. 예를 들어, 메모리 카드 게임을 하는 방식을 생각해 봅니다. 메모리 카드 게임을 할 때 우리는 그림에 표현된 사물의 이름을 모르는 상태로 사물의 형태를 통째로 기억해야 합니다. 그리고 같은 그림을 찾아 내며 게임을 진행하게 됩니다. 이와 같이 입력 값과 출력 값이 같은 형태의 데이터를 학습할 때, 즉, 입력 값을 그대로 기억해 내야 하는 형태의 학습 방법을 비지도 학습이라고 합니다.

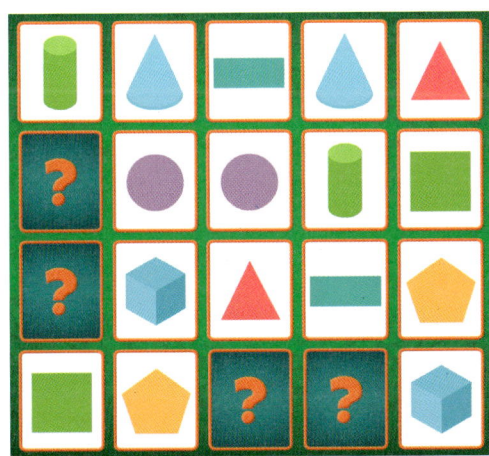

▲ 출처_https://www.curiousworld.com/blog/importance-playing-memory-games

강화 학습

인공 신경망이 익숙하지 않은 환경에서 시행착오를 통해 이익이 되는 동작을 취할 확률은 높이고 손해가 되는 동작을 취할 확률은 낮추게 하는 학습 방법입니다. 즉, 이익이 되는 동작을 강화해가는 학습 방법입니다. 예를 들어, 우리가 익숙하지 않은 환경에서 어떤 동작을 취해야 하는지 모를 때, 일단 할 수 있는 동작을 취해보고 그 동작이 유리한지 불리한지를 체득하는 형태의 학습 방식과 같습니다. 이 과정에서 유리한 동작은 기억해서 점점 더 하게 되고 불리한 동작도 기억해서 점점 덜 하게 됩니다.

▲ 출처_https://www.unict.it/it/didattica/news/lauree-magistrali-giornate-di-orientamento
▲ 출처_https://safedownautobelay.com/benefits-of-getting-children-climbing/

03 _ 인공 신경 살펴보기

앞에서 우리는 인공 신경망에 대해 살펴보았습니다. 그러면 인공 신경망은 무엇으로 구성될까요? 여기서는 인공 신경망을 구성하는 인공 신경에 대해 생물학적 신경과 비교해 보면서 그 내부 구조를 살펴보도록 합니다.

인공 신경과 생물학적 신경

인공 신경망의 구성요소는 인공 신경입니다. 인공 신경이라는 이름은 생물학적 신경으로부터 얻어졌습니다. 인공 신경은 우리 두뇌의 구성 요소 중 하나인 생물학적 신경의 동작을 따라 만들어진 모형(model)입니다. 즉, 인공 신경은 생물학적 신경의 모형입니다.

 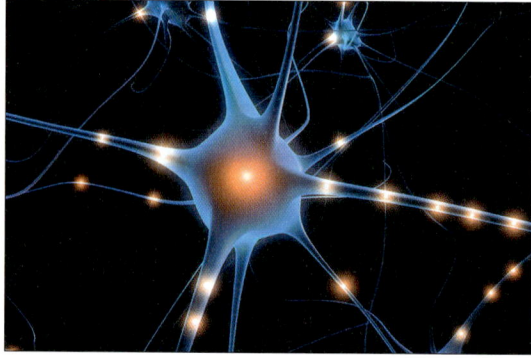

▲ 출처_https://www.discovermagazine.com/technology/we-almost-gave-up-on-building-artificial-brains
▲ 출처_https://www.allerin.com/blog/4-benefits-of-using-artificial-neural-nets

생물학적 신경은 신호를 받기 위한 여러 개의 가지 돌기(dendrities), 입력받은 신호를 처리하기 위한 신경 세포체(cell body), 다른 신경들로 신호를 내보내기 위한 축삭돌기(axon)와 축삭돌기 말단으로 구성됩니다.

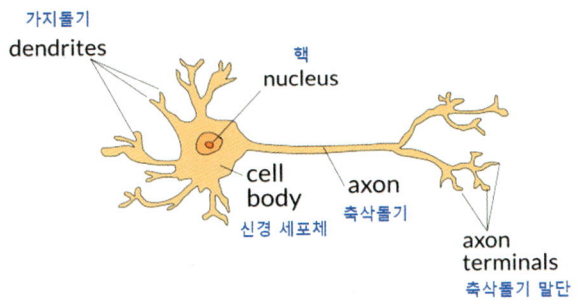

특히 축삭돌기 말단과 다음 신경의 가지 돌기 사이의 틈을 시냅스라고 합니다.

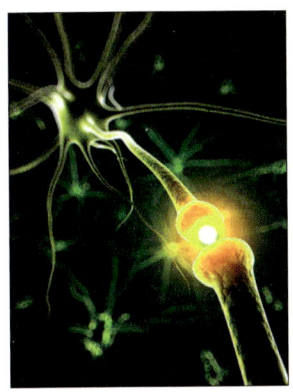

시냅스는 신경결합 부라고도 하며 한 신경에서 다른 신경으로 신호를 전달하는 연결지점을 말합니다. 인공 신경은 데이터를 받기 위한 여러 개의 입력 부, 입력받은 데이터를 처리하는 처리부, 그리고 여러 개의 다른 인공 신경들로 연결될 수 있는 하나의 출력부를 가집니다. 특히 인공 신경의 출력부에는 다음 인공 신경의 입력부에 맞는 형태의 데이터 변환을 위한 활성화함수가 있습니다.

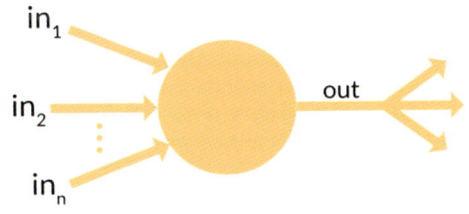

인공 신경 내부 살펴보기

이제 인공 신경 안으로 들어가 봅니다. 어떻게 인공 신경은 입력을 처리할까요? 독자 여러분은 하나의 인공 신경 안에서 그 계산들이 실제로 얼마나 간단한지 알면 깜짝 놀랄 수도 있습니다. 인공 신경은 세 개의 처리 단계를 수행합니다.

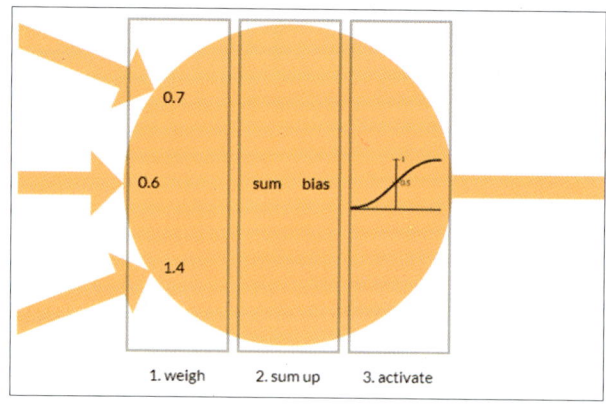

❶ 각각의 입력 값은 가중치에 의해 커지거나 작아집니다.

하나의 입력 신호(데이터)가 들어올 때 그 신호는 그 입력에 할당된 하나의 가중치(weight)에 의해 곱해집니다. 예를 들어, 하나의 인공 신경이 그림과 같이 3 개의 입력을 가진다면, 그 인공 신경은 각 입력에 적용될 수 있는 3개의 가중치를 가집니다. 학습 과정에서 인공 신경망은 결과 값과 목표 값의 오차를 기반으로 가중치들의 크기를 조정합니다. 생물학적 신경의 가지 돌기가 그 두께에 따라 신호가 더 잘 전달되거나 덜 전달되는 것처럼 인공 신경의 가중치도 그 값에 따라 신호(데이터)가 커지거나 작아집니다. 가중치는 다른 말로 강도(strength)라고도 합니다. 즉, 가중치는 입력 신호가 전달되는 강도를 결정합니다. 입력 신호가 작더라도 가중치가 크면 신호가 커지며, 입력 신호가 크더라도 가중치가 작으면 내부로 전달되는 신호는 작아집니다. 인공 신경의 가중치는 생물학적 신경의 가지 돌기의 두께로 비유할 수 있습니다. 인공 신경의 학습과정은 입력값이 출력값에 맞도록 반복적으로 가중치 값의 크기를 조절하는 과정입니다.

❷ 모든 입력 신호들은 더해집니다.

가중치에 의해 곱해진 입력 신호들은 하나의 값으로 더해집니다. 그리고 추가적으로 보정 값(offset)도 하나 더해집니다. 이 보정 값은 편향(bias)이라고 불립니다. 인공 신경망은 학습 과정에서 편향도 조정합니다. 편향은 하나로 더해진 입력 신호에 더해지는 신호로 신호를 좀 더 크게 하거나 또는 좀 더 작게 하는 역할을 합니다. 즉, 신호를 조금 더 강화하거나 조금 더 약화하는 역할을 합니다. 편향은 가중치의 한 형태입니다.

❸ 신호를 활성화합니다.

앞에서 더해진 입력신호들은 활성화함수를 거쳐 하나의 출력 신호로 바뀝니다. 활성화 함수는 신호 전달 함수라고도 하며 신호의 형태를 다른 인공 신경의 입력에 맞게 변경하여 출력하는 역할을 합니다. 생물학적 신경을 시냅스가 연결하는 것처럼 활성화함수는 인공 신경을 연결하는 역할을 수행합니다.

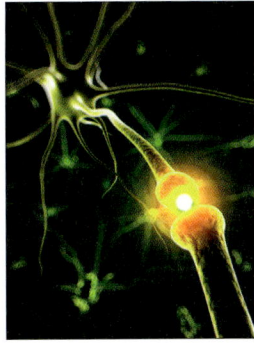

다음은 인공 신경망에 사용되는 활성화함수입니다. 활성화 함수는 인공 신경망의 활용 영역에 따라 달리 사용됩니다.

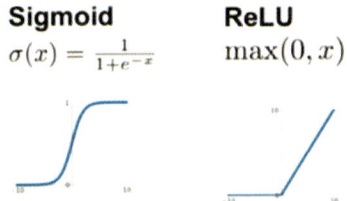

일반적으로 출력 값을 0에서 1사이의 값으로 하고자 할 경우엔 sigmoid 함수, 0보다 큰 출력 값만 내보내고자 할 경우엔 relu 함수를 사용합니다. 특히 다음은 분류를 위해 출력 층에 사용할 수 있는 활성화 함수로 softmax라고 합니다.

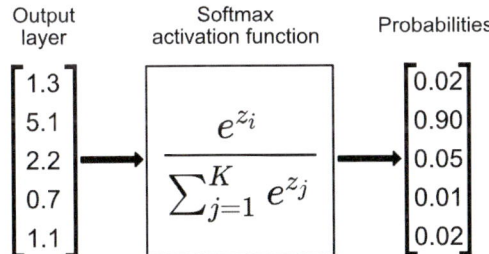

활성화 함수에 대해서는 뒤에서 자세히 살펴보도록 합니다. 여기서는 활성화 함수로 이러한 함수들이 사용된다는 정도로 이해하고 넘어갑니다.

인공 신경 함수 수식

다음은 하나의 인공 신경과 그 인공 신경으로 들어가는 ❶ 입력 값 x의 집합, ❷ 입력 값에 대한 가중치(신호 강도) w의 집합, ❸ 편향 입력 값 1, ❹ 편향 b, ❺ 가중치와 편향을 통해 들어오는 입력 값들의 합, ❻ 그 합을 입력으로 받는 활성화 함수 f, ❼ 활성화 함수 f의 출력 out을 나타냅니다.

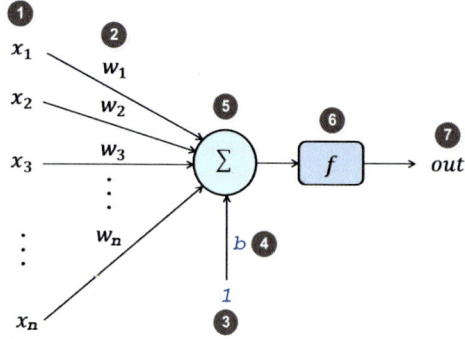

인공 신경의 수식은 일반적으로 다음과 같습니다.

$$out = f(x_1 \times w_1 + x_2 \times w_2 + x_3 \times w_3 + ... + x_n \times w_n + 1 \times b)$$
$$out = f(\sum_{i=1}^{n} x_i \times w_i + 1 \times b)$$

예를 들어, 활성화 함수가 sigmoid 함수일 경우 인공 신경의 수식은 다음과 같습니다.

$$out = \frac{1}{1+e^{-(x_1 \times w_1 + x_2 \times w_2 + x_3 \times w_3 + ... + x_n \times w_n + 1 \times b)}}$$
$$out = \frac{1}{1+e^{-(\sum_{i=1}^{n} x_i \times w_i + 1 \times b)}}$$

또, 활성화 함수가 relu 함수일 경우 인공 신경의 수식은 다음과 같습니다.

$$out = \max(0, x_1 \times w_1 + x_2 \times w_2 + x_3 \times w_3 + ... + x_n \times w_n + 1 \times b)$$
$$out = \max(0, \sum_{i=1}^{n} x_i \times w_i + 1 \times b)$$

이러한 수식들은 뒤에서 자세히 구현해 보면서 그 동작들을 이해합니다. 여기서는 개략적으로 살펴보고 넘어가도록 합니다.

가장 간단한 인공 신경

다음은 가장 간단한 형태의 인공 신경입니다.

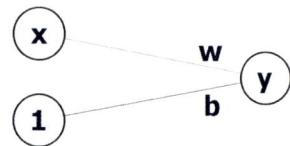

이 인공 신경의 수식은 다음과 같습니다.

y = x*w + 1*b

인공 신경의 학습과정은 가중치 w와 편향 b의 값을 조절하는 과정입니다. 인공 신경이 적절히 학습되면 입력값 x에 대해 원하는 출력값 y가 나오게 됩니다. 다음은 학습 과정을 거친 인공 신경입니다.

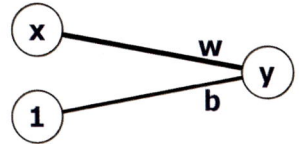

우리는 뒤에서 이 인공 신경을 직접 구현해보면서 인공 신경의 동작을 살펴봅니다.

이상에서 인간의 두뇌를 모델로 한 인공 신경망, 인공 신경망으로 할 수 있는 일들, 인공 신경망의 구조, 인공 신경망의 학습 방법, 생물학적 신경과 인공 신경과의 관계, 인공 신경의 구성 요소를 살펴보았습니다. 이 과정에서 인공 신경의 수식은 생물학적 신경으로부터 직관적으로 유도된 것을 알 수 있었습니다. 인공 신경의 수식은 간단한 형태의 수식이지만 이러한 인공 신경으로 망을 구성할 때는 아주 큰 힘을 발휘하게 됩니다.

인공 신경망 기초 정리하기

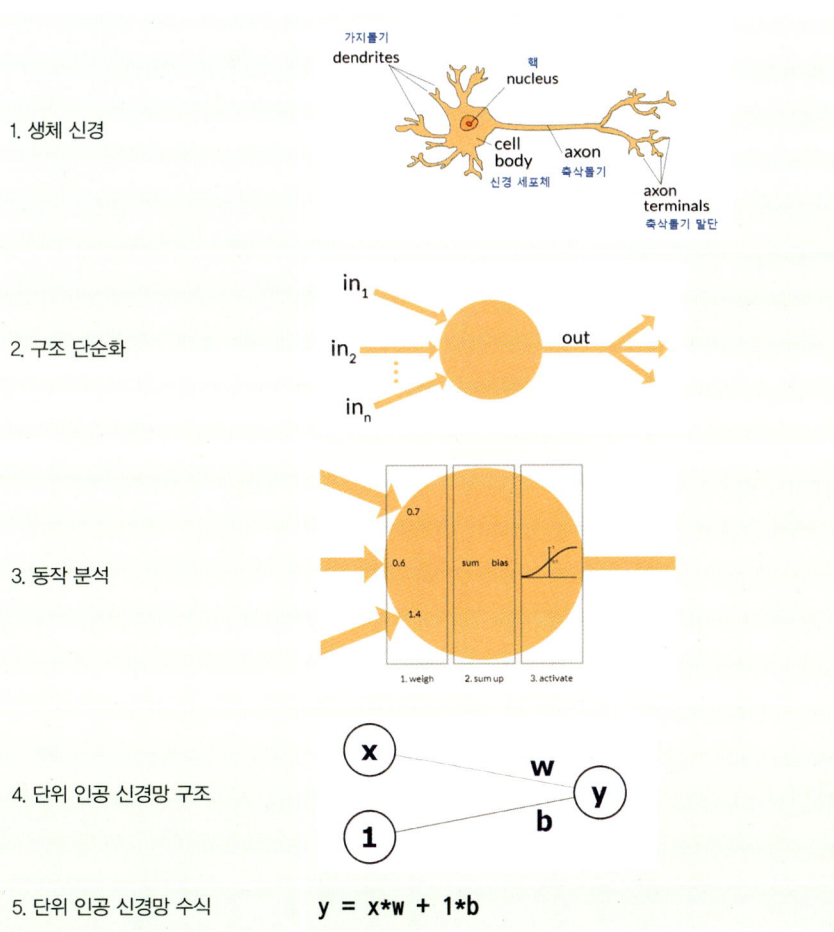

02 딥러닝 7 공식

여기서는 딥러닝 7 공식을 이용하여 딥러닝의 동작 원리를 이해해 봅니다. 또 딥러닝과 관련된 중요한 용어들, 예를 들어, 순전파, 목표값, 오차, 역전파 오차, 역전파, 학습률과 같은 용어들을 이해해 보도록 합니다.

다음 그림은 이 단원에서 살펴볼 인공 신경의 순전파와 역전파를 나타내는 핵심 그림과 수식을 표현하고 있습니다.

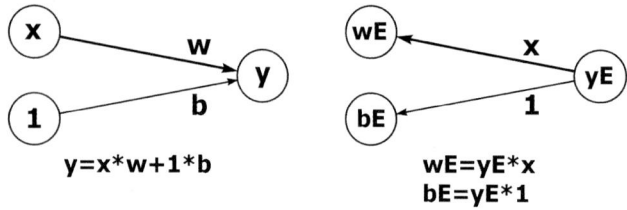

독자 여러분이 이 그림과 수식의 내용을 이해한다면 딥러닝의 가장 중요한 원리를 이해하게 되는 것입니다. 딥러닝의 핵심 원리 지금부터 이해해 봅시다!

01 _ 딥러닝 제 1 공식 : 순전파

다음은 앞에서 소개한 단일 인공 신경의 그림입니다. 이 인공 신경은 입력 노드 1개, 출력 노드 1개, 편향으로 구성된 단일 인공 신경입니다.

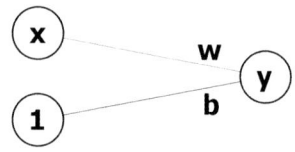

이 인공 신경을 학습 시키면 다음과 같이 가중치와 편향의 값이 바뀌게 됩니다. 즉, 신호 전달 강도가 더 세지거나 약해집니다.

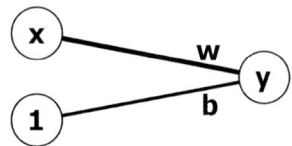

순전파 그림과 수식은 다음과 같습니다.

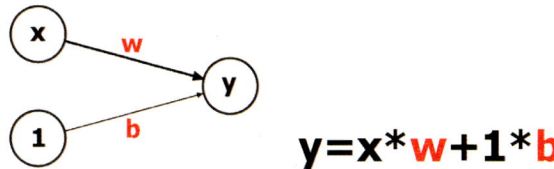

이 수식은 순전파 수식입니다. y는 예측값, x는 입력값, w는 가중치, b는 편향이라고 합니다.

순전파 살펴보기

이 수식에 대해서 구체적으로 생각해 봅니다. 다음과 같이 각 변수에 값을 줍니다.

```
x = 2
w = 3
b = 1
```

그러면 식은 다음과 같이 됩니다.

```
y = 2*3 + 1*1
y = ?
```

y는 얼마가 될까요? 다음과 같이 계산해서 y는 7이 됩니다.

```
2*3 + 1*1 = 7
```

이 상황을 그림으로 생각해 봅니다. 다음과 같이 x, w, b 값이 y로 흘러가는 인공 신경이 있습니다. 이 과정을 인공 신경의 순전파라고 합니다.

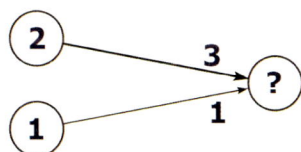

이 경우 y로 얼마가 나올까요? 앞에서 살펴본 대로 다음과 같이 7이 나오게 됩니다.

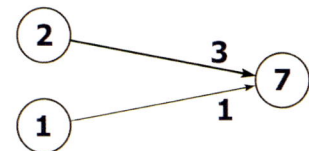

여기서 순전파를 통해 나온 7을 예측값이라고 합니다.

순전파 수행하기

돌다리도 두들겨 보고 건넌다고 순전파를 파이썬 쉘을 통해 확인해 봅니다.

01 다음과 같이 파이썬 쉘을 실행합니다.

```
linaro@linaro-alip:~$ python
Python 2.7.16 (default, Oct 10 2019, 22:02:15)
[GCC 8.3.0] on linux2
Type "help", "copyright", "credits" or "license" for more information.
>>>
```

02 차례대로 다음 명령을 실행합니다.

```
>>> x=2
>>> w=3
>>> b=1
>>> y=x*w+1*b
>>> y
7
```

※ 쉘 종료는 다음과 같이 명령을 주거나 [Ctrl + d]키를 눌러줍니다.
```
>>> quit()
```

02 _ 딥러닝 제 2 공식 : 평균 제곱 오차

다음은 딥러닝 제 2 공식을 나타냅니다.

E = (y-yT)*(y-yT) / 2

이 수식은 평균 제곱 오차 수식이라고 합니다. E는 오차, y는 순전파에 의한 예측값, yT는 목표값 또는 라벨을 나타냅니다. yT는 입력값 x에 대해 실제로 나오기를 원하는 값입니다. 오차(error)는 손실(loss) 또는 비용(cost)이라고도 합니다. 오차값이 작을수록 예측을 잘하는 인공 신경망입니다. 앞에서 우리는 y값으로 7을 얻었습니다. 그런데 y로 10이 나오게 하고 싶습니다. 이 경우 yT 값은 10이 됩니다. 그러면 평균 제곱 오차는 다음과 같이 계산됩니다.

```
E = (7 - 10)*(7 - 10)/2 = (-3)*(-3)/2 = 9/2 = 4.5
```

평균 제곱 오차 수행하기

다음과 같이 파이썬 쉘에 명령을 주고 결과를 확인합니다.

```
>>> yT=10
>>> E=(y-yT)**2/2
>>> E
4.5
```

03 _ 딥러닝 제 3 공식 : 역전파 오차

다음은 딥러닝 제 3 공식을 나타냅니다.

yE = y - yT

yE는 역전파 오차, y는 순전파에 의한 예측값, yT는 목표값 또는 라벨을 나타냅니다. yT는 입력값에 대해 실제로 나오기를 원하는 값입니다. 역전파 오차를 구하는 수식은 단순합니다. 예측값 y에서 목표값 yT를 뺀 값이 역전파 오차가 됩니다. yE 값이 다음 단계에서 역전파되기 때문에 역전파 오차라고 합니다. yE의 정확한 의미는 y에 대한 오차 E의 순간변화율을 의미하며 편미분을 통해 유도됩니다.

딥러닝 제 3 공식에 대해서 구체적으로 살펴봅니다.

앞에서 우리는 y값으로 7을 얻었습니다. 그런데 y로 10이 나오게 하고 싶습니다. 이런 경우에 w와 b의 값을 어떻게 바꿔야 할까요?

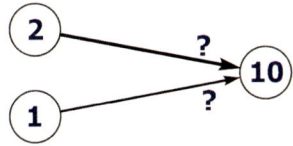

y값이 10이 되려면 3이 모자랍니다. y의 오차는 w와 b의 오차로 인해 발생합니다. 따라서 w와 b값을 적당히 증가시키면 y로 10에 가까운 값이 나오게 할 수 있겠죠? 예를 들어, w를 4.2로, b를 1.6으로 증가시키면 y의 값은 10이 됩니다.

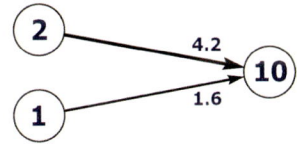

그러면 w, b값을 어떤 기준으로 얼마나 증가시켜야 할까요? 이 과정을 이해하는 것이 바로 역전파의 핵심을 이해하는 것이고 나아가서 딥러닝의 핵심을 이해하는 것입니다. 이 과정을 자세히 살펴봅니다.

이전 그림에서 y로 7이 흘러나갔는데 우리는 이 값이 10이 되기를 원합니다. 여기서 10은 목표값이 됩니다. 참고로 인공지능 학습 시 목표값은 라벨이라고 합니다. 다음 수식에서 yT는 목표값을 나타내며 10을 갖습니다.

```
yT = 10
y = 7
yE = y - yT = -3
```

y값은 현재값 7인 상태이며, yE는 현재값에서 목표값을 뺀 값 –3이 됩니다. 이 때, yE값을 역전파 오차라고 하며, 역전파에 사용할 오차값입니다.

역전파 오차 수행하기

다음과 같이 파이썬 쉘에 명령을 주고 결과를 확인합니다.

```
>>> yE=y-yT
>>> yE
-3
```

04 _ 딥러닝 제 4 공식 : 입력 역전파

다음은 딥러닝 제 4 공식을 나타냅니다.

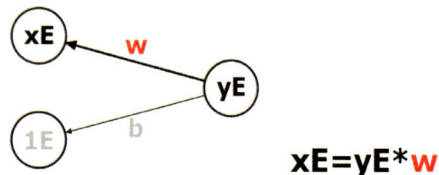

xE는 입력 역전파, yE는 역전파 오차로 딥러닝 제 3 공식에서 구한 값입니다. 회색으로 표시된 1E는 숫자 1의 오차라는 의미로 사용하지 않는 부분입니다. 딥러닝 제 4 공식은 다음과 같은 순서로 유도할 수 있습니다.

❶ 딥러닝 제 1 공식의 그림을 복사합니다.
❷ y -> yE, x -> xE로 변경합니다.
❸ 화살표 방향을 반대로 합니다.
❹ 1E, b는 사용하지 않습니다.

다음 그림을 참조합니다.

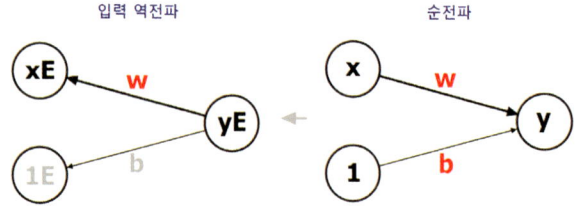

이 수식은 출력층에서 발생한 역전파 오차가 입력층으로 흘러가는 상황을 나타냅니다. 딥러닝 제 4 공식은 실제로 은닉층으로 전달되는 역전파에 사용하는 공식으로 뒤에서 사용합니다. xE의 정확한 의미는 x에 대한 오차 E의 순간변화율을 의미하며 편미분을 통해 유도됩니다.

05 _ 딥러닝 제 5 공식 : 가중치, 편향 순전파

다음은 가중치와 편향의 순전파를 나타내는 식과 그림입니다.

y=x*w+1*b (딥러닝 제 1 공식)
y=w*x+b*1 (딥러닝 제 5 공식)

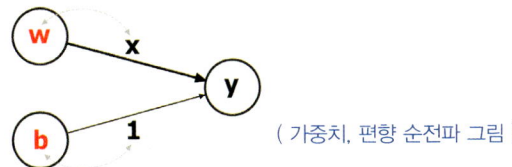

(가중치, 편향 순전파 그림)

딥러닝 제 5 공식은 다음과 같은 순서로 유도할 수 있습니다.w
❶ 딥러닝 제 1 공식을 복사합니다.
❷ x와 w, 1과 b를 교환하여 딥러닝 제 5 공식을 유도합니다.
❸ 딥러닝 제 1 공식의 그림과 같은 형태로 그림을 그립니다.

다음 그림을 참조합니다.

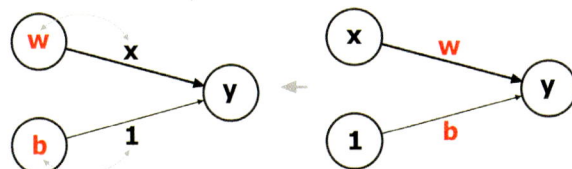

딥러닝 제 5 공식은 다음에 나올 딥러닝 제 6 공식을 유도하기 위해 사용하며, 실제로 딥러닝 제 1 공식과 같습니다. 딥러닝 제 5 공식은 구현을 위해 사용하지는 않습니다.

06 _ 딥러닝 제 6 공식 : 가중치, 편향 역전파

다음은 가중치와 편향의 역전파를 나타내는 그림과 수식입니다.

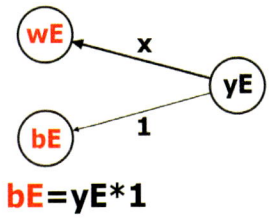

bE=yE*1
wE=yE*x

wE는 가중치 역전파 오차, bE는 편향 역전파 오차를 의미합니다. yE는 역전파 오차로 딥러닝 제 3 공식에서 구한 값입니다. 딥러닝 제 6 공식은 다음과 같은 순서로 유도할 수 있습니다.

❶ 딥러닝 제 5 공식의 그림을 복사합니다.
❷ y -> yE, w -> wE, b -> bE로 변경합니다.
❸ 화살표 방향을 반대로 합니다.

다음 그림을 참조합니다.

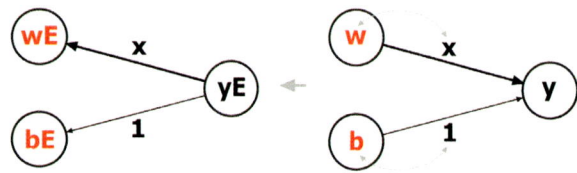

딥러닝 제 6 공식은 실제로 편미분을 연쇄적으로 적용하여 얻은 공식입니다. 편미분을 이용하여 역전파를 유도하는 방법은 부록을 참조합니다. wE의 정확한 의미는 w에 대한 오차 E의 순간변화율을 의미합니다. 마찬가지로 bE는 b에 대한 오차 E의 순간변화율을 의미합니다.

위 수식에 의해 wE, bE는 다음 그림과 같이 계산됩니다.

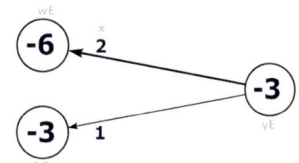

딥러닝 제 3 공식의 예에서 우리는 yE값으로 -3을 얻었습니다.

가중치, 편향 역전파 수행하기

다음과 같이 파이썬 쉘에 명령을 주고 결과를 확인합니다.

```
>>> wE=yE*x
>>> bE=yE*1
>>> (wE,bE)
(-6, -3)
```

07 _ 딥러닝 제 7 공식 : 신경망 학습

다음은 신경망 학습을 나타내는 수식입니다. 신경망은 가중치를 의미합니다.

w -= lr*wE
b -= lr*bE

lr은 learning rate의 약자로 학습률을 의미합니다. wE는 가중치 역전파 오차, bE는 편향 역전파 오차로 딥러닝 제 6 공식에서 구한 값입니다. 딥러닝 제 7 공식은 실제로 경사하강법이라고 하며 미분을 이용하여 얻은 공식입니다. 이 수식을 적용하여 w, b 값을 갱신하는 과정을 인공 신경망의 학습이라고 합니다.

신경망 학습해 보기

앞에서 우리는 wE, bE 값으로 각각 -6, -3을 구하였습니다. wE, bE 값을 다음 그림과 같이 적용해 봅니다. 다음 그림에서 w는 이전 가중치, w'는 갱신된 가중치를 의미합니다. 그리고 앞에서 구한 wE, bE의 값을 각각 w, b에서 빼줍니다. 그러면 갱신된 w', b' 값이 증가하게 됩니다. 이 부분을 좀 더 자세히 살펴봅시다. 앞에서 살펴본 딥러닝 제 3 공식을 변형하면 y - yE = yT가 되어 y에서 yE를 빼면 yT가 됩니다. 즉, y값 7에서 yE값 -3을 빼주면 yT값 10이 됩니다. 같은 원리로 w에서 wE를, b에서 bE를 빼 주도록 합니다.

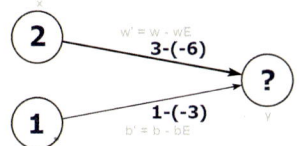

그런데 wE, bE값이 너무 큽니다. 이 상태로 계산을 하면 새로운 y값은 (2*9+1*4)와 같이 계산되어 22가 되게 되며, 우리가 원하는 목표값 10보다 더 큰 값이 나오게 됩니다. 구체적인 계산 과정은 다음과 같습니다.

```
x = 2
w' = w - wE = 3-(-6) = 9
b' = b - bE = 1-(-3) = 4
y = x*w' + 1*b' = 2*9+1*4 = 22
```

학습률 적용하기

그래서 나온 방법이 학습률입니다. wE, bE에 적당히 작은 값을 곱해주어 값을 줄이는 겁니다. 여기서는 0.01을 곱해줍니다. 그러면 다음과 같이 계산할 수 있습니다.

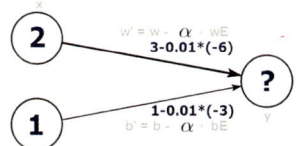

※ 여기서 는 학습률이라고 하며 뒤에서는 lr이라는 이름으로 구현합니다. lr은 learning rate의 약자로 학습률을 의미합니다.

이렇게 하면 2*(3.06)+1.03=7.15가 나옵니다. 이렇게 조금씩 늘려나가면 10을 만들 수 있습니다. 여기서 곱해준 0.01은 학습률이라고 하는 값입니다. 일반적으로 학습률 값은 0.001로 시작하여 학습이 진행되는 상황에 따라 조금씩 늘이거나 줄여서 사용합니다.

신경망 학습 수행하기

다음과 같이 파이썬 쉘에 명령을 주고 결과를 확인합니다.

```
>>> lr=0.01
>>> w=w-lr*wE
>>> b=b-lr*bE
>>> (w,b)
(3.06, 1.03)
```

학습된 신경망으로 예측하기

인공 신경망에 대해 딥러닝 제 1 공식~딥러닝 제 7 공식까지 1회 수행을 하면 한 번의 학습이 이루어지게 됩니다. 여기서는 1회 학습된 신경망으로 y값을 예측해 봅니다.

다음과 같이 파이썬 쉘에 명령을 주고 결과를 확인합니다.

```
>>> y=x*w+1*b
>>> y
7.15
```

08 _ 딥러닝 반복 학습해 보기

지금까지의 과정을 반복해서 학습해 봅니다. 다음 그림을 살펴봅니다.

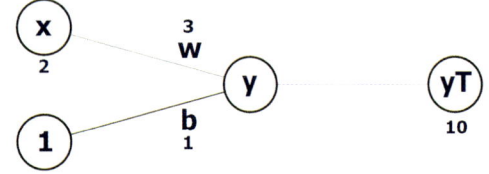

이 그림에서 입력값 x, 가중치 w, 편향 b는 각각 2, 3, 1이고 목표값 yT는 10입니다. x, yT를 이용하여 w, b에 대해 학습을 수행해 봅니다.

※ 이 값들은 임의의 값들입니다. 다른 값들을 사용하여 학습을 수행할 수도 있습니다.

반복 학습 2회 수행하기

여기서는 반복 학습 2회를 수행해 봅니다.

01 다음과 같이 파이썬 스크립트를 작성합니다.

_428.py

```
01 import sys
02
03 EPOCH = int(sys.argv[1])
04 LR = float(sys.argv[2])
05
06 x = 2
07 w = 3
08 b = 1
09 yT = 10
10 lr = LR
11
12 for epoch in range(EPOCH):
13
14     y = x*w + 1*b
15     E = (y - yT)**2 / 2
16     yE = y - yT
17     wE = yE*x
18     bE = yE*1
19     w -= lr*wE
20     b -= lr*bE
21
22     print(f' epoch = {epoch} ')
23     print(f' y : {y:.3f} ')
24     print(f' w : {w:.3f} ')
25     print(f' b : {b:.3f} ')
```

01 : sys 모듈을 불러옵니다.
03 : EPOCH 변수를 선언한 후, 1 번 인자로 넘어온 값을 정수로 변경하여 저장합니다.
04 : LR 변수를 선언한 후, 2 번 인자로 넘어온 값을 실수로 변경하여 저장합니다.
10 : lr 변수를 LR 값으로 할당합니다.
12 : epoch값을 0에서 EPOCH 미만까지 바꾸어가며 14~25줄을 수행합니다.
22 : print 함수를 호출하여 epoch 값을 출력해 줍니다.

02 다음과 같이 예제를 실행합니다. 2는 학습 회수, 0.01은 학습률 값입니다.

```
$ python _428.py 2 0.01
```

다음은 실행 결과 화면입니다.

```
epoch = 0
 y : 7.000
 w : 3.060
 b : 1.030
epoch = 1
 y : 7.150
 w : 3.117
 b : 1.058
```

y 값이 7에서 7.150으로 바뀌는 것을 확인합니다. wE, bE 값을 확인합니다. 또, w, b 값을 확인합니다. w, b의 값이 아주 조금 증가한 것을 확인합니다. 가지 돌기의 두께가 조금 두꺼워진 것과 같습니다.

반복 학습 20회 수행하기

여기서는 반복 학습 20회를 수행해 봅니다. 다음과 같이 앞에서 작성한 예제를 실행합니다.

```
$ python _428.py 20 0.01
```

다음은 실행 결과 화면입니다.

```
epoch = 18
 y : 8.808
 w : 3.747
 b : 1.374
epoch = 19
 y : 8.868
 w : 3.770
 b : 1.385
```

y 값이 8.868까지 접근하는 것을 확인합니다. w, b의 값이 처음에 비해 증가한 것을 확인합니다. 가지돌기의 두께가 더 두꺼워진 것과 같습니다.

반복 학습 200회 수행하기

여기서는 반복 학습 200회를 수행해 봅니다. 다음과 같이 앞에서 작성한 예제를 실행합니다.

```
$ python _428.py 200 0.01
```

다음은 실행 결과 화면입니다.

```
epoch = 198
 y : 10.000
 w : 4.200
 b : 1.600
epoch = 199
 y : 10.000
 w : 4.200
 b : 1.600
```

y 값이 10,000에 수렴하는 것을 확인합니다. 이 때, 가중치 w는 4.2, 편향 b는 1.6에 수렴합니다.

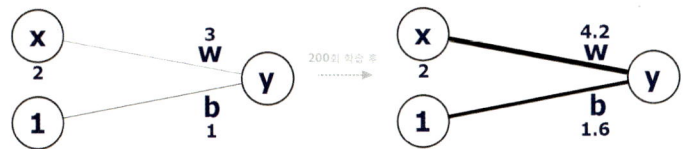

200회 학습 후에는 그림처럼 w, b의 강도가 세지는 것을 볼 수 있습니다. 인공 신경망의 학습은 이처럼 가중치 w, 편향 b의 값을 조정하는 과정입니다.

오차 조건 추가하기

여기서는 오차값이 충분히 작아지면 학습을 자동으로 중단하도록 해 봅니다.

01 다음과 같이 이전 예제를 수정합니다.

_428_2.py
```
01 import sys
02
03 EPOCH=int(sys.argv[1])
04 LR=float(sys.argv[2])
05
06 x = 2
07 w = 3
08 b = 1
09 yT = 10
10 lr = LR
11
12 for epoch in range(EPOCH):
13
14     y = x*w + 1*b
15     E = (y - yT)**2 / 2
16     yE = y - yT
17     wE = yE*x
18     bE = yE*1
19     w -= lr*wE
20     b -= lr*bE
21
22     print(f' epoch = {epoch}')
23     print(f' y : {y:.3f}')
24     print(f' w : {w:.3f}')
25     print(f' b : {b:.3f}')
26
27     if E < 0.0000001 :
28         break
```

27~28 : 오차값 E가 0.0000001(1천만분의1)보다 작으면 break문을 수행하여 12줄의 for문을 빠져 나갑니다.

02 다음과 같이 예제를 실행합니다.

```
$ python _428_2.py 200 0.01
```

다음은 실행 결과 화면입니다.

```
epoch = 171
 y : 10.000
 w : 4.200
 b : 1.600
epoch = 172
 y : 10.000
 w : 4.200
 b : 1.600
```

epoch 값이 172일 때 for 문을 빠져 나갑니다. y값은 10에 수렴합니다.

학습률 변경하기

여기서는 학습률 값을 변경시켜 보면서 학습의 상태를 살펴봅니다.

다음과 같이 앞에서 작성한 예제를 실행합니다. 학습률 인자를 0.05로 줍니다.

```
$ python _428_2.py 200 0.05
```

다음은 실행 결과 화면입니다.

```
epoch = 30
 y : 9.999
 w : 4.200
 b : 1.600
epoch = 31
 y : 10.000
 w : 4.200
 b : 1.600
```

epoch 값이 31일 때 학습이 완료되는 것을 볼 수 있습니다.

다음과 같이 앞에서 작성한 예제를 실행합니다. 학습률 인자를 0.005로 줍니다.

```
$ python _428_2.py 200 0.005
```

다음은 실행 결과 화면입니다.

```
epoch = 198
 y : 9.980
 w : 4.192
 b : 1.596
epoch = 199
 y : 9.981
 w : 4.192
 b : 1.596
```

epoch 값이 199일 때 학습이 완료되지 않은 상태로 종료되는 것을 볼 수 있습니다.

다음과 같이 앞에서 작성한 예제를 실행합니다. 학습 회수 인자를 2000으로 줍니다.

```
$ python _428_2.py 2000 0.005
```

다음은 실행 결과 화면입니다.

```
epoch = 348
 y : 10.000
 w : 4.200
 b : 1.600
epoch = 349
 y : 10.000
 w : 4.200
 b : 1.600
```

epoch 값이 349일 때 학습이 완료되는 것을 볼 수 있습니다.

09 _ 딥러닝 7 공식 정리하기

다음은 순전파, 역전파를 나타내는 신경망의 동작입니다.

순전파   역전파

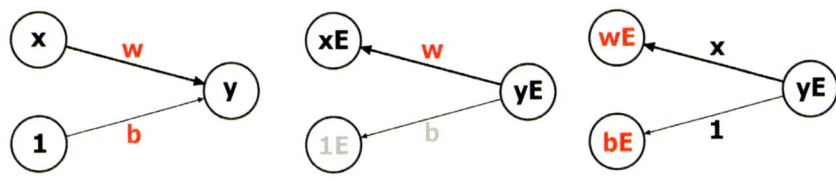

03 딥러닝 7 공식 확장하기

지금까지 우리는 가장 간단한 형태인 [1입력 1출력] 인공 신경에 대해 딥러닝 7 공식을 살펴보고 구현해 보았습니다. 여기서는 [2입력 1출력] 인공 신경과 [2입력 2출력] 인공 신경망으로 딥러닝 7 공식을 확장해 봅니다.

01 _ 2입력 1출력 인공 신경

먼저 [2입력 1출력] 인공 신경에 대해 딥러닝 7 공식을 확장하고 구현해 봅니다.

딥러닝 제 1 공식 : 순전파

다음은 [2입력 1출력] 인공 신경의 딥러닝 제 1 공식을 나타냅니다.

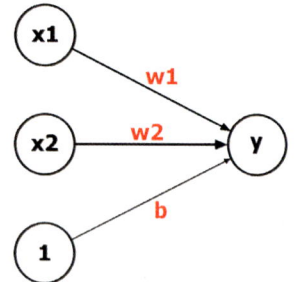

$$y = x1*w1 + x2*w2 + 1*b$$

이 수식은 순전파 수식입니다. y는 예측값, x1, x2는 입력값, w1, w2는 가중치, b는 편향입니다. 앞에서 살펴본 [1입력 1출력] 인공 신경에 입력과 가중치가 하나씩 추가되었습니다.

다음과 같이 파이썬 쉘에 명령을 주고 결과를 확인합니다.

```
>>> x1,x2=2,3
>>> w1,w2=3,4
>>> b=1
>>> y=x1*w1+x2*w2+1*b
>>> y
19
```

딥러닝 제 2 공식 : 평균 제곱 오차

다음은 [2입력 1출력] 인공 신경의 딥러닝 제 2 공식을 나타냅니다.

E = (y-yT)*(y-yT) / 2

[2입력 1출력] 인공 신경은 [1입력 1출력] 인공 신경과 출력의 개수가 같기 때문에 평균 제곱 오차 수식이 같습니다.

다음과 같이 파이썬 쉘에 명령을 주고 결과를 확인합니다.

```
>>> yT=27
>>> E=(y-yT)**2/2
>>> E
32.0
```

딥러닝 제 3 공식 : 역전파 오차

다음은 [2입력 1출력] 인공 신경의 딥러닝 제 3 공식을 나타냅니다.

yE = y - yT

[2입력 1출력] 인공 신경은 [1입력 1출력] 인공 신경과 출력의 개수가 같기 때문에 역전파 오차 수식이 같습니다.

다음과 같이 파이썬 쉘에 명령을 주고 결과를 확인합니다.

```
>>> yE=y-yT
>>> yE
-8
```

딥러닝 제 4 공식 : 입력 역전파

다음은 [2입력 1출력] 인공 신경의 딥러닝 제 4 공식을 나타냅니다.

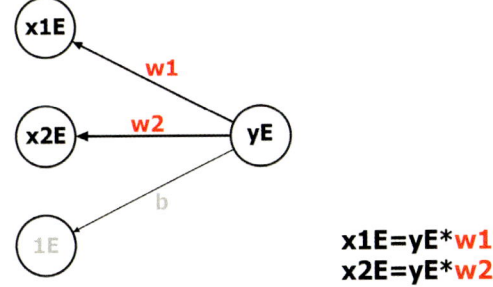

x1E=yE*w1
x2E=yE*w2

x1E, x2E는 입력 역전파, yE는 역전파 오차로 딥러닝 제 3 공식에서 구한 값입니다. 회색으로 표시된 1E는 숫자 1의 오차라는 의미로 사용하지 않는 부분입니다. 딥러닝 제 4 공식은 다음과 같은 순서로 유도할 수 있습니다.

❶ 딥러닝 제 1 공식의 그림을 복사합니다.

❷ y →〉yE, x1 →〉x1E, x2 →〉x2E로 변경합니다.

❸ 화살표 방향을 반대로 합니다.

❹ 1E, b는 사용하지 않습니다.

다음 그림을 참조합니다.

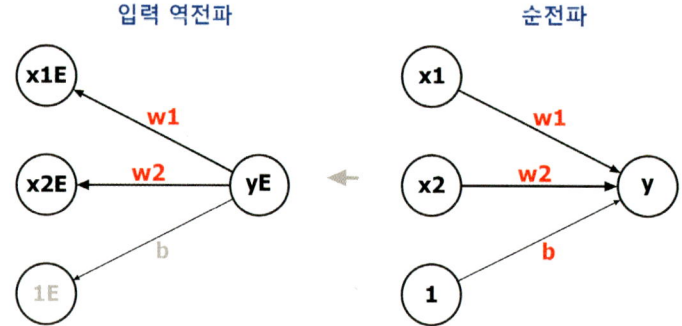

이 수식은 출력층에서 발생한 역전파 오차가 입력층으로 흘러가는 상황을 나타냅니다. 딥러닝 제 4 공식은 실제로 은닉층으로 전달되는 역전파에 사용하는 공식으로 뒤에서 사용합니다.

딥러닝 제 5 공식 : 가중치, 편향 순전파

다음은 [2입력 1출력] 인공 신경의 가중치와 편향의 순전파를 나타내는 식과 그림입니다.

$y = x1*w1 + x2*w2 + 1*b$ (딥러닝 제 1 공식)

$y = w1*x1 + w2*x2 + b*1$ (딥러닝 제 5 공식)

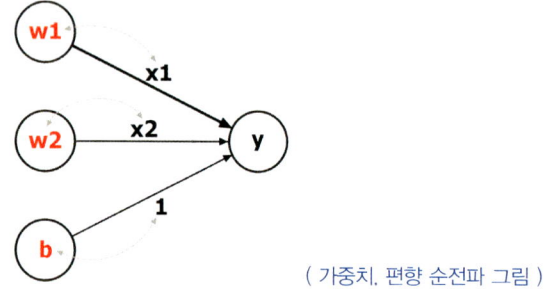

(가중치, 편향 순전파 그림)

딥러닝 제 5 공식은 다음과 같은 순서로 유도할 수 있습니다.

❶ 딥러닝 제 1 공식을 복사합니다.

❷ x1과 w1, x2와 w2, 1과 b를 교환하여 딥러닝 제 5 공식을 유도합니다.

❸ 딥러닝 제 1 공식의 그림과 같은 형태로 그림을 그립니다.

다음 그림을 참조합니다.

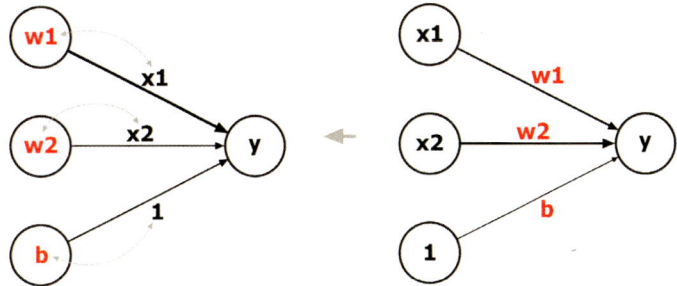

딥러닝 제 5 공식은 다음에 나올 딥러닝 제 6 공식을 유도하기 위해 사용하며, 실제로 딥러닝 제 1 공식과 같습니다. 딥러닝 제 5 공식은 구현을 위해 사용하지는 않습니다.

딥러닝 제 6 공식 : 가중치, 편향 역전파

다음은 [2입력 1출력] 인공 신경의 가중치와 편향의 역전파를 나타내는 그림과 수식입니다.

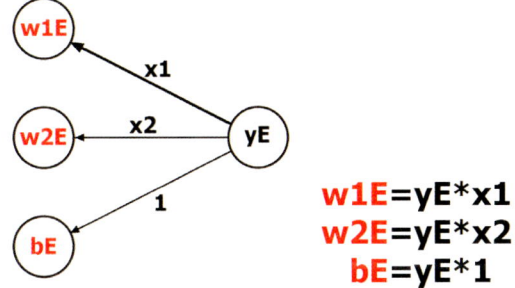

$$w1E = yE * x1$$
$$w2E = yE * x2$$
$$bE = yE * 1$$

w1E, w2E는 가중치 역전파 오차, bE는 편향 역전파 오차를 의미합니다. yE는 역전파 오차로 딥러닝 제 3 공식에서 구한 값입니다. 딥러닝 제 6 공식은 다음과 같은 순서로 유도할 수 있습니다.

❶ 딥러닝 제 5 공식의 그림을 복사합니다.
❷ y -〉 yE, w1 -〉 w1E, w2 -〉 w2E, b -〉 bE로 변경합니다.
❸ 화살표 방향을 반대로 합니다.

다음 그림을 참조합니다.

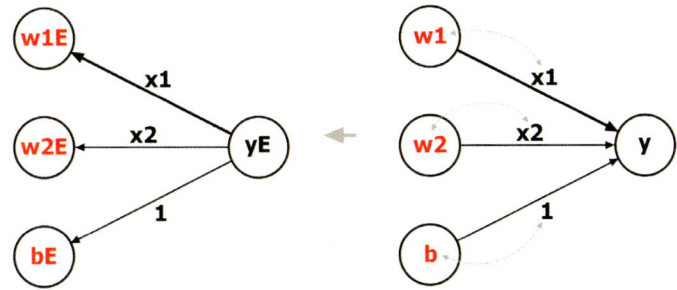

딥러닝 제 6 공식은 실제로 편미분을 연쇄적으로 적용하여 얻은 공식입니다. 편미분을 이용하여 역전파를 유도하는 방법은 부록을 참조합니다.

다음과 같이 파이썬 쉘에 명령을 주고 결과를 확인합니다.

```
>>> w1E=yE*x1
>>> w2E=yE*x2
>>> bE=yE*1
>>> (w1E,w2E,bE)
(-16, -24, -8)
```

딥러닝 제 7 공식 : 신경망 학습

다음은 [2입력 1출력] 인공 신경의 신경망 학습을 나타내는 수식입니다.

w1 -= lr*w1E
w2 -= lr*w2E
**　b -= lr*bE**

lr은 learning rate의 약자로 학습률을 의미합니다. w1E, w2E는 가중치 역전파 오차, bE는 편향 역전파 오차로 딥러닝 제 6 공식에서 구한 값입니다.

다음과 같이 파이썬 쉘에 명령을 주고 결과를 확인합니다.

```
>>> lr=0.01
>>> w1=w1-lr*w1E
>>> w2=w2-lr*w2E
>>> b=b-lr*bE
>>> (w1,w2,b)
(3.16, 4.24, 1.08)
```

딥러닝 반복 학습해 보기

지금까지의 과정을 반복해서 학습해 봅니다. 다음 그림을 살펴봅니다.

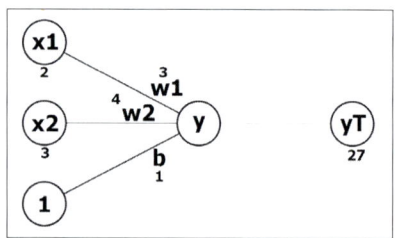

이 그림에서 입력값 x1, x2는 각각 2, 3, 가중치 w1, w2는 각각 3, 4, 편향 b는 1이고 목표값 yT는 27입니다. x1, x2, yT를 이용하여 w1, w2, b에 대해 학습을 수행해 봅니다.

※ 이 값들은 임의의 값들입니다. 다른 값들을 사용하여 학습을 수행할 수도 있습니다.

01 다음과 같이 파이썬 스크립트를 작성합니다.

_431.py

```
01 import sys
02
03 EPOCH = int(sys.argv[1])
04 LR = float(sys.argv[2])
05
06 x1, x2 = 2, 3
07 w1, w2 = 3, 4
08 b = 1
09 yT = 27
10 lr = LR
11
12 for epoch in range(EPOCH):
13
14     y = x1*w1 + x2*w2 + 1*b
15     E = (y - yT)**2 / 2
16     yE = y - yT
17     w1E = yE*x1
18     w2E = yE*x2
19     bE = yE*1
20     w1 -= lr*w1E
21     w2 -= lr*w2E
22     b = b - lr*bE
23
24     print(f' epoch = {epoch}')
25     print(f'  y : {y:.3f}')
26     print(f'  w1 : {w1:.3f}')
27     print(f'  w2 : {w2:.3f}')
28     print(f'  b : {b:.3f}')
29
30     if E < 0.0000001:
31         break
```

02 다음과 같이 예제를 실행합니다.

```
$ python _431.py 200 0.01
```

다음은 실행 결과 화면입니다.

```
epoch = 64
 y : 26.999
 w1 : 4.143
 w2 : 5.714
 b : 1.571
epoch = 65
 y : 27.000
 w1 : 4.143
 w2 : 5.714
 b : 1.571
```

epoch 값이 65일 때 학습이 완료되는 것을 볼 수 있습니다. 가중치 w1, w2는 각각 4.143, 5.714, 편향 b는 1.571에 수렴합니다.

02 _ 2입력 2출력 인공 신경망

다음은 [2입력 2출력] 인공 신경망에 대해 딥러닝 7 공식을 확장하고 구현해 봅니다. 참고로 [2입력 2출력] 인공 신경망에 대해 적용되는 딥러닝 7 공식은 [m입력 n출력, m, n은 자연수]의 일반적인 인공 신경망에도 적용됩니다.

딥러닝 제 1 공식 : 순전파

다음은 [2입력 2출력] 인공 신경망의 딥러닝 제 1 공식을 나타냅니다.

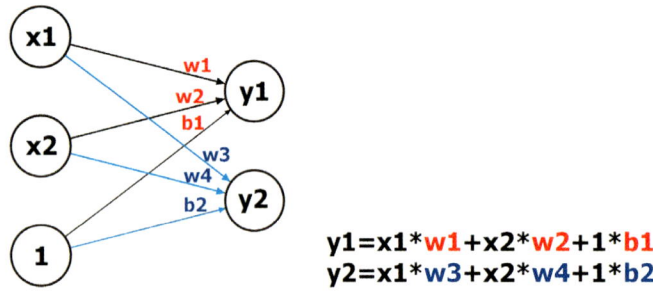

위의 수식은 순전파 수식입니다. y1, y2는 예측값, x1, x2는 입력값, w1, w2, w3, w4는 가중치, b1, b2는 편향입니다. [2입력 2출력] 인공 신경망은 다음 그림과 같이 [2입력 1출력] 인공 신경 2개로 구성됩니다.

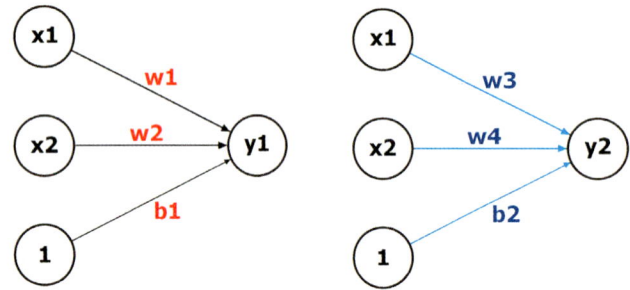

다음과 같이 파이썬 쉘에 명령을 주고 결과를 확인합니다.

```
>>> x1,x2=2,3
>>> w1,w2=3,4
>>> w3,w4=5,6
>>> b1,b2=1,2
>>> y1=x1*w1+x2*w2+1*b1
>>> y2=x1*w3+x2*w4+1*b2
>>> (y1,y2)
(19, 30)
```

딥러닝 제 2 공식 : 평균 제곱 오차

다음은 [2입력 2출력] 인공 신경망의 딥러닝 제 2 공식을 나타냅니다.

**E = (y1-y1T)*(y1-y1T)/2
   + (y2-y2T)*(y2-y2T)/2**

[2입력 2출력] 인공 신경망은 [2입력 1출력] 인공 신경 2개로 구성됩니다. 따라서 각 인공 신경 오차가 더해집니다.

다음과 같이 파이썬 쉘에 명령을 주고 결과를 확인합니다.

```
>>> y1T,y2T=27,-30
>>> E=(y1-y1T)**2/2+(y2-y2T)**2/2
>>> E
1832.0
```

딥러닝 제 3 공식 : 역전파 오차

다음은 [2입력 2출력] 인공 신경의 딥러닝 제 3 공식을 나타냅니다.

**y1E=y1-y1T
y2E=y2-y2T**

[2입력 2출력] 인공 신경망은 [2입력 1출력] 인공 신경 2개로 구성됩니다. 따라서 각 출력에 대해 역전파 오차가 계산됩니다.

다음과 같이 파이썬 쉘에 명령을 주고 결과를 확인합니다.

```
>>> y1E=y1-y1T
>>> y2E=y2-y2T
>>> (y1E,y2E)
(-8, 60)
```

딥러닝 제 4 공식 : 입력 역전파

다음은 [2입력 2출력] 인공 신경망의 딥러닝 제 4 공식을 나타냅니다.

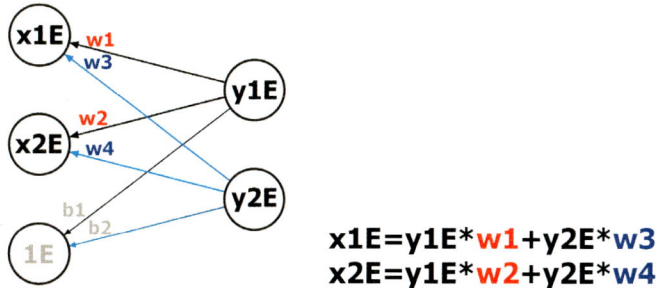

**x1E=y1E*w1+y2E*w3
x2E=y1E*w2+y2E*w4**

x1E, x2E는 입력 역전파, y1E, y2E는 역전파 오차로 딥러닝 제 3 공식에서 구한 값입니다. 회색으로 표시된 1E는 숫자 1의 오차라는 의미로 사용하지 않는 부분입니다. 딥러닝 제 4 공식은 다음과 같은 순서로 유도할 수 있습니다.

❶ 딥러닝 제 1 공식의 그림을 복사합니다.
❷ y1 –> y1E, y2 –> y2E, x1 –> x1E, x2 –> x2E로 변경합니다.
❸ 화살표 방향을 반대로 합니다.
❹ 1E, b1, b2는 사용하지 않습니다.

다음 그림을 참조합니다.

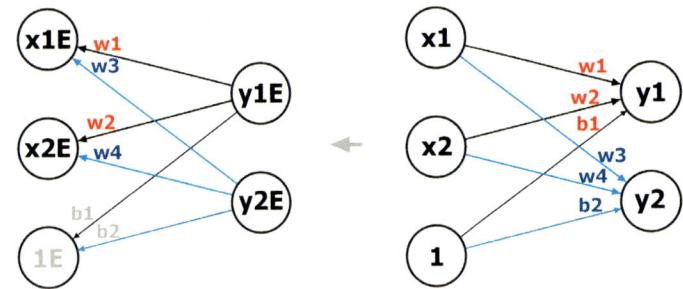

[2입력 2출력] 입력 역전파 그림은 다음과 같이 2개 오차 역전파 망으로 나누어 생각할 수 있습니다.

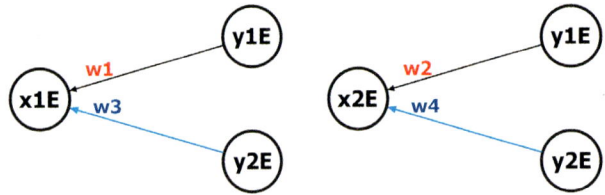

y1E, y2E는 w1, w3를 따라 x1E로 전파됩니다. 또, y1E, y2E는 w2, w4를 따라 x2E로 전파됩니다.

딥러닝 제 5 공식 : 가중치, 편향 순전파

다음은 [2입력 2출력] 인공 신경망의 가중치와 편향의 순전파를 나타내는 식과 그림입니다.

$y1 = x1*w1 + x2*w2 + 1*b1$ (딥러닝 제 1 공식)
$y2 = x1*w3 + x2*w4 + 1*b2$

$y1 = w1*x1 + w2*x2 + b1*1$ (딥러닝 제 5 공식)
$y2 = w3*x1 + w4*x2 + b2*1$

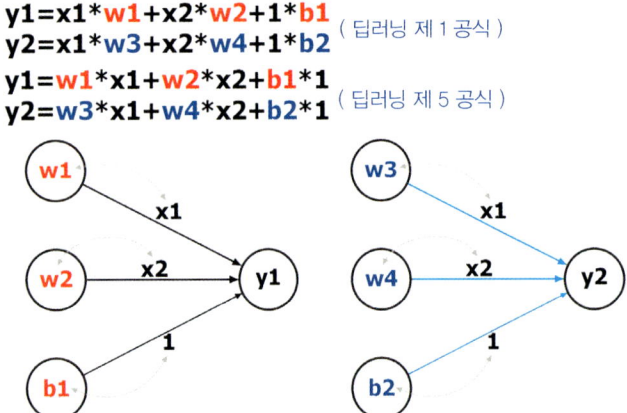

딥러닝 제 5 공식은 다음과 같은 순서로 유도할 수 있습니다.

❶ 딥러닝 제 1 공식을 복사합니다.

❷ x1과 w1, x2와 w2, 1과 b1, x1과 w3, x2와 w4, 1과 b2를 교환하여 딥러닝 제 5 공식을 유도합니다.

❸ 딥러닝 제 1 공식의 그림과 같은 형태로 그림을 그립니다.

딥러닝 제 5 공식은 다음에 나올 딥러닝 제 6 공식을 유도하기 위해 사용하며, 실제로 딥러닝 제 1 공식과 같습니다. 딥러닝 제 5 공식은 구현을 위해 사용하지는 않습니다.

딥러닝 제 6 공식 : 가중치와 편향 역전파

다음은 [2입력 2출력] 인공 신경망의 가중치와 편향의 역전파를 나타내는 그림과 수식입니다.

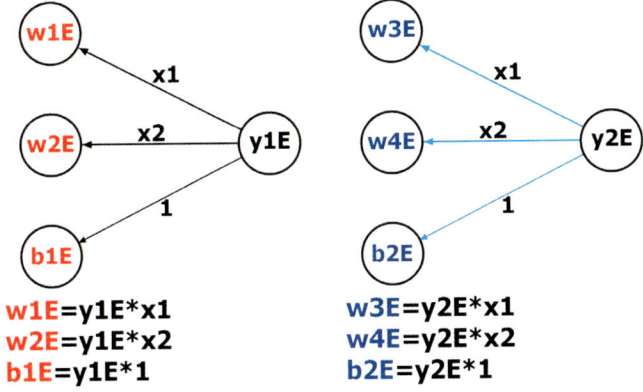

w1E=y1E*x1
w2E=y1E*x2
b1E=y1E*1

w3E=y2E*x1
w4E=y2E*x2
b2E=y2E*1

w1E, w2E, w3E, w4E는 가중치 역전파 오차, b1E, b2E는 편향 역전파 오차를 의미합니다. y1E, y2E는 역전파 오차로 딥러닝 제 3 공식에서 구한 값입니다. 딥러닝 제 6 공식은 다음과 같은 순서로 유도할 수 있습니다.

❶ 딥러닝 제 5 공식의 그림을 복사합니다.

❷ y1 –> y1E, w1 –> w1E, w2 –> w2E, b1 –> b1E, y2 –> y2E, w3 –> w3E, w4 –> w4E, b2 –> b2E로 변경합니다.

❸ 화살표 방향을 반대로 합니다.

딥러닝 제 6 공식은 실제로 편미분을 연쇄적으로 적용하여 얻은 공식입니다. 편미분을 이용하여 역전파를 유도하는 방법은 부록을 참조합니다.

다음과 같이 파이썬 쉘에 명령을 주고 결과를 확인합니다.

```
>>> w1E=y1E*x1
>>> w2E=y1E*x2
>>> b1E=y1E*1
>>> w3E=y2E*x1
>>> w4E=y2E*x2
>>> b2E=y2E*1
>>> (w1E,w2E,b1E)
(-16, -24, -8)
>>> (w3E,w4E,b2E)
(120, 180, 60)
```

딥러닝 제 7 공식 : 신경망 학습

다음은 [2입력 2출력] 인공 신경망의 신경망 학습을 나타내는 수식입니다.

```
w1 -= lr*w1E
w2 -= lr*w2E
b1 -= lr*b1E
w3 -= lr*w3E
w4 -= lr*w4E
b2 -= lr*b2E
```

lr은 learning rate의 약자로 학습률을 의미합니다. w1E, w2E, w3E, w4E는 가중치 역전파 오차, b1E, b2E는 편향 역전파 오차로 딥러닝 제 6 공식에서 구한 값입니다.

다음과 같이 파이썬 쉘에 명령을 주고 결과를 확인합니다.

```
>>> lr=0.01
>>> w1=w1-lr*w1E
>>> w2=w2-lr*w2E
>>> b1=b1-lr*b1E
>>> w3=w3-lr*w3E
>>> w4=w4-lr*w4E
>>> b2=b2-lr*b2E
>>> (w1,w2,b1)
(3.16, 4.24, 1.08)
>>> (w3,w4,b2)
(3.8, 4.2, 1.4)
```

딥러닝 반복 학습해 보기

지금까지의 과정을 반복해서 학습해 봅니다. 다음 그림을 살펴봅니다.

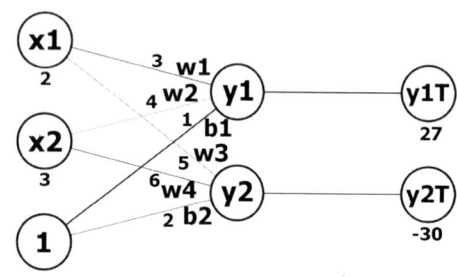

이 그림에서 입력값 x1, x2는 각각 2, 3, 가중치 w1, w2, 편향 b1은 각각 3, 4, 1, 가중치 w3, w4, 편향 b2는 각각 5, 6, 2이고 목표값 y1T, y2T는 각각 27, -30입니다. x1, x2, y1T, y2T 를 이용하여 w1, w2, b1, w3, w4, b2에 대해 학습을 수행해 봅니다.

※ 이 값들은 임의의 값들입니다. 다른 값들을 사용하여 학습을 수행할 수도 있습니다.

01 다음과 같이 파이썬 스크립트를 작성합니다.

_432.py

```
01 import sys
02
03 EPOCH = int(sys.argv[1])
04 LR = float(sys.argv[2])
05
06 x1, x2 = 2, 3
07 w1, w2 = 3, 4
```

```
08  w3, w4 = 5, 6
09  b1, b2 = 1, 2
10  y1T, y2T = 27, -30
11  lr = LR
12
13  for epoch in range(EPOCH):
14
15      y1 = x1*w1 + x2*w2 + 1*b1
16      y2 = x1*w3 + x2*w4 + 1*b2
17      E = ((y1-y1T)**2 + (y2-y2T)**2) / 2
18      y1E = y1 - y1T
19      y2E = y2 - y2T
20      w1E = y1E*x1
21      w2E = y1E*x2
22      b1E = y1E*1
23      w3E = y2E*x1
24      w4E = y2E*x2
25      b2E = y2E*1
26      w1 = w1 - lr*w1E
27      w2 = w2 - lr*w2E
28      b1 = b1 - lr*b1E
29      w3 = w3 - lr*w3E
30      w4 = w4 - lr*w4E
31      b2 = b2 - lr*b2E
32
33      print(f' epoch = {epoch} ')
34      print(f' y1 : {y1:.3f} ')
35      print(f' y2 : {y2:.3f} ')
36      print(f' w1 : {w1:.3f} ')
37      print(f' w2 : {w2:.3f} ')
38      print(f' b1 : {b1:.3f} ')
39      print(f' w3 : {w3:.3f} ')
40      print(f' w4 : {w4:.3f} ')
41      print(f' b2 : {b2:.3f} ')
42
43      if E < 0.0000001:
44          break
```

02 다음과 같이 예제를 실행합니다.

```
$ python _432.py 200 0.01
```

다음은 실행 결과 화면입니다.

```
epoch = 79
 y1 : 27.000
 y2 : -30.000
 w1 : 4.143
 w2 : 5.714
 b1 : 1.571
 w3 : -3.571
 w4 : -6.857
 b2 : -2.286
```

epoch 값이 79일 때 학습이 완료되는 것을 볼 수 있습니다. 가중치 w1, w2는 각각 4.143, 5.714, 편향 b1은 1.571, 가중치 w3, w4는 각각 -3.571, -6.857 편향 b2는 -2.286에 수렴합니다.

연습문제 1

01 다음은 [2입력 3출력]의 인공 신경망입니다. 이 인공 신경망의 딥러닝 7 공식을 구합니다.

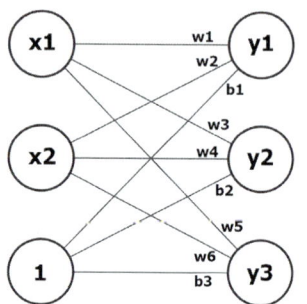

02 앞에서 구한 딥러닝 7 공식을 이용하여 다음과 같이 초기화된 인공 신경망을 구현하고 학습시켜 봅니다.

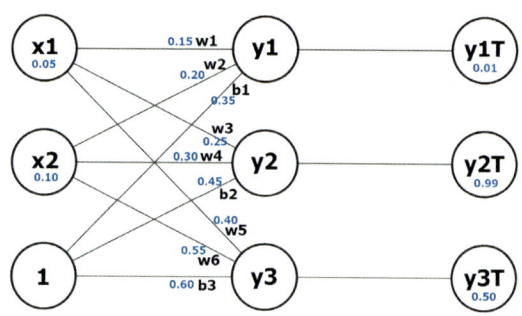

연습문제 2

01 다음은 [3입력 2출력]의 인공 신경망입니다. 이 인공 신경망의 딥러닝 7 공식을 구합니다.

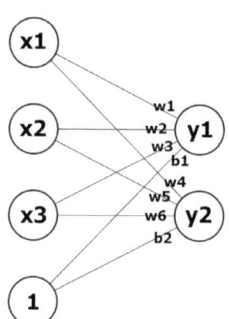

02 앞에서 구한 딥러닝 7 공식을 이용하여 다음과 같이 초기화된 인공 신경망을 구현하고 학습시켜 봅니다.

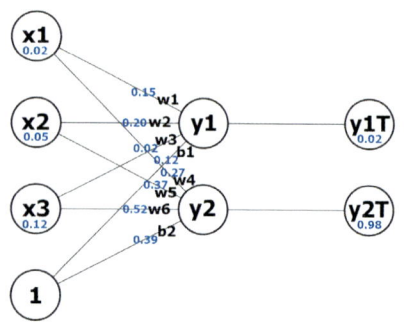

03 _ 2입력 2은닉 2출력 인공 신경망

여기서는 앞에서 정리한 행렬 기반 딥러닝 7 공식을 이용하여 2입력 2은닉 2출력 인공 신경망을 학습시켜 봅니다.

다음 그림은 [2입력 2은닉 2출력]으로 구성된 인공 신경망을 나타냅니다. 인공 신경망에서 입력층과 출력층 사이에 오는 층을 은닉층이라고 합니다.

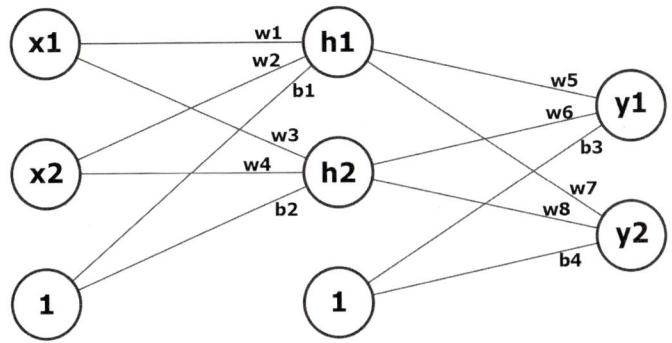

[2입력 2은닉 2출력] 인공 신경망은 다음 그림과 같이 2개의 [2입력 2출력] 인공 신경으로 구성됩니다.

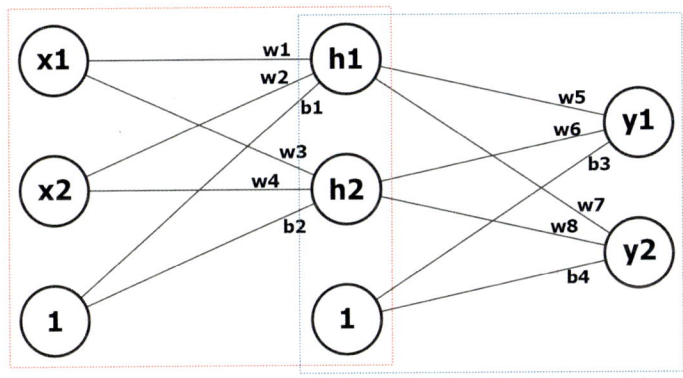

그래서 다음과 같이 [2입력 2출력] 인공 신경 2개로 나눌 수 있습니다.

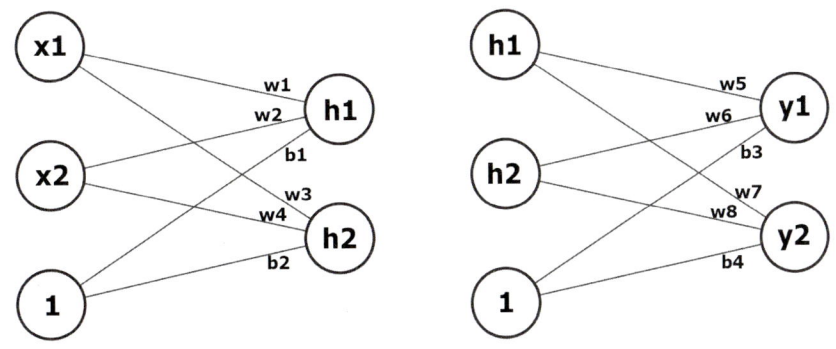

인공 신경망 수식 정리하기

2입력 2은닉 2출력 인공 신경망의 수식은 다음과 같습니다.

딥러닝 제 1 공식	순전파	h1=x1*w1+x2*w2+b1 h2=x1*w3+x2*w4+b2 y1=h1*w5+h2*w6+b3 y2=h1*w7+h2*w8+b4
딥러닝 제 2 공식	오차	E=(y1-y1T)^2/2+(y2-y2T)^2/2
딥러닝 제 3 공식	역전파 오차	y1E=y1-y1T y2E=y2-y2T
딥러닝 제 4 공식	입력 역전파	h1E=y1E*w5+y2E*w7 h2E=y1E*w6+y2E*w8
딥러닝 제 6 공식	가중치, 편향 역전파	w5E=y1E*h1 w6E=y1E*h2 w7E=y2E*h1 w8E=y2E*h2 b3E=y1E*1 b4E=y2E*1 w1E=h1E*x1 w2E=h1E*x2 w3E=h2E*x1 w4E=h2E*x2 b1E=h1E*1 b2E=h2E*1

인공 신경망 구현하기

지금까지 정리한 수식으로 신경망을 학습시켜 봅니다. 다음 그림을 살펴봅니다.

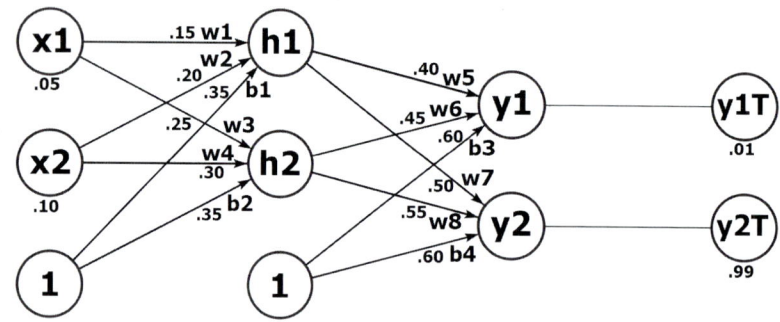

※ 이 값들은 임의의 값들입니다. 다른 값들을 사용하여 학습을 수행할 수도 있습니다.

01 다음과 같이 예제를 작성합니다.

_433.py

```python
01 import sys
02
03 EPOCH = int(sys.argv[1])
04 LR = float(sys.argv[2])
05
06 x1, x2 = 0.05, 0.10
07
08 w1, w2 = 0.15, 0.20
09 w3, w4 = 0.25, 0.30
10 b1, b2 = 0.35, 0.35
11
12 w5, w6 = 0.40, 0.45
13 w7, w8 = 0.50, 0.55
14 b3, b4 = 0.60, 0.60
15
16 y1T, y2T = 0.01, 0.99
17
18 lr = LR
19
20 for epoch in range(EPOCH):
21
22     h1 = x1*w1 + x2*w2 + 1*b1
23     h2 = x1*w3 + x2*w4 + 1*b2
24
25      y1 = h1*w5 + h2*w6 + 1*b3
26     y2 = h1*w7 + h2*w8 + 1*b4
27
28     E = ((y1-y1T)**2 + (y2-y2T)**2) / 2
29
30     y1E = y1 - y1T
31     y2E = y2 - y2T
32
33     w5E = y1E*h1
34     w6E = y1E*h2
35     w7E = y2E*h1
36     w8E = y2E*h2
37     b3E = y1E*1
38     b4E = y2E*1
39
40     h1E = y1E*w5 + y2E*w7
41     h2E = y1E*w6 + y2E*w8
42
43     w1E = h1E*x1
44     w2E = h1E*x2
```

```
45      w3E = h2E*x1
46      w4E = h2E*x2
47      b1E = h1E*1
48      b2E = h2E*1
49
50      w5 = w5 - lr*w5E
51      w6 = w6 - lr*w6E
52      w7 = w7 - lr*w7E
53      w8 = w8 - lr*w8E
54      b3 = b3 - lr*b3E
55      b4 = b4 - lr*b4E
56
57      w1 = w1 - lr*w1E
58      w2 = w2 - lr*w2E
59      w3 = w3 - lr*w3E
60      w4 = w4 - lr*w4E
61      b1 = b1 - lr*b1E
62      b2 = b2 - lr*b2E
63
64      print(f' epoch = {epoch} ')
65      print(f' y1 : {y1:.3f} ')
66      print(f' y2 : {y2:.3f} ')
67
68      if E < 0.0000001:
69              break
```

02 다음과 같이 예제를 실행합니다.

```
$ python _433.py 2000 0.01
```

다음은 실행 결과 화면입니다.

```
epoch = 665
 y1 : 0.010
 y2 : 0.990
```

학습 회수에 따라 y1, y2값이 바뀌는 것을 확인합니다. y1, y2값이 각각 0.01, 0.99에 가까워지는 것을 확인합니다. 입력값 0.05, 0.10에 대해 목표값은 0.01, 0.99입니다.

04 텐서플로우로 딥러닝 7 공식 구현하기

여기서는 딥러닝 7 공식을 Tensorflow로 구현해 보며 텐서플로우의 내부적인 동작을 이해해 봅니다. Tensorflow의 내부 동작을 잘 이해하여 Tensorflow의 활용도를 높일 수 있도록 합니다.

01 _ Tensorflow 라이브러리 설치하기

먼저 팅커 보드에 Tensorflow 라이브러리를 설치합니다. 다음 명령을 차례대로 실행합니다.

```
$ sudo apt install libhdf5-dev  -y
$ sudo pip3 install setuptools
$ sudo pip3 install wheel
$ sudo pip3 install h5py==2.10.0
$ sudo pip3 install gdown
$ gdown https://drive.google.com/uc?id=1WDG8Rbi0ph0sQ6TtD3ZGJdIN_WAnugLO
$ time sudo pip3 install tensorflow-2.4.1-cp37-cp37m-linux_aarch64.whl
```

※ tensorflow 경로명은 소스와 함께 제공되는 tensorflow_설치.txt 파일의 내용을 이용합니다. 또, [tensorflow-2.4.1-cp37-cp37m-linux_aarch64.whl] 파일은 소스와 함께 제공되니 해당 파일을 사용해도 됩니다.

※ 필자의 경우 h5py 설치 시간은 6분, tensorflow 설치 시간은 24분 정도 걸렸습니다. 독자 여러분의 네트워크 상태에 따라 빨라지거나 느려질 수 있습니다.

※ Tensorflow 설치는 다음 사이트를 참조하였습니다.
https://qengineering.eu/install-tensorflow-2.4.0-on-raspberry-64-os.html

02 _ 1입력 1출력 인공 신경 구현하기

다음은 [입력1 출력1]의 인공 신경 학습에 사용할 행렬을 나타냅니다.

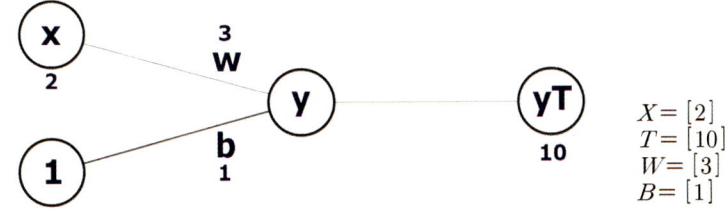

X를 입력 값으로, T를 목표 값으로 하여 가중치 W와 편향 B에 대해 Tensorflow로 학습해 봅니다.

01 다음과 같이 예제를 작성합니다.

_441.py

```python
01 import tensorflow as tf
02 import numpy as np
03
04 X=np.array([[2]]) # 입력데이터
05 YT=np.array([[10]]) # 목표데이터(라벨)
06 W=np.array([[3]]) # 가중치
07 B=np.array([1]) # 편향
08
09 model=tf.keras.Sequential([
10     tf.keras.Input(shape=(1,)), # 입력 층 노드의 개수를 1로 설정합니다.
11     tf.keras.layers.Dense(1) # 출력 층 노드의 개수를 1로 설정합니다.
12 ]) # 신경망 모양 결정(W, B 내부적 준비)
13
14 model.layers[0].set_weights([W,B])
15
16 model.compile(optimizer='sgd', # 7공식, 학습
17               loss='mse') # 2공식, 오차계산
18
19 Y=model.predict(X)
20 print(Y)
21
22 model.fit(X,YT,epochs=1000)
23
24 print('W=',model.layers[0].get_weights()[0])
25 print('B=',model.layers[0].get_weights()[1])
26
27 Y=model.predict(X)
28 print(Y)
```

01	: import문을 이용하여 tensorflow 모듈을 tf라는 이름으로 불러옵니다. tensorflow 모듈은 구글에서 제공하는 인공 신경망 라이브러리입니다.
02	: import문을 이용하여 numpy 모듈을 np라는 이름으로 불러옵니다. numpy 모듈은 행렬 계산을 편하게 해주는 라이브러리입니다. 인공 신경망은 일반적으로 행렬 계산식으로 구성하게 됩니다.
04~06	: X, YT, W 변수를 이차 배열의 numpy 행렬로 초기화합니다.
07	: B 변수를 일차 배열의 numpy 벡터로 초기화합니다.
09~12	: tf.keras.Sequential 클래스를 이용하여 인공 신경망을 생성합니다.
10	: tf.keras.Input 클래스를 이용하여 입력 층을 생성합니다. 입력 노드의 개수를 1로 설정합니다.
11	: tf.keras.layers.Dense 클래스를 이용하여 신경 망 층을 생성합니다. 출력 노드 1개로 구성된 인공 신경망 층을 생성합니다.
14	: 인공 신경망에 임의로 설정된 가중치와 편향을 W, B로 변경합니다.
16~17	: model.compile 함수를 호출하여 내부적으로 인공 신경망을 구성합니다. 인공 신경망을 구성할 때에는 2개의 함수를 정해야 합니다. loss 함수와 optimizer 함수. 즉, 손실 함수와 최적화 함수를 정해야 합니다. 손실 함수로는 tf.keras.losses.MeanSquaredError 함수를 사용하고 최적화 함수는 확률적 경사 하강(sgd : stochastic gradient descent) 함수인 tf.keras.optimizers.SGD을 사용합니다.

19 : model.predict 함수를 호출하여 인공 신경망을 사용합니다. 이 과정은 순전파를 수행하는 예측을 수행하는 과정입니다.

22 : model.fit 함수를 호출하여 인공 신경망에 대한 학습을 시작합니다. fit 함수에는 X, YT 데이터가 입력이 되는데 인공 신경망을 X, YT 데이터에 맞도록 학습한다는 의미를 갖습니다. fit 함수에는 학습을 몇 회 수행할지도 입력해 줍니다. epochs는 학습 횟수를 의미하며, 여기서는 1000회 학습을 수행하도록 합니다.

24~25 : 학습이 끝난 W, B 값을 출력해 봅니다.

27 : 학습이 끝난 신경망을 이용하여 예측을 수행해 봅니다.

02 다음과 같이 예제를 실행합니다.

```
$ python _441.py
```

다음은 실행 결과 화면입니다.

```
Epoch 1000/1000
1/1 [==============================] - 0s 4ms/step - loss: 8.1855e-12
W= [[4.1999974]]
B= [1.6000019]
[[9.999997]]
```

03 _ 2입력 1출력 인공 신경 구현하기

다음은 입력2 출력1의 인공 신경 학습에 사용할 행렬을 나타냅니다.

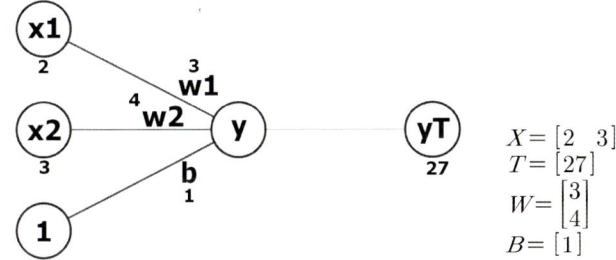

$X = \begin{bmatrix} 2 & 3 \end{bmatrix}$
$T = \begin{bmatrix} 27 \end{bmatrix}$
$W = \begin{bmatrix} 3 \\ 4 \end{bmatrix}$
$B = \begin{bmatrix} 1 \end{bmatrix}$

X를 입력 값으로, T를 목표 값으로 하여 가중치 W와 편향 B에 대해 Tensorflow로 학습해 봅니다.

01 다음과 같이 예제를 수정합니다.

_442.py

```
01~03 # 이전 예제와 같습니다.
04 X=np.array([[2,3]]) # 입력데이터
05 YT=np.array([[27]]) # 목표데이터(라벨)
06 W=np.array([[3],[4]]) # 가중치
07 B=np.array([1]) # 편향
08
09 model=tf.keras.Sequential([
10     tf.keras.Input(shape=(2,)),
11     tf.keras.layers.Dense(1)
12 ]) # 신경망 모양 결정(W, B 내부적 준비)
13~끝 # 이전 예제와 같습니다.
```

10 : 입력 층 노드의 개수를 2로 변경합니다.

02 다음과 같이 예제를 실행합니다.

```
$ python _442.py
```

다음은 실행 결과 화면입니다.

```
Epoch 1000/1000
1/1 [==============================] - 0s 5ms/step - loss: 3.6380e-12
W= [[4.142856 ]
 [5.7142854]]
B= [1.5714294]
[[26.999998]]
```

04 _ 2입력 2출력 인공 신경망 구현하기

다음은 [입력2 출력2]의 인공 신경망 학습에 사용할 행렬을 나타냅니다.

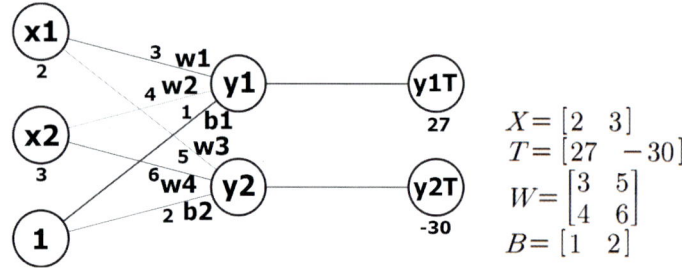

$X = \begin{bmatrix} 2 & 3 \end{bmatrix}$
$T = \begin{bmatrix} 27 & -30 \end{bmatrix}$
$W = \begin{bmatrix} 3 & 5 \\ 4 & 6 \end{bmatrix}$
$B = \begin{bmatrix} 1 & 2 \end{bmatrix}$

X를 입력 값으로, T를 목표 값으로 하여 가중치 W와 편향 B에 대해 Tensorflow로 학습해 봅니다.

01 다음과 같이 예제를 작성합니다.

_443.py

```
01~03 # 이전 예제와 같습니다.
04 X=np.array([[2,3]]) # 입력데이터
05 YT=np.array([[27,-30]]) # 목표데이터(라벨)
06 W=np.array([[3,5],[4,6]]) # 가중치
07 B=np.array([1,2]) # 편향
08
09 model=tf.keras.Sequential([
10     tf.keras.Input(shape=(2,)),
11     tf.keras.layers.Dense(2)
12 ]) # 신경망 모양 결정(W, B 내부적 준비)
13~끝 # 이전 예제와 같습니다.
```

11 : 출력 층 노드의 개수를 2로 변경합니다.

02 다음과 같이 예제를 실행합니다.

```
$ python _443.py
```

다음은 실행 결과 화면입니다.

```
Epoch 1000/1000
1/1 [==============================] - 0s 4ms/step - loss: 2.3647e-11
W= [[ 4.1428556 -3.571428 ]
 [ 5.7142844 -6.8571415]]
B= [ 1.5714294 -2.2857141]
[[ 26.999994 -29.999996]]
```

05 _ 2입력 2은닉 2출력 인공 신경망 구현하기

다음은 [입력2 은닉2 출력2]의 인공 신경망을 나타냅니다.

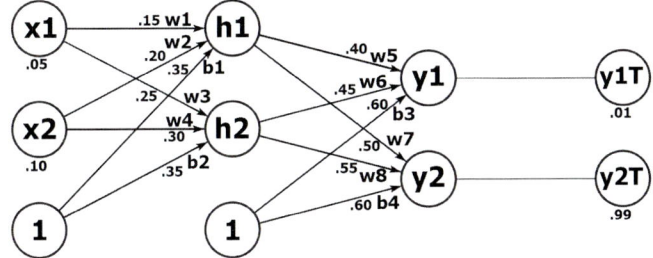

※ 가중치와 편향 값은 그림에 있는 값을 사용합니다.

01 다음과 같이 예제를 작성합니다.

_444.py

```
01 import tensorflow as tf
02 import numpy as np
03
04 X=np.array([[.05,.10]]) # 입력데이터 <=
05 YT=np.array([[.01,.99]]) # 목표데이터(라벨)
06 W=np.array([[.15,.25],[.20,.30]]) # 가중치 <=
07 B=np.array([.35,.35]) # 편향
08 W2=np.array([[.40,.50],[.45,.55]]) # 가중치 <=
09 B2=np.array([.60,.60]) # 편향
10
11 model=tf.keras.Sequential([
12     tf.keras.Input(shape=(2,)),
13     tf.keras.layers.Dense(2),
14     tf.keras.layers.Dense(2)
15 ]) # 신경망 모양 결정(W, B 내부적 준비)
16
17 model.layers[0].set_weights([W,B])
18 model.layers[1].set_weights([W2,B2])
19
20 model.compile(optimizer='sgd',# 7공식, 학습
21               loss='mse') # 2공식, 오차계산
22
23 Y=model.predict(X)
```

```
24 print(Y)
25
26 model.fit(X,YT,epochs=1000)
27
28 print('W=',model.layers[0].get_weights()[0])
29 print('B=',model.layers[0].get_weights()[1])
30 print('W2=',model.layers[1].get_weights()[0])
31 print('B2=',model.layers[1].get_weights()[1])
32
33 Y=model.predict(X)
34 print(Y)
```

12 : 입력 층 노드의 개수를 2로 설정합니다.
13 : 은닉 층 노드의 개수를 2로 설정합니다.
14 : 출력 층 노드의 개수를 2로 설정합니다.
17 : 인공 신경망 은닉 층에 임의로 설정된 가중치와 편향을 W, B로 변경합니다.
18 : 인공 신경망 출력 층에 임의로 설정된 가중치와 편향을 W2, B2로 변경합니다.
28~31 : print 함수를 호출하여 학습이 수행된 W, B, W2, B2 행렬 값을 출력합니다.

02 다음과 같이 예제를 실행합니다.

```
$ python _444.py
```

다음은 실행 결과 화면입니다.

```
Epoch 1000/1000
1/1 [==============================] - 0s 5ms/step - loss: 6.0256e-11
W= [[0.14315726 0.24180056]
 [0.18631485 0.28360114]]
B= [0.2131528  0.18600288]
W2= [[0.20264393 0.5334946 ]
 [0.25259468 0.5828036 ]]
B2= [-0.09561117  0.73054343]
[[0.01000983 0.9899954 ]]
```

05 활성화 함수 추가하기

일반적으로 인공 신경의 출력 단에는 활성화 함수가 추가됩니다. 활성화 함수를 추가하면 입력된 데이터에 대해 복잡한 패턴의 학습이 가능해집니다. 또 인공 신경의 출력 값을 어떤 범위로 제한할 수도 있습니다. 여기서는 주로 사용되는 몇 가지 활성화 함수를 살펴보고, 활성화 함수가 필요한 이유에 대해서도 살펴봅니다. 그리고 활성화 함수를 추가한 인공 신경망을 구현해 봅니다.

01 _ 활성화 함수의 필요성

여기서는 활성화 함수가 무엇인지, 활성화 함수는 왜 필요한지, 어떤 활성화 함수가 있는지 살펴봅니다.

활성화 함수는 무엇인가요?

활성화 함수는 인공 신경망에 더해져 복잡한 패턴을 학습하게 해줍니다. 즉, 다양한 형태의 입력값에 대해 신경망을 거쳐 나온 출력값을 우리가 원하는 목표값에 가깝게 해 주기가 더 쉬워집니다. 우리 두뇌에 있는 생체 신경과 비교할 때, 활성화 함수는 신경 말단에서 다음 신경으로 전달될 신호를 결정하는 시냅스와 같은 역할을 합니다. 시냅스는 이전 신경 세포가 내보내는 출력 신호를 받아 다음 신경 세포가 받아들일 수 있는 입력 신호로 형태를 변경합니다. 마찬가지로 활성화 함수는 이전 인공 신경이 내보내는 출력 신호를 받아 다음 인공 신경이 받아들일 수 있는 입력 신호로 형태를 변경해 주는 역할을 합니다.

 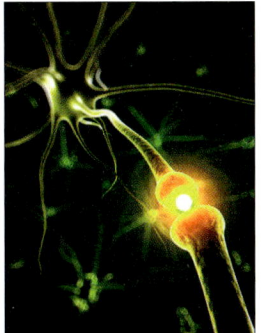

▲ 시냅스

활성화 함수는 왜 필요한가요?

앞에서 언급했던 생물학적 유사성과는 별도로 인공 신경의 출력값을 우리가 원하는 어떤 범위로 제한해 줍니다. 이것은 활성화 함수로의 입력이 (x*w+b)이기 때문입니다. 여기서 x는 입력, w는 인공 신경의 가중치, b는 그것에 더해지는 편향입니다. (x*w+b) 값은 어떤 범위로 제한되지 않으면 신경망을 거치며 순식간에 아주 커지게 됩니다. 특히 수백만 개의 매개변수(가중치와 편향)로 구성된 아주 깊은 신경망의 경우에는 더욱 그렇습니다. 인공 신경을 거치며 반복적으로 계산되는 (x*w+b)는 factorial 연산과 같은 효과를 내며 이것은 순식간에 컴퓨터의 실수 계산 범위를 넘어서게 됩니다. 인공 신경망을 학습시키다보면 Nan이라고 표시되는 경우가 있는데 이 경우가 그런 경우에 해당합니다. 다음은 factorial 연산의 예를 보여줍니다.

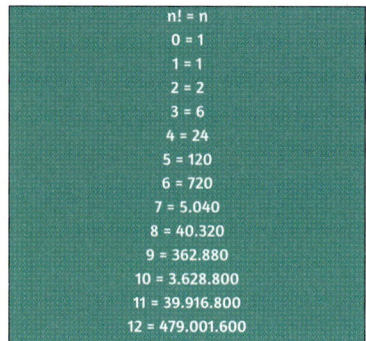

어떤 활성화 함수가 있나요?

❶ 시그모이드

다음은 sigmoid 함수에 대한 그래프와 수식입니다.

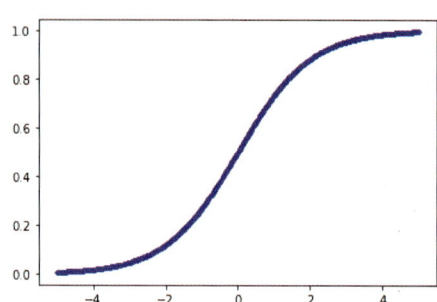

$$y = \frac{1}{1+e^{-x}} \quad (-5 \leq x \leq 5)$$

시그모이드 활성화 함수는 단지 역사적인 이유로 여기에 소개되며 일반적으로 많이 사용되지 않습니다. 시그모이드 함수는 3층 정도로 구성된 인공 신경망에 적용될 때는 신경망 학습이 잘 되지만 깊은 신경망에 적용될 때는 신경망 학습이 잘 되지 않습니다. 시그모이드 함수는 계산에 시간이 걸리고, 입력값이 아무리 크더라도 출력값의 범위가 0에서 1사이로 매우 작아 신경망을 거칠수록 출력값은 점점더 작아져 0에 수렴하게 됩니다. 이것은 신경을 거치면서 신호가 점점 작아져 출력에 도달하는 신호가 아주 작거나 없어지는 것과 같습니다. 출력에 미치는 신호가 아주 작거나 없다는 것은 역으로 전달될 신호도 아주 작거나 없다는 것을 의미합니다. 시그모이드 함수는 일반적으로 0이나 1로 분류하는 이진 분류 문제에 사용됩니다. 심층 신경망에서 시그모이드 함수를 사용해야 할 경우엔 출력층에서만 사용하도록 합니다.

❷ ReLU

다음은 relu 함수에 대한 그래프와 수식입니다.

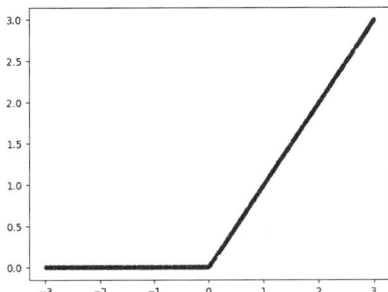

$$y = \begin{cases} x \, (x > 0) \\ 0 \, (x \leq 0) \end{cases} (-3 \leq x \leq 3)$$

ReLU 함수는 딥러닝에서 가장 인기 있는 활성화 함수입니다. 특히 합성곱 신경망(CNN)에서 많이 사용됩니다. ReLU 함수는 계산이 빠르고 심층 신경망에서도 신호 전달이 잘 됩니다. ReLU 함수의 경우 입력값이 음수가 될 경우 출력이 0이 되기 때문에 이런 경우에는 어떤 노드를 완전히 죽게 하여 어떤 것도 학습하지 않게 합니다. 이러한 노드가 많으면 많을수록 신경망 전체적으로 학습이 되지 않는 단점이 있습니다. ReLU의 다른 문제는 활성화 값의 극대화입니다. 왜냐하면 ReLU의 상한값은 무한이기 때문입니다. 이것은 가끔 사용할 수 없는 노드를 만들어 학습을 방해하게 됩니다. 이러한 문제들은 초기 가중치 값을 0에 아주 가까운 값으로 고르게 할당하여 해결할 수 있습니다. 일반적으로 은닉층에는 ReLU 함수를 적용하고, 출력층은 시그모이드 함수나 소프트맥스 함수를 적용합니다.

❸ 소프트맥스

소프트맥스 활성화 함수는 시그모이드 활성화 함수가 더욱 일반화된 형태입니다. 이것은 다중 클래스 분류(classification) 문제에 사용됩니다. 시그모이드 함수와 비슷하게 이것은 0에서 1사이의 값들을 생성합니다. 소프트맥스 함수는 은닉층에서는 사용하지 않으며, 다중 분류(classification) 모델에서 출력층에서만 사용합니다. 소프트맥스 함수는 뒤에서 자세히 살펴봅니다.

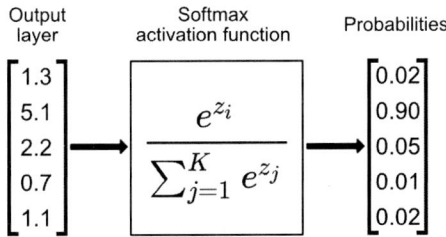

02 _ 활성화 함수의 순전파와 역전파

다음 그림은 sigmoid, ReLU 활성화 함수의 순전파와 역전파 수식을 나타냅니다.

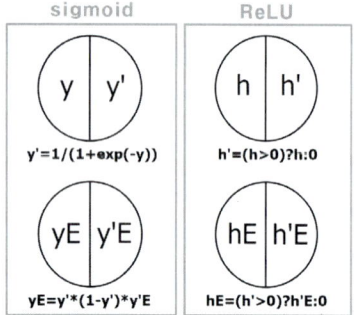

※ 역전파 수식 계산 시 순전파의 x'값도 사용됩니다. 역전파 수식은 편미분을 이용하며 유도하며 유도 과정은 생략합니다.

- sigmoid 함수의 경우 순전파 출력 x'값이 0이나 1에 가까울수록 역전파 xE값은 0에 가까워집니다. 순전파 출력 x'값이 0이나 1에 가깝다는 것은 순전파 입력값 x의 크기가 양 또는 음의 방향으로 아주 크다는 의미입니다. 입력값 x에 비해 출력값 x'가 아주 작다는 것은 입력값 x가 출력값 x'에 주는 영향이 아주 작다는 것을 의미합니다. 따라서 x'E값이 역전파를 통해 xE값에 전달되는 값도 아주 작아야 합니다.
- ReLU 함수의 경우 순전파 입력값 x값이 0보다 크면 x값이 x'로 전달되며, 0보다 작거나 같으면 0값이 x'로 전달됩니다. 역전파의 경우 순전파 출력값 x'가 0보다 크면 x'E값이 xE로 전달되며, 출력값 x'가 0보다 작거나 같으면 xE로 0이 전달됩니다. 이 경우 xE에서 전 단계의 모든 노드로 전달되는 역전파 값은 0이 됩니다. 입력값 x가 0보다 클 경우엔 출력값 x'는 x가 됩니다. 이 경우 x는 1만큼 x'로 전달된 것과 같습니다. 따라서 x'E 값은 역전파를 통해 1만큼 xE로 전달됩니다. 즉, xE = x'E가 됩니다. 입력값 x가 0보다 작거나 같은 경우엔 출력값 x'는 0이 됩니다. 이 경우 x는 0만큼 x'로 전달된 것과 같습니다. 따라서 x'E 값은 역전파를 통해 0만큼 xE로 전달됩니다. 즉, xE = 0*x'E = 0이 됩니다.

03 _ 활성화 함수 적용하기

지금까지 정리한 sigmoid, ReLU 활성화 함수를 인공 신경망에 적용해봅니다. 먼저 딥러닝 7 공식에 적용해 보고, 다음은 Tensorflow에 적용해 봅니다.

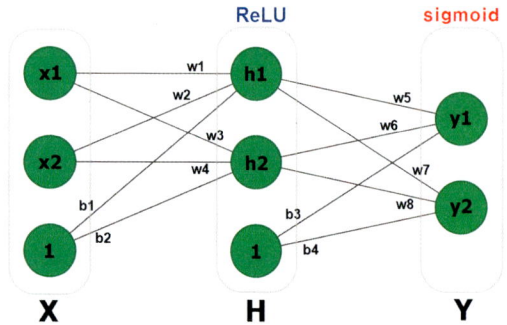

딥러닝 7 공식에 적용하기

먼저 딥러닝 7 공식에 sigmoid, ReLU 활성화 함수를 적용해 봅니다.

01 다음과 같이 예제를 작성합니다. _433.py 파일을 복사한 후, 수정합니다.

_453.py

```
01 import sys
02 from math import exp
03
04 EPOCH = int(sys.argv[1])
05 LR = float(sys.argv[2])
06
07 x1, x2 = 0.05, 0.10
08
09 w1, w2 = 0.15, 0.20
10 w3, w4 = 0.25, 0.30
11 b1, b2 = 0.35, 0.35
12
13 w5, w6 = 0.40, 0.45
14 w7, w8 = 0.50, 0.55
15 b3, b4 = 0.60, 0.60
16
17 y1T, y2T = 0.01, 0.99
18
19 lr = LR
20
21 for epoch in range(EPOCH):
22
23     h1 = x1*w1 + x2*w2 + 1*b1
24     h2 = x1*w3 + x2*w4 + 1*b2
25     # RELU feed forward
26     h1=h1 if h1>0 else 0
27     h2=h2 if h2>0 else 0
28
29     y1 = h1*w5 + h2*w6 + 1*b3
30     y2 = h1*w7 + h2*w8 + 1*b4
31     # sigmoid feed forward
32     y1=1/(1+exp(-y1))
33     y2=1/(1+exp(-y2))
34
35     E = (y1-y1T)**2/2 + (y2-y2T)**2/2
36
37     y1E = y1 - y1T
38     y2E = y2 - y2T
39     # sigmoid back propagation
40     y1E=y1*(1-y1)*y1E
41     y2E=y2*(1-y2)*y2E
42
```

```python
43      w5E = y1E*h1
44      w6E = y1E*h2
45      w7E = y2E*h1
46      w8E = y2E*h2
47      b3E = y1E*1
48      b4E = y2E*1
49
50      h1E = y1E*w5 + y2E*w7
51      h2E = y1E*w6 + y2E*w8
52      # RELU back propagation
53      h1E=h1E if h1>0 else 0
54      h2E=h2E if h2>0 else 0
55
56      w1E = h1E*x1
57      w2E = h1E*x2
58      w3E = h2E*x1
59      w4E = h2E*x2
60      b1E = h1E*1
61      b2E = h2E*1
62
63      w5 -= lr*w5E
64      w6 -= lr*w6E
65      w7 -= lr*w7E
66      w8 -= lr*w8E
67      b3 -= lr*b3E
68      b4 -= lr*b4E
69
70      w1 -= lr*w1E
71      w2 -= lr*w2E
72      w3 -= lr*w3E
73      w4 -= lr*w4E
74      b1 -= lr*b1E
75      b2 -= lr*b2E
76
77      if epoch % 100 == 99:
78              print(f' epoch = {epoch} ')
79              print(f' y1 : {y1:.6f} ')
80              print(f' y2 : {y2:.6f} ')
81
82      if E<0.0000001:
83              break
84
85 print(f' w1,w3 = {w1:.6f},{w3:.6f} ')
86 print(f' w2,w4 = {w2:.6f},{w4:.6f} ')
87 print(f' b1,b2 = {b1:.6f},{b2:.6f} ')
88 print(f' w5,w7 = {w5:.6f},{w7:.6f} ')
89 print(f' w6,w8 = {w6:.6f},{w8:.6f} ')
90 print(f' b3,b4 = {b3:.6f},{b4:.6f} ')
```

02 : math 라이브러리에서 exp 파일을 불러옵니다.
26~27 : RELU 순전파 동작을 추가합니다.
32~33 : sigmoid 순전파 동작을 추가합니다.
40~41 : sigmoid 역전파 동작을 추가합니다.
53~54 : RELU 역전파 동작을 추가합니다.
77~80 : 매 100회마다 회기, y1, y2 값을 출력합니다.

02 다음과 같이 예제를 실행합니다. 학습 횟수 1000번, 학습률 0.01을 인자로 줍니다.

```
$ python _453.py 1000 0.01
```

다음은 실행 결과 화면입니다.

```
epoch = 999
 y1 : 0.359368
 y2 : 0.809741
w1,w3 = 0.149033,0.247115
w2,w4 = 0.198065,0.294230
b1,b2 = 0.330653,0.292296
w5,w7 = 0.009232,0.629158
w6,w8 = 0.063927,0.677594
b3,b4 = -0.603755,0.997325
```

학습 회수에 따라 y1, y2값이 바뀌는 것을 확인합니다. y1, y2값이 각각 0.01, 0.99에 가까워지는 것을 확인합니다. 입력값 0.05, 0.10에 대해 목표값은 0.01, 0.99입니다.

03 다음과 같이 예제를 실행합니다. 학습 횟수 100000번, 학습률 0.01을 인자로 줍니다.

```
$ python _453.py 100000 0.01
```

다음은 실행 결과 화면입니다.

```
epoch = 99999
 y1 : 0.013750
 y2 : 0.987570
w1,w3 = 0.198116,0.291147
w2,w4 = 0.296231,0.382294
b1,b2 = 1.312313,1.172942
w5,w7 = -0.956803,1.076515
w6,w8 = -0.813862,1.083751
b3,b4 = -1.981860,1.591438
```

Tensorflow에 적용하기

다음은 Tensorflow 예제에 적용해 봅니다.

01 _444.py 파일을 복사하여 다음과 같이 예제를 수정합니다.

_453_2.py

```
01~10 # 이전 예제와 같습니다.
11 model=tf.keras.Sequential([
12     tf.keras.Input(shape=(2,)),
13     tf.keras.layers.Dense(2, activation='relu'),
14     tf.keras.layers.Dense(2, activation='sigmoid')
15 ]) # 신경망 모양 결정(W, B 내부적 준비)
16~끝 # 이전 예제와 같습니다.
```

13 : 은닉 층에 활성화 함수 relu를 적용합니다.
14 : 출력 층에 활성화 함수 sigmoid를 적용합니다.

02 다음과 같이 예제를 실행합니다.

```
$ python _453_2.py
```

다음은 실행 결과 화면입니다.

```
Epoch 1000/1000
1/1 [==============================] - 0s 5ms/step - loss: 0.0773
W= [[0.14903286 0.24711491]
 [0.19806507 0.29422984]]
B= [0.33065325 0.2922965 ]
W2= [[0.0092317  0.6291586 ]
 [0.06392693 0.6775945 ]]
B2= [-0.60375535  0.99732363]
[[0.3591409 0.8098252]]
```

03 다음과 같이 예제를 수정한 후, 실행해 봅니다.

```
26 model.fit(X,YT,epochs=100000)
```

다음은 실행 결과 화면입니다.

```
Epoch 100000/100000
1/1 [==============================] - 0s 4ms/step - loss: 9.9832e-06
W= [[0.19811752 0.29111746]
 [0.29623416 0.38234463]]
B= [1.3122892 1.172903 ]
W2= [[-0.9568243  1.0765555 ]
 [-0.81388384  1.083658  ]]
B2= [-1.9818305  1.5916438]
[[0.0137502   0.98757064]]
```

04 _ 출력층에 linear 함수 적용해 보기

여기서는 출력층 함수에 linear 함수를 적용해 봅니다. linear 함수는 출력단의 값을 그대로 내보내는 함수입니다. linear 함수를 적용하여 학습을 수행할 경우 선형 회귀라고 합니다.

딥러닝 7공식에 적용하기

먼저 딥러닝 7 공식에 linear 활성화 함수를 적용해 봅니다.

01 다음과 같이 예제를 작성합니다. _453.py 파일을 복사한 후, 수정합니다.

_454.py

```
29    # sigmoid feed forward
30    # y1=1/(1+exp(-y1))
31    # y2=1/(1+exp(-y2))
32
33    E = (y1-y1T)**2/2 + (y2-y2T)**2/2
34
35    y1E = y1 - y1T
36    y2E = y2 - y2T
37    # sigmoid back propagation
38    # y1E=y1*(1-y1)*y1E
39    # y2E=y2*(1-y2)*y2E
```

30~31 : 주석 처리합니다.
38~39 : 주석 처리합니다.

02 다음과 같이 예제를 실행합니다. 학습 횟수 1000번, 학습률 0.01을 인자로 줍니다.

```
$ python _454.py 1000 0.01
```

다음은 실행 결과 화면입니다.

```
epoch = 599
 y1 : 0.010858
 y2 : 0.989648
w1,w3 = 0.143157,0.241800
w2,w4 = 0.186315,0.283601
b1,b2 = 0.213147,0.186007
w5,w7 = 0.202730,0.533461
w6,w8 = 0.252676,0.582771
b3,b4 = -0.095253,0.730397
```

Tensorflow에 적용하기

다음은 Tensorflow 예제에 적용해 봅니다.

01 _453_2.py 파일을 복사하여 다음과 같이 예제를 수정합니다.

_454_2.py

```
01~10 # 이전 예제와 같습니다.
11 model=tf.keras.Sequential([
12     tf.keras.Input(shape=(2,)),
13     tf.keras.layers.Dense(2, activation='relu'),
14     tf.keras.layers.Dense(2, activation='linear')
15 ]) # 신경망 모양 결정(W, B 내부적 준비)
16~끝 # 이전 예제와 같습니다.
```

14 : 출력 층에 활성화 함수 linear를 적용합니다.

```
26 model.fit(X,YT,epochs=600)
```

26 : 학습 횟수는 600으로 합니다.

2. 다음과 같이 예제를 실행합니다.

```
$ python _453_2.py
```

다음은 실행 결과 화면입니다.

```
Epoch 600/600
1/1 [==============================] - 0s 5ms/step - loss: 4.3044e-07
W= [[0.14315726 0.24180056]
 [0.18631405 0.28360114]]
B= [0.21314108 0.18601283]
W2= [[0.2028248  0.5334215 ]
 [0.25276607 0.58273447]]
B2= [-0.09485421  0.7302335 ]
[[0.01084895 0.98965186]]
```

05 _ softmax 활성화 함수/cross entropy 오차 함수 살펴보기

이전 단원에서 우리는 은닉 신경과 출력 신경에 sigmoid, relu 활성화 함수를 차례대로 적용해 보았습니다. 이 단원에서는 출력 신경의 활성화 함수를 소프트맥스(softmax)로 변경해 봅니다. softmax 활성화 함수는 크로스 엔트로피 오차(cross entropy error) 함수와 같이 사용되며, 분류(classification) 회귀에 사용됩니다.

softmax와 cross entropy

다음은 출력층에서 활성화 함수로 사용되는 소프트맥스(softmax) 함수를 나타냅니다.

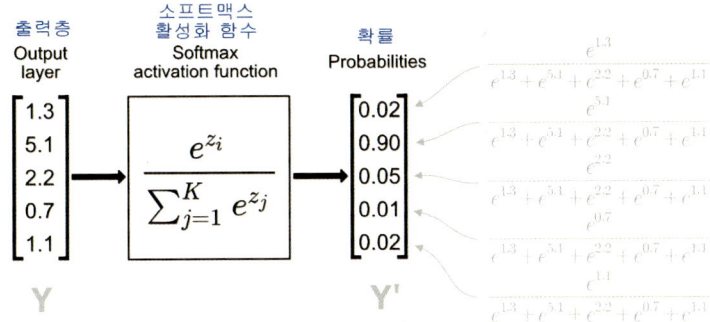

소프트맥스 함수는 출력층에서 사용되는 활성화함수로 다중 분류(classification)를 위해 주로 사용됩니다. 소프트맥스 함수는 확률의 총합이 1이 되도록 만든 함수이며 아래에 나타낸 크로스 엔트로피 오차 함수와 같이 사용됩니다. 크로스 엔트로피 오차 함수의 경우 목표값(ykT) 중 하나만 1, 나머지는 0 값을 갖도록 목표값을 설정해야 합니다.

$$E = -\sum_k (y_{kT} * \log(y_k))$$

우리는 앞에서 다음과 같은 평균 제곱 오차 함수를 살펴보았습니다.

$$E = \sum_k \frac{1}{2}(y_k - y_{kT})^2$$

평균 제곱 오차 함수의 경우 역전파 시 전파되는 오차가 다음과 같이 예측값과 목표값의 차인 것을 우리는 이미 앞에서 살펴보았습니다.

$$y_{kE} = y_k - y_{kT}$$

소프트맥스 함수는 크로스 엔트로피 함수와 같이 사용될 때만 역전파 시 소프트맥스 함수를 역으로 거쳐 전파되는 오차가 다음과 같이 예측값과 목표값의 차가 됩니다.

$$y_{kE} = y_k - y_{kT}$$

※ 이 수식은 크로스 엔트로피 함수와 소프트맥스 함수에 대해 차례대로 편미분을 적용하여 얻어진 수식이며 이 책에서는 수식에 대한 유도 과정은 생략합니다.

그래서 일반적으로 소프트맥스 함수를 활성화 함수로 사용할 경우 오차 함수는 크로스 엔트로피 오차 함수가 됩니다.

softmax 함수 구현해 보기

여기서는 다음 그림에 대해 softmax 함수를 구현해 봅니다.

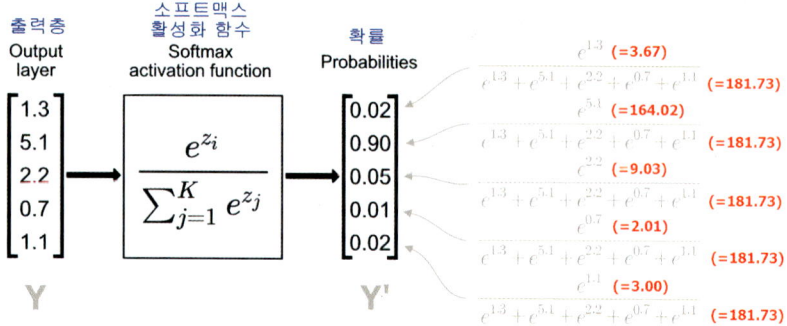

출력층에서 Y의 각 항목은 소프트맥스 활성화 함수를 거쳐 Y'의 각 항목으로 변환됩니다. Y'의 모든 항목의 합은 1이 됩니다.

다음과 같이 파이썬 쉘에서 테스트해 봅니다.

```
>>> from math import exp as e
>>> (e(1.3),e(5.1),e(2.2),e(0.7),e(1.1))
(3.669296, 164.0219, 9.025014, 2.013753, 3.004166)
>>> sumY=e(1.3)+e(5.1)+e(2.2)+e(0.7)+e(1.1)
>>> sumY
181.7341
>>> (e(1.3)/sumY, e(5.1)/sumY, e(2.2)/sumY, e(0.7)/sumY, e(1.1)/sumY)
(0.02019047, 0.9025377, 0.04966054, 0.01108076, 0.01653056)
```

다음 그림의 ❶, ❷, ❸과 출력 결과를 비교해 봅니다.

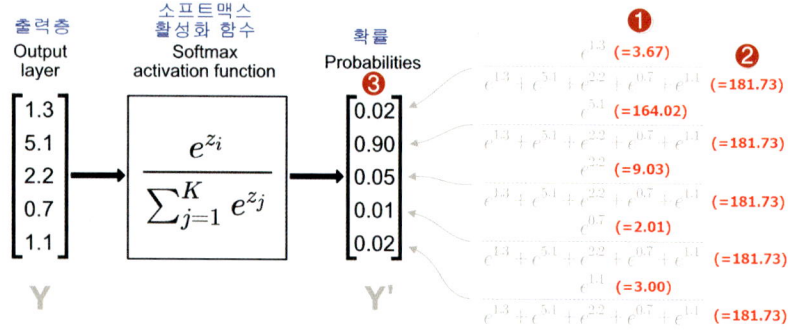

❶ 첫 번째 결과는 Y의 각 항목에 대해 exp 함수를 적용한 결과입니다.

❷ 두 번째 결과는 첫 번째 결과의 모든 항목을 더한 값입니다.

❸ 세 번째 결과는 첫 번째 결과의 값들을 두 번째 결과의 값으로 나눈 결과입니다.

softmax 함수의 분모 크기 줄이기

앞에서 우리는 softmax 함수의 분모를 다음과 같이 계산하여 181.73 값을 얻었습니다.

$$e^{1.3} + e^{5.1} + e^{2.2} + e^{0.7} + e^{1.1} = 181.73$$

이 수식에서 Y의 항목 값이 하나라도 지나치게 클 경우의 계산 결과는 아주 큰 숫자가 되어 계산할 수 있는 실수의 범위를 벗어날 수 있습니다. 이런 경우 그 위험을 줄이기 위해 Y 행렬의 각 항목을 다음과 같이 바꿀 수 있습니다.

$$\begin{bmatrix} 1.3 - 5.1 \\ 5.1 - 5.1 \\ 2.2 - 5.1 \\ 0.7 - 5.1 \\ 1.1 - 5.1 \end{bmatrix} = \begin{bmatrix} -3.8 \\ 0.0 \\ -2.9 \\ -4.4 \\ -4.0 \end{bmatrix}$$

$$Y \;\; -5.1 \longrightarrow Y_C$$

위 그림에서 왼쪽의 Y 행렬에서 가장 큰 항목(5.1)을 찾아 행렬의 각 항목에 대해 **빼주어** 오른쪽의 Yc 행렬로 변환한 후, softmax 함수를 적용하여도 결과는 같게 됩니다. 다음은 이 과정에 대한 구체적인 예를 보여줍니다.

$$\frac{e^{1.3}}{e^{1.3}+e^{5.1}+e^{2.2}+e^{0.7}+e^{1.1}} \quad ❶$$
❷
$$= \frac{e^{1.3}/e^{5.1}}{(e^{1.3}+e^{5.1}+e^{2.2}+e^{0.7}+e^{1.1})/e^{5.1}} \quad \begin{matrix}❸\\❹\end{matrix}$$

$$= \frac{e^{1.3}/e^{5.1}}{e^{1.3}/e^{5.1}+e^{5.1}/e^{5.1}+e^{2.2}/e^{5.1}+e^{0.7}/e^{5.1}+e^{1.1}/e^{5.1}} \quad \begin{matrix}❺\\❻\end{matrix}$$

$$= \frac{e^{(1.3-5.1)}}{e^{(1.3-5.1)}+e^{(5.1-5.1)}+e^{(2.2-5.1)}+e^{(0.7-5.1)}+e^{(1.1-5.1)}} \quad \begin{matrix}❼\\❽\end{matrix}$$

$$= \frac{e^{-3.8}}{e^{-3.8}+e^{0.0}+e^{-2.9}+e^{-4.4}+e^{-4.0}} \quad ❾$$

위에서 ❶ 수식은 최초의 Y 행렬의 첫 번째 항목에 대해 softmax 함수를 적용한 수식입니다. 여기서 ❷ 가장 큰 항목을 찾아 ❸, ❹와 같이 분자와 분모를 각각 나누어 줍니다. 그러면 ❺, ❻과 같이 분자와 분모를 바꿀 수 있습니다. ❺, ❻은 ❼, ❽과 같이 계산할 수 있으며, 결과적으로 ❾와 같이 됩니다. 결과적으로 ❶에서 최초의 Y의 첫 번째 항목 1.3에 대해 softmax 함수를 적용한 결과는 ❾에서 변환된 Yc의 첫 번째 항목 -3.8에 softmax 함수를 적용한 결과와 같게 됩니다.

❾에서 분모의 합은 다음과 같이 계산하여 1.11이 됩니다.

이렇게 하면 softmax 함수의 분모가 지나치게 커지는 것을 막을 수 있습니다.

$$e^{-3.8}+e^{-0.0}+e^{-2.9}+e^{-4.4}+e^{-4.0}=1.11$$

다음 그림은 변환된 Yc 행렬에 대해 softmax 함수를 적용하는 과정을 나타내는 그림입니다.

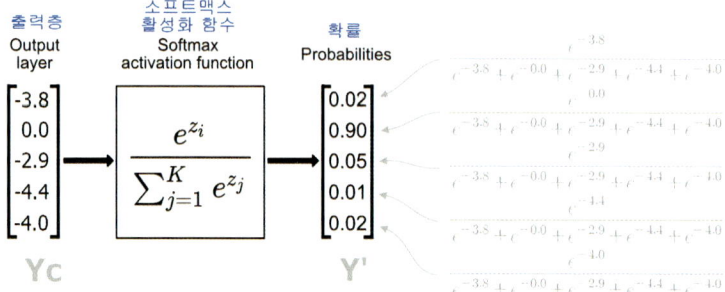

다음과 같이 파이썬 쉘에서 테스트해 봅니다.

```
>>> (e(1.3-5.1),e(5.1-5.1),e(2.2-5.1),e(0.7-5.1),e(1.1-5.1))
(0.02237077, 1.0, 0.05502323, 0.01227734, 0.01831564)
>>> sumY=e(1.3-5.1)+e(5.1-5.1)+e(2.2-5.1)+e(0.7-5.1)+e(1.1-5.1)
>>> sumY
1.107987
>>> (e(1.3-5.1)/sumY, e(5.1-5.1)/sumY, e(2.2-5.1)/sumY, e(0.7-5.1)/sumY, e(1.1-5.1)/sumY)
(0.02019046, 0.9025376, 0.04966053, 0.01108076, 0.01653055)
```

다음 그림의 ❶, ❷, ❸, ❹, ❺와 출력 결과를 비교해 봅니다.

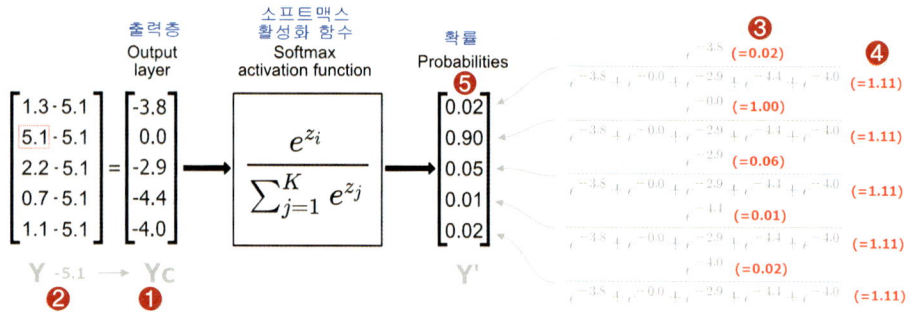

cross entropy 오차 구현해 보기

softmax 함수를 사용할 경우 다음과 같이 하나의 목표값만 1이고 나머지는 0이 됩니다.

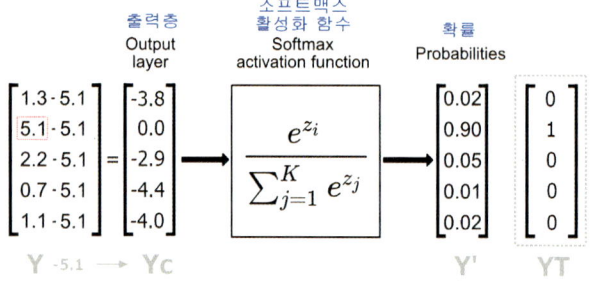

softmax 함수는 분류(classification)를 위해 사용하며 결과값 중 하나의 항목만 1에 가깝고 나머지는 0에 가까워지도록 학습하게 됩니다. 소프트맥스 함수는 확률의 총합이 1이 되도록 만든 함수이며 아래에 나타낸 크로스 엔트로피 오차 함수와 같이 사용합니다.

$$E = -\sum_{k}(y_{kT}*\log(y_k))$$

위 그림의 경우 오차는 다음과 같이 계산됩니다.

$$\begin{aligned}E &= -(0*\log(0.02) + 1*\log(0.90) + 0*\log(0.05) + 0*\log(0.01) + 0*\log(0.02)) \\ &= -(1*\log(0.90)) = 0.11\end{aligned}$$

다음과 같이 파이썬 쉘에서 테스트해 봅니다.

```
>>> from math import log as ln
>>> -(1*ln(0.90))
0.1053606
```

06 _ softmax 활성화 함수/cross entropy 오차 함수 적용하기

지금까지 정리한 softmax 활성화 함수와 cross entropy 오차 함수를 인공 신경망에 적용해봅니다. 먼저 딥러닝 7 공식에 적용해 보고, 다음은 Tensorflow에 적용해 봅니다.

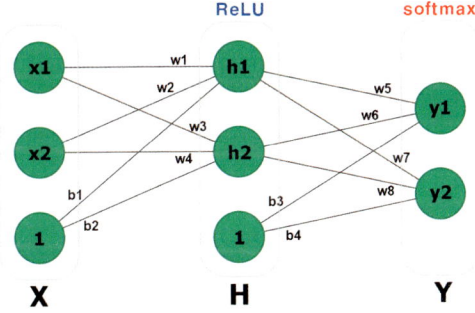

딥러닝 7 공식에 적용하기

먼저 딥러닝 7 공식에 softmax 활성화 함수와 cross entropy 오차 함수를 적용해 봅니다.

01 다음과 같이 예제를 작성합니다. _453.py 파일을 복사한 후, 수정합니다.

_456.py
```
01 import sys
02 from math import exp, log
03
04 EPOCH = int(sys.argv[1])
```

```python
05 LR = float(sys.argv[2])
06
07 x1, x2 = 0.05, 0.10
08
09 w1, w2 = 0.15, 0.20
10 w3, w4 = 0.25, 0.30
11 b1, b2 = 0.35, 0.35
12
13 w5, w6 = 0.40, 0.45
14 w7, w8 = 0.50, 0.55
15 b3, b4 = 0.60, 0.60
16
17 y1T, y2T = 0., 1. # 크로스 엔트로피는 하나의 목표 값만 1, 나머지는 0
18
19 lr = LR
20
21 for epoch in range(EPOCH):
22
23     h1 = x1*w1 + x2*w2 + 1*b1
24     h2 = x1*w3 + x2*w4 + 1*b2
25     # RELU feed forward
26     h1=h1 if h1>0 else 0
27     h2=h2 if h2>0 else 0
28
29     y1 = h1*w5 + h2*w6 + 1*b3
30     y2 = h1*w7 + h2*w8 + 1*b4
31     # softmax feed forward
32     yMax=y1 if y1>y2 else y2
33     y1-=yMax
34     y2-=yMax
35     sumY=exp(y1)+exp(y2)
36     y1=exp(y1)/sumY
37     y2=exp(y2)/sumY
38
39     E = -(y1T*log(y1)+y2T*log(y2)) # cross entropy error
40
41     y1E = y1 - y1T
42     y2E = y2 - y2T
43     # softmax back propagation
44     # do nothing
45
46     w5E = y1E*h1
47     w6E = y1E*h2
48     w7E = y2E*h1
49     w8E = y2E*h2
50     b3E = y1E*1
```

```
51      b4E = y2E*1
52
53      h1E = y1E*w5 + y2E*w7
54      h2E = y1E*w6 + y2E*w8
55      # RELU back propagation
56      h1E=h1E if h1>0 else 0
57      h2E=h2E if h2>0 else 0
58
59      w1E = h1E*x1
60      w2E = h1E*x2
61      w3E = h2E*x1
62      w4E = h2E*x2
63      b1E = h1E*1
64      b2E = h2E*1
65
66      w5 -= lr*w5E
67      w6 -= lr*w6E
68      w7 -= lr*w7E
69      w8 -= lr*w8E
70      b3 -= lr*b3E
71      b4 -= lr*b4E
72
73      w1 -= lr*w1E
74      w2 -= lr*w2E
75      w3 -= lr*w3E
76      w4 -= lr*w4E
77      b1 -= lr*b1E
78      b2 -= lr*b2E
79
80      if epoch % 100 == 99:
81              print(f' epoch = {epoch} ')
82              print(f'  y1 : {y1:.6f} ')
83              print(f'  y2 : {y2:.6f} ')
84
85      if E<0.0000001:
86              break
87
88 print(f' w1,w3 = {w1:.6f},{w3:.6f} ')
89 print(f' w2,w4 = {w2:.6f},{w4:.6f} ')
90 print(f' b1,b2 = {b1:.6f},{b2:.6f} ')
91 print(f' w5,w7 = {w5:.6f},{w7:.6f} ')
92 print(f' w6,w8 = {w6:.6f},{w8:.6f} ')
93 print(f' b3,b4 = {b3:.6f},{b4:.6f} ')
```

02   : math 라이브러리로부터 log 함수를 불러옵니다.
17   : 목표값을 각각 0과 1로 변경합니다.
32~37 : 출력층의 활성화 함수를 softmax로 설정합니다.
39   : 오차 계산 함수를 cross entropy 오차 함수로 설정합니다.

02 다음과 같이 예제를 실행합니다. 학습 횟수 1000번, 학습률 0.01을 인자로 줍니다.

```
$ python _456.py 100000 0.01
```

다음은 실행 결과 화면입니다.

```
epoch = 99999
 y1 : 0.000052
 y2 : 0.999948
w1,w3 = 0.209800,0.311699
w2,w4 = 0.319601,0.423398
b1,b2 = 1.546009,1.583981
w5,w7 = -0.635552,1.535552
w6,w8 = -0.621607,1.621607
b3,b4 = -0.767204,1.967204
```

Tensorflow에 적용하기

다음은 Tensorflow 예제에 적용해 봅니다.

01 _454_2.py 파일을 복사하여 다음과 같이 예제를 수정합니다.

_456_2.py

```python
01 import tensorflow as tf
02 import numpy as np
03
04 X=np.array([[.05,.10]]) # 입력데이터 <=
05 YT=np.array([[0.,1.]]) # 크로스 엔트로피는 하나의 목표 값만 1, 나머지는 0
06 W=np.array([[.15,.25],[.20,.30]]) # 가중치 <=
07 B=np.array([.35,.35]) # 편향
08 W2=np.array([[.40,.50],[.45,.55]]) # 가중치 <=
09 B2=np.array([.60,.60]) # 편향
10
11 model=tf.keras.Sequential([
12     tf.keras.Input(shape=(2,)),
13     tf.keras.layers.Dense(2, activation='relu'),
14     tf.keras.layers.Dense(2, activation='softmax')
15 ]) # 신경망 모양 결정(W, B 내부적 준비)
16
17 model.layers[0].set_weights([W,B])
18 model.layers[1].set_weights([W2,B2])
19
20 model.compile(optimizer='sgd', # 7공식, 학습
21     loss='categorical_crossentropy') # 2공식, 오차계산
22
23 Y=model.predict(X)
24 print(Y)
25
26 model.fit(X,YT,epochs=100000)
```

```
27
28 print('W=',model.layers[0].get_weights()[0])
29 print('B=',model.layers[0].get_weights()[1])
30 print('W2=',model.layers[1].get_weights()[0])
31 print('B2=',model.layers[1].get_weights()[1])
32
33 Y=model.predict(X)
34 print(Y)
```

05: 목표값을 각각 0과 1로 변경합니다.
14: 출력층의 활성화 함수를 softmax로 설정합니다.
21: 오차 함수를 categorical_crossentropy로 설정합니다.
26: 학습 횟수는 100000으로 합니다.

02 다음과 같이 예제를 실행합니다.

```
$ python _456_2.py
```

다음은 실행 결과 화면입니다.

```
Epoch 100000/100000
1/1 [==============================] - 0s 4ms/step - loss: 5.1855e-05
W= [[0.2097962  0.31164458]
 [0.31959257 0.4233766 ]]
B= [1.5460815 1.5839593]
W2= [[-0.63554436  1.5354851 ]
 [-0.6216091   1.6215568 ]]
B2= [-0.7672059  1.9671987]
[[5.1898987e-05 9.9994814e-01]]
```

출력층 활성화 함수와 오차 함수의 관계

다음은 출력층 활성화 함수에 따라 사용할 수 있는 오차 함수입니다.

Problem type	Last-layer activation	Loss function	Example
Binary classification	sigmoid	binary_crossentropy	Dog vs cat, Sentiemnt analysis(pos/neg)
Multi-class, single-label classification	softmax	categorical_crossentropy	MNIST has 10 classes single label (one prediction is one digit)
Multi-class, multi-label classification	sigmoid	binary_crossentropy	News tags classification, one blog can have multiple tags
Regression to arbitrary values	None	mse	Predict house price(an integer/float point)
Regression to values between 0 and 1	sigmoid	mse or binary_crossentropy	Engine health assessment where 0 is broken, 1 is new

06 Tensorflow 활용하기

여기서는 Tensorflow를 활용하여 7 segment에 대한 인공 신경망을 학습시켜 봅니다. 이 과정에서 Tensorflow 신경망에 적용할 수 있는 입력 데이터와 출력 데이터의 형식을 이해하고 활용할 수 있도록 합니다.

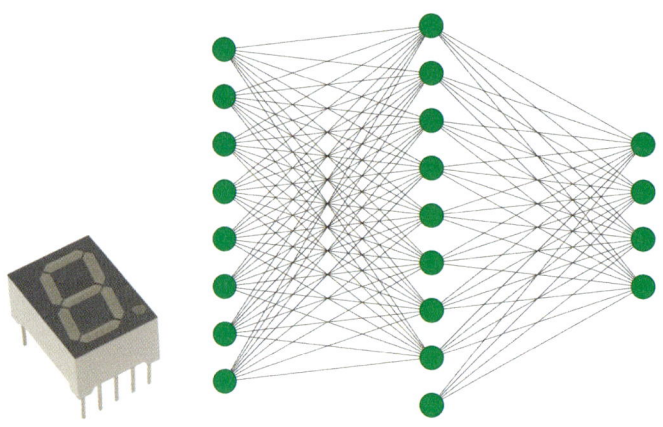

01 _ 7세그먼트 인공 신경망

여기서는 7 세그먼트에 숫자 값에 따라 표시되는 LED의 ON, OFF 값을 입력으로 받아 2 진수로 출력하는 인공 신경망을 구성하고 학습시켜 봅니다. 다음은 7 세그먼트 디스플레이 2 진수 연결 진리표입니다.

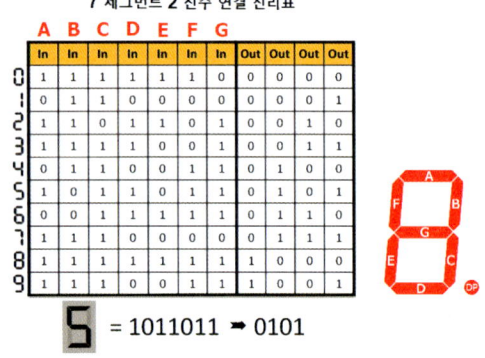

그림에서 7 세그먼트에 5로 표시되기 위해 7개의 LED가 1011011(1-ON, 0-OFF)의 비트열에 맞춰 켜지거나 꺼져야 합니다. 해당 비트열에 대응하는 이진수는 0101입니다. 여기서는 다음 그림과 같이 7개의 입력, 8개의 은닉층, 4개의 출력층으로 구성된 인공 신경망을 학습시켜 봅니다.

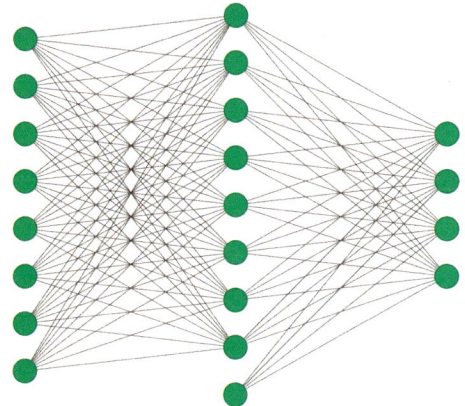

입력층, 은닉층의 맨 하단의 노드는 편향 노드입니다.

numpy 배열로 데이터 초기화하기

먼저 입력값과 목표값을 numpy 배열로 초기화합니다.

01 다음과 같이 예제를 작성합니다.

_7seg_data.py

```
01 import numpy as np
02
03 np.set_printoptions(precision=1, suppress=True)
04
05 X=np.array([
06     [ 1, 1, 1, 1, 1, 1, 0 ], # 0
07     [ 0, 1, 1, 0, 0, 0, 0 ], # 1
08     [ 1, 1, 0, 1, 1, 0, 1 ], # 2
09     [ 1, 1, 1, 1, 0, 0, 1 ], # 3
10     [ 0, 1, 1, 0, 0, 1, 1 ], # 4
11     [ 1, 0, 1, 1, 0, 1, 1 ], # 5
12     [ 0, 0, 1, 1, 1, 1, 1 ], # 6
13     [ 1, 1, 1, 0, 0, 0, 0 ], # 7
14     [ 1, 1, 1, 1, 1, 1, 1 ], # 8
15     [ 1, 1, 1, 0, 0, 1, 1 ] # 9
16 ])
17 YT=np.array([
18     [ 0, 0, 0, 0 ],
19     [ 0, 0, 0, 1 ],
```

```
20      [ 0, 0, 1, 0 ],
21      [ 0, 0, 1, 1 ],
22      [ 0, 1, 0, 0 ],
23      [ 0, 1, 0, 1 ],
24      [ 0, 1, 1, 0 ],
25      [ 0, 1, 1, 1 ],
26      [ 1, 0, 0, 0 ],
27      [ 1, 0, 0, 1 ]
28 ])
```

03 : np.set_printoptions 함수를 호출하여 print 함수로 numpy 배열을 출력할 때, 실수 출력 형식을 조절합니다. precision 인자는 소수점 이하 자릿수를 설정하며, 여기서는 소수점 이하 1 자리까지 출력합니다. supress 인자는 실수 표기 방식을 설정하며, True로 설정할 경우 고정 소수점 표기법(Fixed point notation)을 사용하며, False로 설정할 경우 과학적 표기법(Scientific notation)을 사용합니다. 예를 들어, 0.000514는 고정 소수점 표기법이고, 5.14e-04는 과학적 표기법입니다. 여기서는 고정 소수점 표기법을 사용합니다.

05~16 : X 변수를 선언하고, 진리표의 입력 값으로 초기화된 2차 numpy 배열을 할당합니다.

17~28 : YT 변수를 선언하고, 진리표의 목표 값으로 초기화된 2차 numpy 배열을 할당합니다.

02 계속해서 다음과 같이 예제를 작성합니다.

_461.py
```
01 from _7seg_data import X, YT
02
03 print(X.shape)
04 print(YT.shape)
```

01 : _7seg_data 모듈로부터 X, YT를 불러옵니다.
03 : X의 모양을 출력합니다.
04 : YT의 모양을 출력합니다.

03 다음과 같이 예제를 실행합니다.

```
$ python _461.py
```

다음은 실행 결과 화면입니다.

```
(10, 7)
(10, 4)
```

X는 10*7 크기의 2차 배열입니다.

YT는 10*4 크기의 2차 배열입니다.

딥러닝 모델 학습시키기

다음은 딥러닝 모델을 생성한 후, 학습을 시켜 봅니다.

01 다음과 같이 예제를 작성합니다.

_461_2.py

```python
01 import tensorflow as tf
02 from _7seg_data import X, YT
03
04 model=tf.keras.Sequential([
05     tf.keras.Input(shape=(7,)),
06     tf.keras.layers.Dense(8, activation='relu'),
07     tf.keras.layers.Dense(4, activation='sigmoid')
08 ])
09
10 model.compile(optimizer='adam', loss='mse')
11
12 model.fit(X,YT,epochs=10000)
13
14 Y=model.predict(X)
15 print(Y)
```

04~08 : 입력층의 노드 수는 7개, 은닉층의 노드 수는 8개, 출력층의 노드 수는 4개인 신경망 모델을 생성합니다. 은닉층의 활성화 함수는 'relu', 출력 층의 활성화 함수는 'sigmoid'로 설정합니다.

10 : 학습 함수를 'adam', 오차 함수를 'mse'로 설정합니다. 'adam'은 가장 많이 사용하는 학습 함수입니다. 'mse'는 평균 제곱 오차 함수입니다.

12 : 학습을 10000 회 수행합니다.

14 : X에 대해 예측을 수행해 봅니다.

15 : 예측 값 Y를 출력합니다.

02 다음과 같이 예제를 실행합니다.

```
$ python _461_2.py
```

다음은 실행 결과 화면입니다.

```
Epoch 10000/10000
1/1 [==============================] - 0s 5ms/step - loss: 1.5465e-05
[[0. 0. 0. 0.]
 [0. 0. 0. 1.]
 [0. 0. 1. 0.]
 [0. 0. 1. 1.]
 [0. 1. 0. 0.]
 [0. 1. 0. 1.]
 [0. 1. 1. 0.]
 [0. 1. 1. 1.]
 [1. 0. 0. 0.]
 [1. 0. 0. 1.]]
```

YT값과 비교해 봅니다.

국소해의 문제 해결해 보기

앞의 예제에서 은닉층 노드의 개수가 8일 경우 7에 대한 학습이 제대로 되지 않는 경우가 있는데 이런 현상은 국소해의 문제로 발생합니다. 예를 들어, 다음 그림에서 신경망의 학습 과정에서 최소값 지점을 찾지 못하고 극소값 지점에 수렴하는 경우입니다. 국소해의 문제가 발생할 경우엔 재학습을 수행해 보거나 은닉층의 노드수를 변경해 봅니다. 여기서는 은닉층 노드의 개수를 16으로 늘려봅니다.

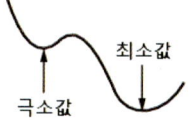

01 다음과 같이 예제를 수정합니다.

_461_3.py
```python
01 import tensorflow as tf
02 from _7seg_data import X, YT
03
04 model=tf.keras.Sequential([
05     tf.keras.Input(shape=(7,)),
06     tf.keras.layers.Dense(16, activation='relu'),
07     tf.keras.layers.Dense(4, activation='sigmoid')
08 ])
09
10 model.compile(optimizer='adam', loss='mse')
11
12 model.fit(X,YT,epochs=10000)
13
14 Y=model.predict(X)
15 print(Y)
```

06 : 은닉층의 노드 개수를 16으로 늘립니다.

02 다음과 같이 예제를 실행합니다.

$ python _461_3.py

다음은 실행 결과 화면입니다.

```
Epoch 10000/10000
1/1 [==============================] - 0s 5ms/step - loss: 7.2903e-06
[[0. 0. 0. 0.]
 [0. 0. 0. 1.]
 [0. 0. 1. 0.]
 [0. 0. 1. 1.]
 [0. 1. 0. 0.]
 [0. 1. 0. 1.]
 [0. 1. 1. 0.]
 [0. 1. 1. 1.]
 [1. 0. 0. 0.]
 [1. 0. 0. 1.]]
```

출력층에 linear 함수 적용해 보기

여기서는 출력층 함수에 linear 함수를 적용해 봅니다. linear 함수는 출력단의 값을 그대로 내보내는 함수입니다. linear 함수를 적용하여 학습을 수행할 경우 선형 회귀라고 합니다.

01 다음과 같이 예제를 수정합니다.

_461_4.py

```python
01 import tensorflow as tf
02 from _7seg_data import X, YT
03
04 model=tf.keras.Sequential([
05     tf.keras.Input(shape=(7,)),
06     tf.keras.layers.Dense(16, activation='relu'),
07     tf.keras.layers.Dense(4, activation='linear')
08 ])
09
10 model.compile(optimizer='adam', loss='mse')
11
12 model.fit(X,YT,epochs=10000)
13
14 Y=model.predict(X)
15 print(Y)
```

07 : 출력층의 활성화 함수를 linear 함수로 변경합니다.

02 다음과 같이 예제를 실행합니다.

```
$ python _461_4.py
```

다음은 실행 결과 화면입니다.

```
Epoch 10000/10000
1/1 [==============================] - 0s 5ms/step - loss: 1.1816e-12
[[ 0. -0.  0.  0.]
 [ 0. -0.  0.  1.]
 [ 0. -0.  1.  0.]
 [ 0. -0.  1.  1.]
 [ 0.  1.  0.  0.]
 [ 0.  1.  0.  1.]
 [ 0.  1.  1.  0.]
 [ 0.  1.  1.  1.]
 [ 1.  0.  0.  0.]
 [ 1. -0.  0.  1.]]
```

loss(오차)가 이전 예제보다 더 줄어드는 것을 확인합니다.

목표값 변경해 보기

여기서는 목표값의 형식을 2진수에서 10진수로 변경해 봅니다.

01 다음과 같이 _7seg_data.py 라이브러리를 수정합니다.

_7seg_data.py

```python
01 import numpy as np
02
03 np.set_printoptions(precision=1, suppress=True)
04
05 X=np.array([
06     [ 1, 1, 1, 1, 1, 1, 0 ], # 0
07     [ 0, 1, 1, 0, 0, 0, 0 ], # 1
08     [ 1, 1, 0, 1, 1, 0, 1 ], # 2
09     [ 1, 1, 1, 1, 0, 0, 1 ], # 3
10     [ 0, 1, 1, 0, 0, 1, 1 ], # 4
11     [ 1, 0, 1, 1, 0, 1, 1 ], # 5
12     [ 0, 0, 1, 1, 1, 1, 1 ], # 6
13     [ 1, 1, 1, 0, 0, 0, 0 ], # 7
14     [ 1, 1, 1, 1, 1, 1, 1 ], # 8
15     [ 1, 1, 1, 0, 0, 1, 1 ] # 9
16 ])
17 YT=np.array([
18     [ 0, 0, 0, 0 ],
19     [ 0, 0, 0, 1 ],
20     [ 0, 0, 1, 0 ],
21     [ 0, 0, 1, 1 ],
22     [ 0, 1, 0, 0 ],
23     [ 0, 1, 0, 1 ],
24     [ 0, 1, 1, 0 ],
25     [ 0, 1, 1, 1 ],
26     [ 1, 0, 0, 0 ],
27     [ 1, 0, 0, 1 ]
28 ])
29 YT_1=np.array([
30     0,
31     1,
32     2,
33     3,
34     4,
35     5,
36     6,
37     7,
38     8,
39     9
40 ])
```

29~40 : YT_1 변수를 선언하고, 10진수 형식의 목표값으로 초기화된 1차 numpy 배열을 할당합니다.

02 다음과 같이 예제를 수정합니다.

_461_5.py

```python
01 import tensorflow as tf
02 from _7seg_data import X, YT_1
03
04 model=tf.keras.Sequential([
05     tf.keras.Input(shape=(7,)),
06     tf.keras.layers.Dense(16, activation='relu'),
07     tf.keras.layers.Dense(1, activation='linear')
08 ])
09
10 model.compile(optimizer='adam', loss='mse')
11
12 model.fit(X,YT_1,epochs=10000)
13
14 Y=model.predict(X)
15 print(Y)
```

02 : _7seg_data 모듈로부터 X, YT_1을 불러옵니다.

07 : 출력층 노드의 개수를 1개로 줄입니다.

03 다음과 같이 예제를 실행합니다.

```
$ python _461_5.py
```

다음은 실행 결과 화면입니다.

```
Epoch 10000/10000
1/1 [==============================] - 0s 5ms/step - loss: 4.5082e-12
[[0.]
 [1.]
 [2.]
 [3.]
 [4.]
 [5.]
 [6.]
 [7.]
 [8.]
 [9.]]
```

결과가 잘 나오는 것을 확인합니다.

입력층과 목표층 바꿔보기

2진수 7 세그먼트 연결 진리표

In	In	In	In	Out	Out	Out	Out	Out	Out	Out
0	0	0	0	1	1	1	1	1	1	0
0	0	0	1	0	1	1	0	0	0	0
0	0	1	0	1	1	0	1	1	0	1
0	0	1	1	1	1	1	1	0	0	1
0	1	0	0	0	1	1	0	0	1	1
0	1	0	1	1	0	1	1	0	1	1
0	1	1	0	0	0	1	1	1	1	1
0	1	1	1	1	1	1	0	0	0	0
1	0	0	0	1	1	1	1	1	1	1
1	0	0	1	1	1	1	0	0	1	1

0101 ➡ 1011011 = 5

다음은 이전 예제의 입력층과 목표층을 바꿔 인공 신경망을 학습 시켜봅니다. 다음과 같이 2진수가 입력되면 해당되는 7 세그먼트의 켜지고 꺼져야 할 LED의 비트열을 출력합니다.

예를 들어, "숫자 5에 맞게 7 세그먼트 LED를 켜줘!" 하고 싶을 때, 사용할 수 있는 인공 신경망입니다.

01 다음과 같이 예제를 수정합니다.

_461_6.py

```python
01 import tensorflow as tf
02 from _7seg_data import X, YT
03
04 X, YT = YT, X
05
06 model=tf.keras.Sequential([
07     tf.keras.Input(shape=(4,)),
08     tf.keras.layers.Dense(16, activation='relu'),
09     tf.keras.layers.Dense(7, activation='linear')
10 ])
11
12 model.compile(optimizer='adam', loss='mse')
13
14 model.fit(X,YT,epochs=10000)
15
16 Y=model.predict(X)
17 print(Y)
```

01 : _7seg_data 모듈로부터 X, YT을 불러옵니다.
04 : YT, X를 X, YT로 변경합니다. 즉, 입력과 출력을 바꿔줍니다.
07 : 입력층 노드의 개수를 4로 바꿉니다.
09 : 출력층 노드의 개수를 7로 바꿉니다.

02 다음과 같이 예제를 실행합니다.

```
$ python _461_6.py
```

다음은 실행 결과 화면입니다.

```
Epoch 10000/10000
1/1 [==============================] - 0s 5ms/step - loss: 9.1047e-12
[[ 1.  1.  1.  1.  1.  1.  0.]
 [ 0.  1.  1.  0.  0.  0.  0.]
 [ 1.  1. -0.  1.  1.  0.  1.]
 [ 1.  1.  1.  1.  0.  0.  1.]
 [ 0.  1.  1.  0.  0.  1.  1.]
 [ 1. -0.  1.  1.  0.  1.  1.]
 [ 0. -0.  1.  1.  1.  1.  1.]
 [ 1.  1.  1.  0.  0.  0.  0.]
 [ 1.  1.  1.  1.  1.  1.  1.]
 [ 1.  1.  1.  0.  0.  1.  1.]]
```

02 _ 은닉층 늘려보기

여기서는 은닉층을 늘려 봅니다. 일반적으로 은닉층의 개수가 2개 이상일 때 심층 인공 신경망이라고 합니다. 데이터는 다음과 같이 원래 데이터를 사용합니다.

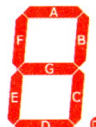

01 다음과 같이 예제를 작성합니다.

_462.py

```
01 import tensorflow as tf
02 from _7seg_data import X, YT
03
04 model=tf.keras.Sequential([
05     tf.keras.Input(shape=(7,)),
06     tf.keras.layers.Dense(16, activation='relu'),
07     tf.keras.layers.Dense(16, activation='relu'),
08     tf.keras.layers.Dense(4, activation='sigmoid')
09 ])
10
11 model.compile(optimizer='adam', loss='mse')
12
13 model.fit(X,YT,epochs=10000)
14
15 Y=model.predict(X)
16 print(Y)
```

07 : 은닉층을 하나 더 늘립니다. 노드의 개수는 16으로 합니다.
08 : 출력층의 활성화 함수가 sigmoid인 것을 확인합니다.

02 다음과 같이 예제를 실행합니다.

$ python _462.py

다음은 실행 결과 화면입니다.

```
Epoch 10000/10000
1/1 [==============================] - 0s 6ms/step - loss: 6.0022e-07
[[0. 0. 0. 0.]
 [0. 0. 0. 1.]
 [0. 0. 1. 0.]
 [0. 0. 1. 1.]
 [0. 1. 0. 0.]
 [0. 1. 0. 1.]
 [0. 1. 1. 0.]
 [0. 1. 1. 1.]
 [1. 0. 0. 0.]
 [1. 0. 0. 1.]]
```

학습 시키고 모델 내보내기

다음은 인공 신경망을 준비하여 학습을 수행한 후, 수행 결과를 저장합니다.

01 다음과 같이 예제를 수정합니다.

_462_2.py

```
01 import tensorflow as tf
02 from _7seg_data import X, YT
03
04 model=tf.keras.Sequential([
05     tf.keras.Input(shape=(7,)),
06     tf.keras.layers.Dense(16, activation='relu'),
07     tf.keras.layers.Dense(16, activation='relu'),
08     tf.keras.layers.Dense(4, activation='sigmoid')
09 ])
10
11 model.compile(optimizer='adam', loss='mse')
12
13 model.fit(X,YT,epochs=10000)
14
15 Y=model.predict(X)
16 print(Y)
17
18 model.save('model.h5')
```

18 : save 함수를 이용하여 학습된 인공 신경망을 'model.h5' 파일로 저장해 줍니다.

02 다음과 같이 예제를 실행합니다.

```
$ python _462_2.py
```

03 학습이 끝난 후, 다음과 같이 model.h5 파일이 생성된 것을 확인합니다.

```
linaro@linaro-alip:~/pyLabs$ ls -l model.h5
-rw-r--r-- 1 linaro linaro 36640 Feb  1 00:57 model.h5
```

모델 불러와 예측하기 1

다음은 학습된 인공 신경망를 불러와 예측을 수행해 봅니다.

01 다음과 같이 예제를 작성합니다.

_462_3.py

```
01 import tensorflow as tf
02 from _7seg_data import X, YT
03
04 model = tf.keras.models.load_model("model.h5")
05
06 Y=model.predict(X)
07 print(Y)
```

04 : tf.keras.models.load_model 함수를 호출하여 학습된 모델을 불러옵니다.
06 : 예측을 수행합니다.
07 : 예측 결과를 출력합니다.

02 다음과 같이 예제를 실행합니다.

```
$ python _462_3.py
```

다음은 실행 결과 화면입니다.

```
[[0. 0. 0. 0.]
 [0. 0. 0. 1.]
 [0. 0. 1. 0.]
 [0. 0. 1. 1.]
 [0. 1. 0. 0.]
 [0. 1. 0. 1.]
 [0. 1. 1. 0.]
 [0. 1. 1. 1.]
 [1. 0. 0. 0.]
 [1. 0. 0. 1.]]
```

모델 불러와 예측하기 2

여기서는 1개 데이터에 대한 예측을 해 봅니다.

01 다음과 같이 예제를 수정합니다.

_462_4.py

```python
01 import tensorflow as tf
02 from _7seg_data import X
03
04 model = tf.keras.models.load_model("model.h5")
05
06 x=X[:1]
07 print(x.shape)
08
09 Y=model.predict(x)
10 print(Y)
```

06 : x 변수를 생성한 후, X[:1]로 초기화합니다. 이렇게 하면 X의 0번 항목의 numpy 배열이 할당됩니다.
07 : x의 모양을 출력해 봅니다.

02 다음과 같이 예제를 실행합니다.

```
$ python _462_4.py
```

다음은 실행 결과 화면입니다.

```
[[0. 0. 0. 0.]]
```

03 _ 딥러닝 활용 예제 살펴보기

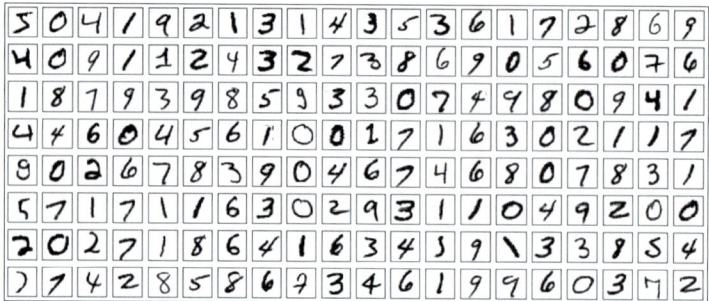

여기서는 MNIST라고 하는 손글씨 숫자 데이터를 입력받아 학습을 수행하는 예제를 살펴봅니다. 다음과 같은 모양의 인공 신경망을 구성하고 학습시켜 봅니다.

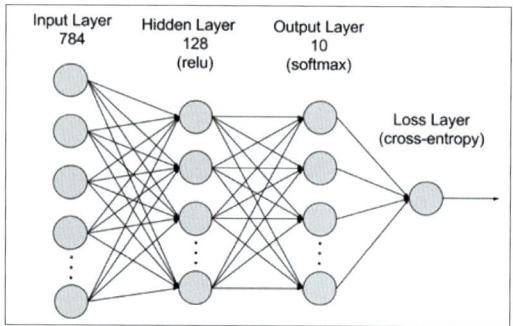

01 다음과 같이 예제를 작성합니다.

_463.py

```python
01  import tensorflow as tf
02
03  mnist = tf.keras.datasets.mnist
04
05  (X, YT), (x, yt) = mnist.load_data() #60000개의 학습데이터, 10000개의 검증데이터
06
07  X, x = X/255, x/255 # 60000x28x28, 10000x28x28
08  X, x = X.reshape((60000,784)), x.reshape((10000,784))
09
10  model = tf.keras.Sequential([
11      tf.keras.Input(shape=(784,)),
12      tf.keras.layers.Dense(128, activation='relu'),
13      tf.keras.layers.Dense(10, activation='softmax')
14  ]) # 신경망 모양 결정(W, B 내부적 준비)
15
16  model.compile(optimizer='adam',
17                loss='sparse_categorical_crossentropy',
18                metrics=['accuracy'])
19
```

```
20 model.fit(X,YT,epochs=5)
21
22 model.evaluate(x,yt)
```

03 : mnist 변수를 생성한 후, tf.keras.datasets.mnist 모듈을 가리키게 합니다. mnist 모듈은 손글씨 숫자 데이터를 가진 모듈입니다. mnist 모듈에는 6만개의 학습용 손글씨 숫자 데이터와 1만개의 시험용 손글씨 숫자 데이터가 있습니다.

05 : mnist.load_data 함수를 호출하여 손글씨 숫자 데이터를 읽어와 x_train, y_train, x_test, y_test 변수가 가리키게 합니다. x_train, x_test 변수는 각각 6만개의 학습용 손글씨 숫자 데이터와 1만개의 시험용 손글씨 숫자 데이터를 가리킵니다. y_train, y_test 변수는 각각 6만개의 학습용 손글씨 숫자 라벨과 1만개의 시험용 손글씨 숫자 라벨을 가리킵니다. 예를 들어 x_train[0], y_train[0] 항목은 각각 다음과 같은 손글씨 숫자 5에 대한 그림과 라벨 5를 가리킵니다. 또, x_test[0], y_test[0] 항목은 각각 다음과 같은 손글씨 숫자 7에 대한 그림과 라벨 7을 가리킵니다.

 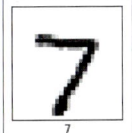

06 : x_train, x_test 변수가 가리키는 6만개, 1만개의 그림은 각각 28x28 픽셀로 구성된 그림이며, 1픽셀의 크기는 8비트로 0에서 255사이의 숫자를 가집니다. 모든 픽셀의 숫자를 255.0으로 나누어 각 픽셀을 0.0에서 1.0사이의 실수로 바꾸어 인공 신경망에 입력하게 됩니다.

07 : x_train, x_test 변수가 가리키는 6만개, 1만개의 그림은 각각 28x28 픽셀, 28x28 픽셀로 구성되어 있습니다. 이 예제에서 소개하는 인공 신경망의 경우 그림 데이터를 입력할 때 28x28 픽셀을 784(=28x28) 픽셀로 일렬로 세워서 입력하게 됩니다.

21 : model.evaluate 함수를 호출하여 인공 신경망의 학습 결과를 평가합니다. 여기서는 학습이 끝난 인공 신경망 함수에 x_test 값을 주어 학습 결과를 평가해 봅니다.

02 다음과 같이 예제를 실행합니다.

```
$ python _463.py
```

다음은 실행 결과 화면입니다.

```
Epoch 1/5
1875/1875 [==============================] - 29s 15ms/step - loss: 0.4259 - accuracy: 0.8800
Epoch 2/5
1875/1875 [==============================] - 27s 14ms/step - loss: 0.1214 - accuracy: 0.9645
Epoch 3/5
1875/1875 [==============================] - 27s 14ms/step - loss: 0.0787 - accuracy: 0.9756
Epoch 4/5
1875/1875 [==============================] - 27s 14ms/step - loss: 0.0574 - accuracy: 0.9834
Epoch 5/5
1875/1875 [==============================] - 27s 14ms/step - loss: 0.0420 - accuracy: 0.9875
313/313 [==============================] - 3s 9ms/step - loss: 0.0763 - accuracy: 0.9761
```

❶ 손실 함수에 의해 측정된 오차 값을 나타냅니다. 학습 회수가 늘어남에 따라 오차 값이 줄어듭니다.

❷ 학습 진행에 따른 정확도가 표시됩니다. 처음에 88.00%에서 시작해서 마지막엔 98.75%의 정확도로 학습이 끝납니다. 즉, 100개의 손글씨가 있다면 98.75개를 맞춘다는 의미입니다.

❸ 학습이 끝난 후에, evalueate 함수로 시험 데이터를 평가한 결과입니다. 손실값이 늘어났고, 정확도가 97.61%로 약간 떨어진 상태입니다.

APPENDIX 01
외부 디바이스 분석과 드라이버 이해

여기서는 앞에서 실습한 디바이스 관련 세부 내용을 소개합니다. 첫 번째, LS9110S 모터 드라이버 관련된 내용을 소개합니다. 두 번째, SPI 버스에 붙인 MCP3208 디바이스에 대한 내용을 소개합니다. 세 번째, I2C 버스에 붙인 PCA9685, MPU6050 디바이스에 대한 내용을 소개합니다. 마지막으로 I2S 버스에 붙인 MAX98357A 디바이스 사용법을 소개합니다.

01 L9110S 모터 제어 살펴보기

여기서는 L9110S 모터를 제어하기 위한 추가적인 예제와 모터 드라이버를 소개합니다.

01 _ 전진 후진 속도 기준 통일하기

여기서는 전진과 후진 속도에 대한 for 문의 방향을 통일시켜 보도록 합니다. 본문에서 소개했던 _15_l9110s_motor_2.py를 수정해 봅니다.

01 다음과 같이 예제를 수정합니다.

_15_l9110s_motor_3.py

```python
01 import ASUS.GPIO as GPIO
02 import time
03 import sys
04
05 IA = int(sys.argv[1])
06 IB_pwm = int(sys.argv[2])
07
08 GPIO.setmode(GPIO.BOARD)
09 GPIO.setwarnings(False)
10
11 GPIO.setup(IA, GPIO.OUT)
12 GPIO.setup(IB_pwm, GPIO.OUT)
13
14 pwm = GPIO.PWM(IB_pwm, 100)
15 pwm.start(0.0)
16
17 try:
18     for _ in range(3):
19         GPIO.output(IA, False)
20         pwm.ChangeDutyCycle(0.0)
21         time.sleep(1.0)
22
23         for speed in range(0,101,1):
24             pwm.ChangeDutyCycle(speed)
```

```
25                time.sleep(0.05)
26                print(speed)
27           for speed in range(100,-1,-1):
28                pwm.ChangeDutyCycle(speed)
29                time.sleep(0.05)
30                print(speed)
31
32            GPIO.output(IA, True)
33           pwm.ChangeDutyCycle(100.0)
34           time.sleep(1.0)
35
36           for speed in range(0,101,1): #for speed in range(100,-1,-20):
37                pwm.ChangeDutyCycle(100-speed)
38                time.sleep(0.05)
39                print(speed)
40           for speed in range(100,-1,-1): # for speed in range(0,101,20):
41                pwm.ChangeDutyCycle(100-speed)
42                time.sleep(0.05)
43           print(speed)
44
45 except:
46      pass
47
48 pwm.ChangeDutyCycle(0.0)
49
50 pwm.stop()
51 GPIO.cleanup()
```

- **23** : range(0,101,1)로 수정합니다. 증가값을 20에서 1로 줄입니다.
- **27** : range(100,-1,-1)로 수정합니다. 감소값을 -20에서 -1로 줄입니다.
- **25, 29** : 0.05로 수정합니다. 0.5를 0.05로 수정하여 대기 시간을 1/10로 줄입니다.
- **36** : range(0,101,1)로 수정합니다. 23줄과 같이 증가하게 합니다.
- **37, 41** : (100-speed)로 수정합니다.
- **40** : range(100,-1,-1)로 수정합니다. 27줄과 같이 감소하게 합니다.
- **38, 42** : 0.05로 수정합니다. 0.5를 0.05로 수정하여 대기 시간을 1/10로 줄입니다.
- **26, 30, 39, 43** : 속도값을 출력합니다.

02 다음과 같이 예제를 실행합니다.

```
$ python _15_l9110s_motor_3.py 31 29
```

오른쪽 모터의 속도가 점점 빨라졌다 느려지는 것을 반복하는 것을 확인합니다. 속도값이 어느 정도 일 때 모터가 움직이는지도 출력값을 통해 확인합니다.

03 다음과 같이 예제를 실행합니다.

```
$ python _15_l9110s_motor_3.py 33 37
```

왼쪽 모터의 속도가 점점 빨라졌다 느려지는 것을 반복하는 것을 확인합니다. 속도값이 어느 정도일 때 모터가 움직이는지도 출력값을 통해 확인합니다.

02 _ 전진 후진 속도 보정하기

여기서는 전진과 후진 속도에 대한 보정을 합니다. 전진과 후진을 시작하는 dutycycle의 최소값을 찾아 적용합니다.

01 다음과 같이 예제를 수정합니다.

_15_l9110s_motor_4.py

```
01 import ASUS.GPIO as GPIO
02 import time
03 import sys
04
05 IA = int(sys.argv[1])
06 IB_pwm = int(sys.argv[2])
07
08 GPIO.setmode(GPIO.BOARD)
09 GPIO.setwarnings(False)
10
11 GPIO.setup(IA, GPIO.OUT)
12 GPIO.setup(IB_pwm, GPIO.OUT)
13
14 pwm = GPIO.PWM(IB_pwm, 100)
15 pwm.start(0.0)
16
17 SPEED_MIN = 50
18 SPEED_MAX = 100
19
20 try:
21     for _ in range(3):
22         GPIO.output(IA, False)
23         pwm.ChangeDutyCycle(0.0)
24         time.sleep(1.0)
25
26         for speed in range(SPEED_MIN,SPEED_MAX+1,1):
27             pwm.ChangeDutyCycle(speed)
28             time.sleep(0.05)
```

```
29              print(speed-SPEED_MIN)
30          for speed in range(SPEED_MAX,SPEED_MIN-1,-1):
31              pwm.ChangeDutyCycle(speed)
32              time.sleep(0.05)
33              print(speed-SPEED_MIN)
34
35          GPIO.output(IA, True)
36          pwm.ChangeDutyCycle(100.0)
37          time.sleep(1.0)
38
39          for speed in range(SPEED_MIN,SPEED_MAX+1,1):
40               pwm.ChangeDutyCycle(100-speed)
41              time.sleep(0.05)
42               print(speed-SPEED_MIN)
43          for speed in range(SPEED_MAX,SPEED_MIN-1,-1):
44              pwm.ChangeDutyCycle(100-speed)
45              time.sleep(0.05)
46              print(speed-SPEED_MIN)
47
48 except:
49          pass
50
51 pwm.ChangeDutyCycle(0.0)
52
53 pwm.stop()
54 GPIO.cleanup()
```

17, 18 : SPEED_MIN 정수 상수를 선언한 후, 50으로 초기화합니다. 필자의 경우 모터가 돌기 시작하는 값이 40에서 50 사이였습니다. 모터에 따라 값이 달라질 수 있습니다.
17, 18 : SPEED_MAX 정수 상수를 선언한 후, 100으로 초기화합니다.
26, 39 : range(SPEED_MIN,SPEED_MAX+1,1)으로 수정합니다.
30, 43 : range(SPEED_MAX,SPEED_MIN-1,-1)으로 수정합니다.
29, 33, 42, 46 : print(speed-SPEED_MIN)으로 수정합니다.

02 다음과 같이 예제를 실행합니다.

```
$ python _15_l9110s_motor_4.py 31 29
```

오른쪽 모터의 속도가 점점 빨라졌다 느려지는 것을 반복하는 것을 확인합니다. 속도값이 SPEED_MIN에서 SPEED_MAX까지 변경되는 것을 확인합니다.

03 다음과 같이 예제를 실행합니다.

```
$ python _15_l9110s_motor_4.py 33 37
```

왼쪽 모터의 속도가 점점 빨라졌다 느려지는 것을 반복하는 것을 확인합니다. 속도값이 SPEED_MIN에서 SPEED_MAX까지 변경되는 것을 확인합니다.

03 _ 양쪽 바퀴 전진 후진 코딩하기

여기서는 양쪽 바퀴에 대해 전진과 후진을 수행해 봅니다.

01 다음과 같이 예제를 수정합니다.

_15_l9110s_motor_5.py

```python
01 import ASUS.GPIO as GPIO
02 import time
03 import sys
04
05 R_IA = int(sys.argv[1])
06 R_IB_pwm = int(sys.argv[2])
07 L_IA = int(sys.argv[3])
08 L_IB_pwm = int(sys.argv[4])
09
10 GPIO.setmode(GPIO.BOARD)
11 GPIO.setwarnings(False)
12
13 GPIO.setup(R_IA, GPIO.OUT)
14 GPIO.setup(R_IB_pwm, GPIO.OUT)
15 GPIO.setup(L_IA, GPIO.OUT)
16 GPIO.setup(L_IB_pwm, GPIO.OUT)
17
18 R_pwm = GPIO.PWM(R_IB_pwm, 100)
19 L_pwm = GPIO.PWM(L_IB_pwm, 100)
20 R_pwm.start(0.0)
21 L_pwm.start(0.0)
22
23 SPEED_MIN = 50
24 SPEED_MAX = 100
25
26 try:
27     for _ in range(3):
28         GPIO.output(R_IA, False)
29         GPIO.output(L_IA, False)
30         R_pwm.ChangeDutyCycle(0.0)
31         L_pwm.ChangeDutyCycle(0.0)
32         time.sleep(1.0)
33
34         for speed in range(SPEED_MIN,SPEED_MAX+1,1):
35             R_pwm.ChangeDutyCycle(speed)
36             L_pwm.ChangeDutyCycle(speed)
37             time.sleep(0.05)
38             print(speed-SPEED_MIN)
```

```python
39              for speed in range(SPEED_MAX,SPEED_MIN-1,-1):
40                      R_pwm.ChangeDutyCycle(speed)
41                      L_pwm.ChangeDutyCycle(speed)
42                      time.sleep(0.05)
43                      print(speed-SPEED_MIN)
44
45              GPIO.output(R_IA, True)
46              GPIO.output(L_IA, True)
47              R_pwm.ChangeDutyCycle(100.0)
48               L_pwm.ChangeDutyCycle(100.0)
49              time.sleep(1.0)
50
51              for speed in range(SPEED_MIN,SPEED_MAX+1,1):
52                      R_pwm.ChangeDutyCycle(100-speed)
53                      L_pwm.ChangeDutyCycle(100-speed)
54                      time.sleep(0.05)
55                      print(speed-SPEED_MIN)
56              for speed in range(SPEED_MAX,SPEED_MIN-1,-1):
57                      R_pwm.ChangeDutyCycle(100-speed)
58                      L_pwm.ChangeDutyCycle(100-speed)
59                      time.sleep(0.05)
60                      print(speed-SPEED_MIN)
61
62 except:
63          pass
64
65 R_pwm.ChangeDutyCycle(0.0)
66 L_pwm.ChangeDutyCycle(0.0)
67
68 R_pwm.stop()
69 L_pwm.stop()
70 GPIO.cleanup()
```

05 : R_IA 변수에 1 번 인자의 값을 정수로 변환하여 할당합니다. R_IA 변수는 오른쪽 모터 전진, 후진 방향 조절에 사용됩니다.

06 : R_IB_pwm 변수에 2 번 인자의 값을 정수로 변환하여 할당합니다. R_IB_pwm 변수는 오른쪽 모터 전진, 후진 속도 조절에 사용됩니다.

07 : L_IA 변수에 3 번 인자의 값을 정수로 변환하여 할당합니다. L_IA 변수는 왼쪽 모터 전진, 후진 방향 조절에 사용됩니다.

08 : L_IB_pwm 변수에 4 번 인자의 값을 정수로 변환하여 할당합니다. L_IB_pwm 변수는 왼쪽 모터 전진, 후진 속도 조절에 사용됩니다.

02 다음과 같이 예제를 실행합니다.

```
$ python _15_l9110s_motor_5.py 31 29 33 37
```

양쪽 모터의 속도가 점점 빨라졌다 느려지는 것을 반복하는 것을 확인합니다.

04 _ 모터 드라이버 살펴보기

여기서는 자동차의 전진, 정지, 후진, 좌회전, 우회전의 기능을 갖는 모터 드라이버 파일을 살펴봅니다. 다음 파일은 본문에서 사용됩니다.

tinker_car.py

```
001 import ASUS.GPIO as GPIO
002
003 class TinkerCar:
004
005     SPEED_MIN = 50
006     SPEED_MAX = 100
007
008     def _constrain(val, min_val, max_val):
009         return min(max_val, max(min_val, val))
010
011     def __init__(inst, R_IA, R_IB_pwm, L_IA, L_IB_pwm):
012
013         GPIO.setmode(GPIO.BOARD)
014         GPIO.setwarnings(False)
015
016         inst.pins = R_IA, R_IB_pwm, L_IA, L_IB_pwm
017
018     def __enter__(inst):
019
020         R_IA, R_IB_pwm, L_IA, L_IB_pwm = inst.pins
021
022         GPIO.setup(R_IA, GPIO.OUT)
023         GPIO.setup(R_IB_pwm, GPIO.OUT)
024         GPIO.setup(L_IA, GPIO.OUT)
025         GPIO.setup(L_IB_pwm, GPIO.OUT)
026
027         R_pwm = GPIO.PWM(R_IB_pwm, 100)
028         L_pwm = GPIO.PWM(L_IB_pwm, 100)
029         R_pwm.start(0.0)
030         L_pwm.start(0.0)
031
032         inst.cache = R_IA, L_IA, R_pwm, L_pwm
033
034         return inst
035
036     def __exit__(inst, type, value, traceback):
037
038         R_IA, L_IA, R_pwm, L_pwm = inst.cache
039
```

```python
040             inst.stopMotor()
041 
042             R_pwm.stop()
043             L_pwm.stop()
044 
045             GPIO.cleanup()
046 
047     def goForward(inst, spd):
048 
049             R_IA, L_IA, R_pwm, L_pwm = inst.cache
050 
051             SPEED_MIN = TinkerCar.SPEED_MIN
052             SPEED_MAX = TinkerCar.SPEED_MAX
053 
054             spd = TinkerCar._constrain(spd, SPEED_MIN, SPEED_MAX)
055 
056             GPIO.output(R_IA, False)
057             GPIO.output(L_IA, False)
058             R_pwm.ChangeDutyCycle(spd)
059             L_pwm.ChangeDutyCycle(spd)
060 
061 
062     def stopMotor(inst):
063 
064             R_IA, L_IA, R_pwm, L_pwm = inst.cache
065 
066             GPIO.output(R_IA, False)
067             GPIO.output(L_IA, False)
068             R_pwm.ChangeDutyCycle(0.0)
069             L_pwm.ChangeDutyCycle(0.0)
070 
071     def goBackward(inst, spd):
072 
073             R_IA, L_IA, R_pwm, L_pwm = inst.cache
074 
075             SPEED_MIN = TinkerCar.SPEED_MIN
076             SPEED_MAX = TinkerCar.SPEED_MAX
077 
078             spd = TinkerCar._constrain(spd, SPEED_MIN, SPEED_MAX)
079 
080             GPIO.output(R_IA, True)
081             GPIO.output(L_IA, True)
082             R_pwm.ChangeDutyCycle(SPEED_MAX-spd)
083             L_pwm.ChangeDutyCycle(SPEED_MAX-spd)
084 
085     def turnLeft(inst, spd):
```

```
086
087            R_IA, L_IA, R_pwm, L_pwm = inst.cache
088
089            SPEED_MIN = TinkerCar.SPEED_MIN
090            SPEED_MAX = TinkerCar.SPEED_MAX
091
092            spd = TinkerCar._constrain(spd, SPEED_MIN, SPEED_MAX)
093
094            GPIO.output(R_IA, False)
095            GPIO.output(L_IA, True)
096            R_pwm.ChangeDutyCycle(spd)
097            L_pwm.ChangeDutyCycle(SPEED_MAX-spd)
098
099        def turnRight(inst, spd):
100
101            R_IA, L_IA, R_pwm, L_pwm = inst.cache
102
103            SPEED_MIN = TinkerCar.SPEED_MIN
104            SPEED_MAX = TinkerCar.SPEED_MAX
105
106            spd = TinkerCar._constrain(spd, SPEED_MIN, SPEED_MAX)
107
108             GPIO.output(R_IA, True)
109            GPIO.output(L_IA, False)
110            R_pwm.ChangeDutyCycle(SPEED_MAX-spd)
111            L_pwm.ChangeDutyCycle(spd)
```

- 03~111 : TinkerCar 클래스를 정의합니다.
- 08~9 : _constrain 클래스 함수를 정의합니다. 모터의 속도를 최대값과 최소값 사이로 보정하는 함수입니다.
- 11~16 : __init__ 함수를 정의합니다.
- 18~34 : __enter__ 함수를 정의합니다. __enter__ 함수는 with 구문을 시작할 때 호출됩니다.
- 36~45 : __exit__ 함수를 정의합니다. __exit__ 함수는 with 구문이 끝날 때 호출됩니다.
- 47~59 : 전진 함수인 goForward 함수를 정의합니다.
- 54 : spd 값이 SPEED_MIN과 SPEED_MAX 값을 벗어나지 않도록 합니다.
- 62~69 : 정지 함수인 stopMotor 함수를 정의합니다.
- 71~83 : 후진 함수인 goBackward 함수를 정의합니다.
- 85~97 : 좌회전 함수인 turnLeft 함수를 정의합니다.
- 99~111 : 우회전 함수인 turnRight 함수를 정의합니다.

02 MCP3208 디바이스 살펴보기

여기서는 MCP3208 디바이스의 내부 구조, 통신 프로토콜, 드라이버를 살펴봅니다.

01 _ SPI 내부 블록도 살펴보기

다음은 MCP3208 디바이스의 내부 블록도입니다.

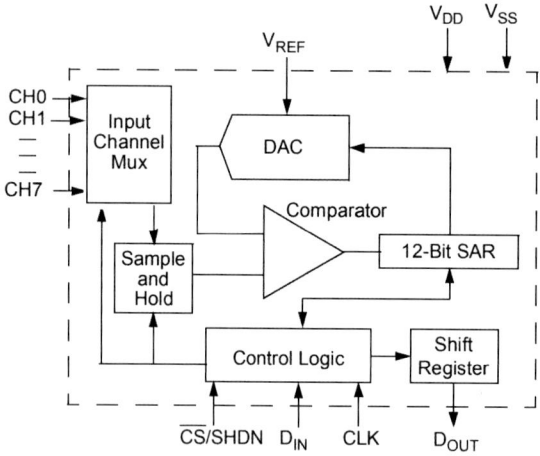

우측에 있는 CH0~CH7 핀에는 센서가 연결됩니다. CH0~CH7의 입력 값은 센서의 상태에 따른 전압 값이 됩니다. CH0~CH7에 연결된 센서는 [Input Channel Mux]를 거쳐 [Sample and Hold] 모듈에 의해 그 전압 값이 채취됩니다. 이 때, 채널에 대한 선택은 [Control Logic]을 통해 [Input Channel Mux]로 전달됩니다. 채취된 전압 값은 [DAC] 모듈을 거쳐 들어오는 VREF 값과 [Comparator]를 통해 비교되어 [12-Bit SAR] 레지스터에 저장됩니다. 예를 들어, VREF 값은 3.3V이고 채취된 전압 값이 1V라면 1241(=1/3.3*4096) 값이 [12-Bit SAR] 레지스터에 저장됩니다. [12-Bit SAR] 레지스터에 저장된 값은 [Control Logic]을 통해 [Shift Register]에 저장됩니다. [Shift Register]에 저장된 값은 CLK 핀을 통해 전달되는 클록 신호에 맞춰 DOUT 핀으로 1 비트씩 외부로 나갑니다.

02 _ MCP3208 통신 프로토콜 살펴보기

다음은 MCP3208 통신 프로토콜을 나타냅니다.

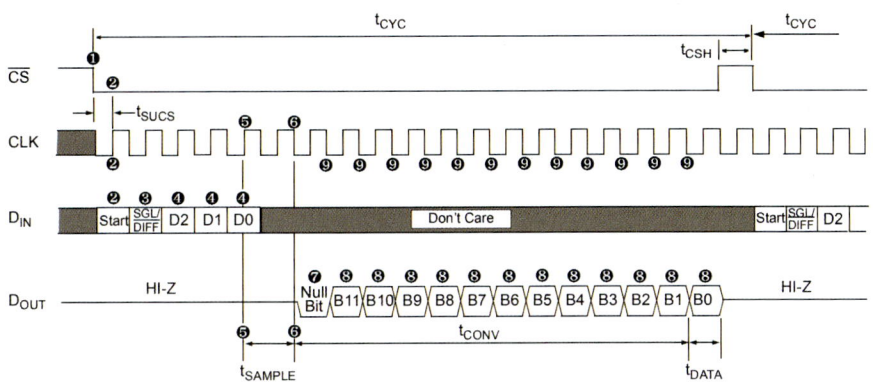

MCP3208 디바이스와의 통신은 표준 SPI 호환 시리얼 인터페이스를 사용하여 수행됩니다. ❶ 디바이스와의 통신은 CS 핀을 LOW로 떨어뜨리면서 시작합니다. CS 핀이 LOW인 상태로 전원이 들어왔을 경우에 통신을 시작하기 위해서는 CS핀을 먼저 HIGH로 올렸다가 다시 LOW로 떨어뜨려야합니다. ❷ CS가 LOW이고 DIN이 HIGH인 상태에서 첫 번째 클록은 시작 비트를 구성합니다. ❸ 시작 비트 다음에 오는 SGL/DIFF 비트는 단일종단 입력 모드로 변환을 수행할지 차동방식 입력 모드로 변환을 수행할지를 결정합니다. ❹ 다음으로 오는 세 비트(D2, D1, D0)는 입력 채널 설정을 선택하기 위해 사용됩니다. ❺ 디바이스는 시작 비트를 받고 나서 네 번째 클록의 상승에지에서 아날로그 입력을 샘플링하기 시작합니다. ❻ 샘플링 주기는 시작 비트 이후의 다섯 번째 클록의 하강 에지에서 끝납니다. 샘플링을 완료하기 위해 D0 비트가 들어오고 나서 한 클록이 더 필요합니다(이 클록에 대해 DIN은 "don't care" 상태입니다). ❼ 다섯 번째 클록의 하강에지에서 디바이스는 LOW 상태의 Null 비트를 내보냅니다. ❽ 다음에 오는 12 클록은 MSB로 시작하여 변환 결과를 출력으로 내보냅니다. ❾ 데이터는 항상 클록의 하강에지에서 디바이스로부터 나옵니다.

Control Bit Selections				Input Configuration	Channel Selection
Single /Diff	D2	D1	D0		
1	0	0	0	single-ended	CH0
1	0	0	1	single-ended	CH1
1	0	1	0	single-ended	CH2
1	0	1	1	single-ended	CH3
1	1	0	0	single-ended	CH4
1	1	0	1	single-ended	CH5
1	1	1	0	single-ended	CH6
1	1	1	1	single-ended	CH7
0	0	0	0	differential	CH0 = IN+ CH1 = IN-
0	0	0	1	differential	CH0 = IN- CH1 = IN+
0	0	1	0	differential	CH2 = IN+ CH3 = IN-
0	0	1	1	differential	CH2 = IN- CH3 = IN+
0	1	0	0	differential	CH4 = IN+ CH5 = IN-
0	1	0	1	differential	CH4 = IN- CH5 = IN+
0	1	1	0	differential	CH6 = IN+ CH7 = IN-
0	1	1	1	differential	CH6 = IN- CH7 = IN+

왼쪽 표는 MCP3208의 설정 비트를 보여줍니다.

Single/Diff 비트가 1일 경우엔 CH0~CH7까지 8개의 채널을 사용합니다. Single/Diff 비트가 0일 경우엔 CH0:CH1~CH6:CH7까지 4개의 채널을 사용합니다. D2,D1,D0 비트를 이용하여 채널을 선택할 수 있습니다. 예를 들어, Single/Diff 비트가 1이고, D2,D1,D0 비트가 1,1,0일 경우 MCP3208은 CH6의 값을 읽게 됩니다.

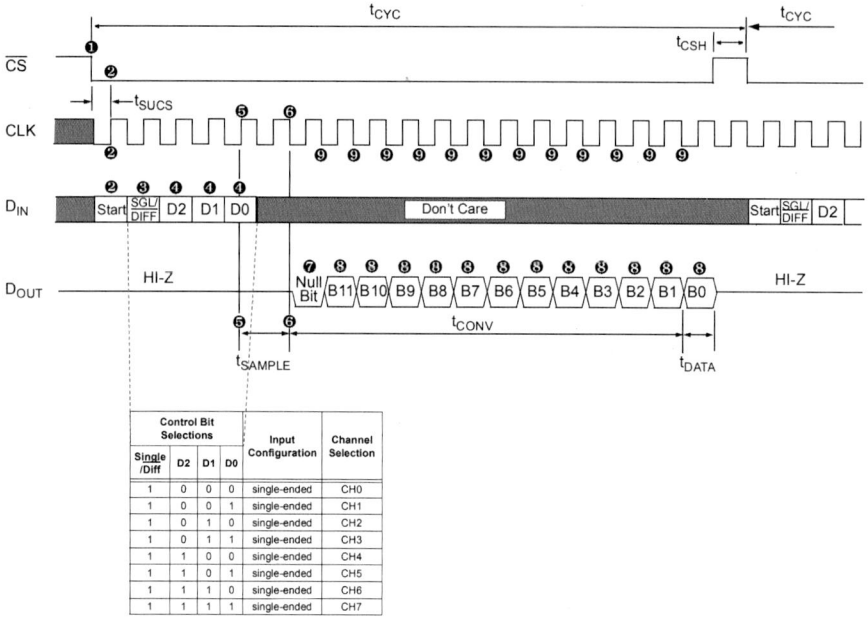

다음은 8 비트 데이터를 이용한 SPI 통신을 나타냅니다.

MCU가 MCP3208로부터 변환 데이터를 받기 위해서는 먼저 3바이트의 요구 데이터를 보냅니다. 데이터 형식은 다음과 같습니다.

첫 번째 바이트 데이터에 Start Bit, SGL/DIFF, D2 비트를 실어 보냅니다. 두 번째 바이트 데이터에 D1, D0 비트를 실어 보냅니다. X로 표시된 비트는 임의의 데이터를 실어 보내면 됩니다. 첫 번째 바이트 데이터는 0,0,0,0,0,1로 시작합니다.

그러면 MCP3208은 MCU로 3바이트의 응답 데이터를 보냅니다. 데이터 형식은 다음과 같습니다.

두 번째 바이트와 세 번째 바이트에 센서 값이 12비트(0~4095)로 실려 오게 됩니다.

03 _ MCP3208 ADC 드라이버 살펴보기

여기서는 MCP3208 디바이스를 제어하기 위한 드라이버 파일을 살펴봅니다. 다음 파일은 본문에서 사용됩니다.

mcp3208.py

```python
01 class ADC:
02     def __init__(self, spi):
03         self.spi=spi
04     def analogRead(self, channel):
05         spi = self.spi
06         try:
07             buf = [(1<<2)|(1<<1)|(channel&4)>>2, (channel&3)<<6, 0]
08             buf = spi.xfer(buf)
09             adcValue = ((buf[1]&0xF)<<8)|buf[2]
10             return adcValue
11         except:
12             print('Error while reading from SPI device')
13             return None
```

01~13 : ADC 클래스를 정의합니다.

02~03 : ADC 객체 생성 시의 초기화 함수인 __init__ 함수를 정의합니다. __init__ 함수는 객체를 가리키는 self, spi 디바이스를 가리키는 spi를 인자로 갖습니다.

04~13 : analogRead 함수를 정의합니다. analogRead 함수의 인자는 객체를 가리키는 self, 읽고자 하는 MCP3208의 채널 번호를 받습니다. 채널 번호는 0~7까지 받으며 CH0~CH7을 의미합니다. 반환 값은 채널 번호에 대한 센서 값입니다.

05 : spi 변수를 선언한 후, self.spi 값을 받습니다.

07 : buf 변수를 선언한 후, 팅커 보드가 MCP3208로 보낼 3 바이트 데이터로 초기화합니다. 팅커 보드가 MCP3208로부터 변환 데이터를 받기 위해서는 먼저 3 바이트의 요구 데이터를 보내야 합니다. 데이터 형식은 다음과 같습니다.

Start Bit								X : Don't Care 비트							X : Don't Care 비트							
0	0	0	0	0	1	SGL/DIFF	D2	D1	D0	X	X	X	X	X	X	X	X	X	X	X	X	X	X

08 : spi.xfer 함수를 호출하여 MCP3208로 buf 값을 보냅니다. 그러면 MCP3208은 팅커 보드로 3 바이트의 응답 데이터를 보냅니다. 데이터 형식은 다음과 같습니다.

?	?	?	?	?	?	?	?	?	0(Null)	B11	B10	B9	B8	B7	B6	B5	B4	B3	B2	B1	B0

그래서 spi.xfer 함수 호출이 정상적으로 완료되면 buf로 그림과 같은 3 바이트의 데이터가 도착해 있게 됩니다. 즉, 두 번째 바이트와 세 번째 바이트에 센서 값이 12비트(0~4095)로 실려 오게 됩니다.

09 : buf[1][3:0], buf[2][7:0]으로부터 12비트 데이터를 추출해 adcValue 변수에 저장합니다.

10 : 센서 값을 가진 adcValue 값을 돌려줍니다.

03 PCA9685 디바이스 살펴보기

여기서는 PCA9685 디바이스의 내부 구조, 레지스터, 통신 프로토콜, 드라이버를 살펴봅니다.

01 _ PCA9685 블록도 살펴보기

다음은 PCA9685 디바이스의 내부 블록도입니다.

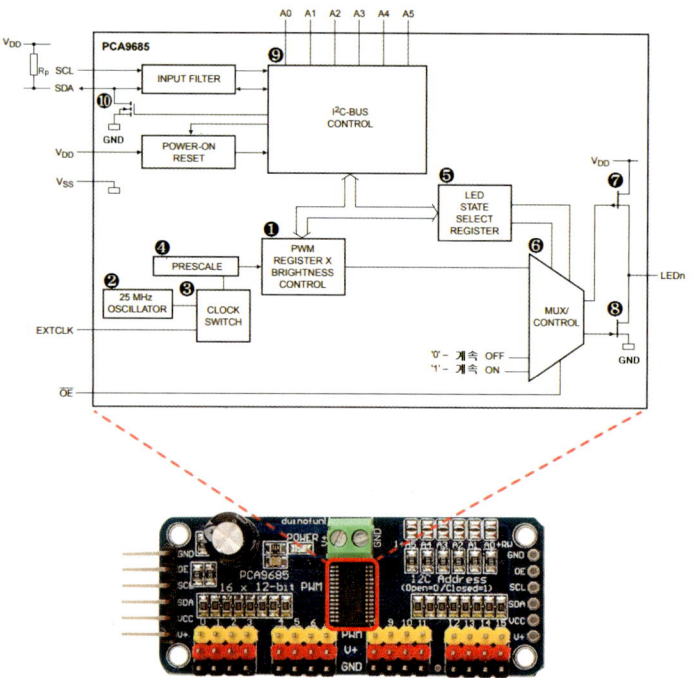

블록도 중앙 하단에 있는 ❶[PWM REGISTER X BRIGHTNESS CONTROL] 블록은 12 비트 COUNTER 레지스터를 가지며 0~4095의 값을 가질 수 있습니다.

좌측 하단에 있는 ❷[25 MHz OSCILLATOR]는 ❸[CLOCK SWITCH] 블록과 ❹[PRESCALE] 레지스터를 거쳐 COUNTER 레지스터로 25MHz 클록을 공급합니다. COUNTER 레지스터는 이 클록에 맞춰 숫자를 0~4095사이에서 반복적으로 증가시킵니다.

❸[CLOCK SWITCH]는 내부에 있는 ❷[25 MHz OSCILLATOR]에서 오는 클록과 외부에서 EXTCLK 핀을 통해 공급되는 클록 중 하나를 선택하는 역할을 합니다. 기본 상태에서는 내부에 있는 ❷[25 MHz OSCILLATOR]에서 오는 클록이 선택됩니다.

25MHz로 들어오는 클록은 ❹[PRESCALE] 레지스터를 거치게 되는데 ❹[PRESCALE] 레지스터 값을 설정하여 COUNTER 레지스터로 들어가는 클록의 속도를 줄일 수 있습니다. ❹[PRESCALE] 레지스터는 8비트 크기로 다음 공식을 기준으로 한 값을 갖습니다.

$$prescale\ 값 = 반올림\left(\frac{25\ MHz}{4096 \times frequency}\right) - 1$$

주파수는 40~1000Hz 사이의 값을 가질 수 있습니다. 예를 들어, 주파수를 1000Hz로 맞추고자 할 경우 ❹[PRESCALE] 레지스터 값은 5(반올림(2500000/4096/1000) - 1)가 됩니다.

우측 중앙에 있는 ❺[LED STATE SELECT REGISTER]는 우측 하단에 있는 ❻[MUX/CONTROL] 모듈의 입력을 제어하는 역할을 합니다. ❺[LED STATE SELECT REGISTER]를 설정하여 ❻[MUX/CONTROL] 모듈의 좌측에 있는 3 입력 중 하나를 선택할 수 있습니다. ❻[MUX/CONTROL] 모듈의 우측에는 ❼❽[2개의 JFET 트랜지스터]가 있습니다. 트랜지스터는 전자 스위치로 초고속으로 제어가 가능합니다. ❼[상단 스위치]는 0이 입력되면 연결되는 스위치이고 ❽[하단 스위치]는 1이 입력되면 연결되는 스위치입니다.

트랜지스터는 구현하는 방식에 따라 여러 가지 형태가 있습니다.

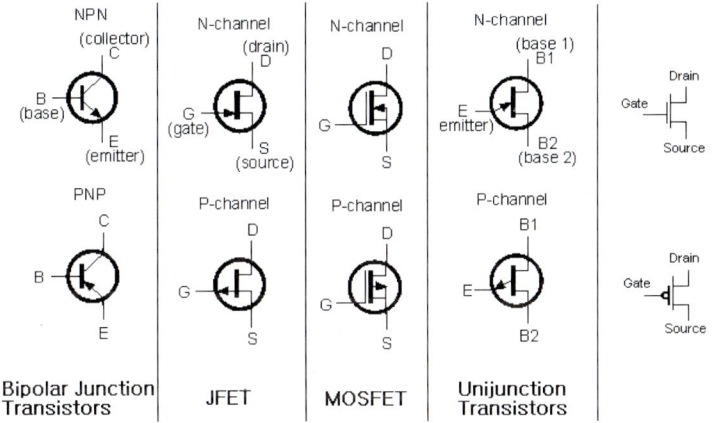

위 그림에서 가로로 논리적으로 같은 기능을 하는 트랜지스터입니다. NPN과 3개의 N-channel은 B, G, E로 논리적으로 1을 주면 C와 E, D와 S, B1과 B2가 연결됩니다. PNP와 3개의 P-channel은 B, G, E로 논리적으로 0을 주면 C와 E, D와 S, B1과 B2가 연결됩니다.

❻[MUX/CONTROL]의 입력이 0이 되면 ❼[상단 스위치]는 활성화되고 ❽[하단 스위치]는 비 활성화되어 LEDn 핀은 VDD로 연결됩니다. VDD는 VCC와 같은 역할을 합니다. 즉, LEDn 핀은 VCC로 연결됩니다. ❻[MUX/CONTROL]의 입력이 1이 되면 ❼[상단 스위치]는 비 활성화되고 ❽[하단 스위치]는 활성화되어 LEDn 핀은 GND로 연결됩니다. 즉, LEDn 핀은 GND로 연결됩니다. ❶[PWM REGISTER X BRIGHTNESS CONTROL] 블록으로부터 오는 입력은 0또는 1이 들어오게 되며 들어오는 값에 따라 LEDn 핀은 VCC 또는 GND로 연결됩니다.

❻[MUX/CONTROL]의 하단에서 입력되는 제어신호 /OE는 LEDn 핀으로의 출력을 활성화하거나 비 활성화하는 역할을 합니다.

상단에 있는 ❾[I2C-BUS CONTROL] 블록은 PCA9685 전체 블록을 제어합니다. 상단으로 들어오는 A0~A5 핀은 0또는 1이 입력되며 주소를 결정하는 역할을 합니다. 총 6비트의 주소 핀으로 0~63의 주소 값을 가질 수 있습니다. PCA9685 모듈 하나당 제어할 수 있는 LED 핀은 총 16개의 핀입니다.

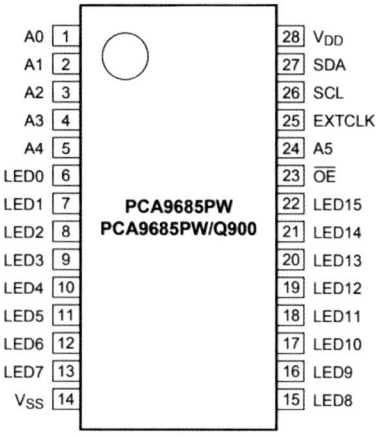

I2C 버스에 64개의 PCA9685 모듈을 연결할 경우 총 1024(64x16)개의 LED를 제어할 수 있습니다.

PCA9685 좌측 상단에 있는 SCL, SDA 핀은 팅커 보드로 연결됩니다. [INPUT FILTER] 모듈은 SCL, SDA 핀으로 들어오는 신호를 깨끗한 신호로 바꿔 ❾[I2C-BUS CONTROL] 블록으로 전달하는 역할을 합니다. SDA 핀에 연결된 ❿[MOSFET 트랜지스터]는 데이터를 내보낼 때 사용합니다. ❾[I2C-BUS CONTROL]에서 ❿[SDA 핀 스위치]로 연결된 선으로 1값이 전달되면 ❿[SDA 핀 스위치]가 활성화되어 SDA는 GND로 연결되어 0값이 나가게 됩니다. ❾[I2C-BUS CONTROL]에서 ❿[SDA 핀 스위치]로 연결된 선으로 0값이 전달되면 ❿[SDA 핀 스위치]는 비 활성화되어 SDA는 외부에서 풀업 저항을 통해서 VCC로 연결되어 1값이 나가게 됩니다.

[POWER ON RESET] 블록은 내부 레지스터들을 기본 상태로 초기화하여 출력 값이 LOW가 되게 합니다.

02 _ PCA9685 레지스터 살펴보기

❶ 전체 레지스터

다음은 PCA9685 내부 레지스터를 나타냅니다.

레지스터 주소 (16진수)	레지스터 이름	레지스터 기능
00	MODE1	모드 레지스터 1
01	MODE2	모드 레지스터 2
02	SUBADR1	I2C 버스 하위 주소 1
03	SUBADR2	I2C 버스 하위 주소 2
04	SUBADR3	I2C 버스 하위 주소 3
05	ALLCALLADR	LED 전체 호출 I2C 버스 주소
06	LED0_ON_L	LED0 출력과 밝기 조절 바이트 0
07	LED0_ON_H	LED0 출력과 밝기 조절 바이트 1
08	LED0_OFF_L	LED0 출력과 밝기 조절 바이트 2
09	LED0_OFF_H	LED0 출력과 밝기 조절 바이트 3
10~65	LED1~LED14 레지스터 생략	
42	LED15_ON_L	LED15 출력과 밝기 조절 바이트 0
43	LED15_ON_H	LED15 출력과 밝기 조절 바이트 1
44	LED15_OFF_L	LED15 출력과 밝기 조절 바이트 2
45	LED15_OFF_H	LED15 출력과 밝기 조절 바이트 3
사용하지 않는 영역		
FA	ALL_LED_ON_L	LED 전체 출력과 밝기 조절 바이트 0
FB	ALL_LED_ON_H	LED 전체 출력과 밝기 조절 바이트 1
FC	ALL_LED_OFF_L	LED 전체 출력과 밝기 조절 바이트 2
FD	ALL_LED_OFF_H	LED 전체 출력과 밝기 조절 바이트 3
FE	PRE_SCALE	출력 주파수용 분주기
FF	TestMode	테스트 모드 레지스터

레지스터는 디바이스 내부에 있는 미리 정해진 이름을 갖는 변수와 같습니다. 우리가 메모리에 만드는 변수의 경우엔 프로그래밍 과정에서 그 용도에 따라 우리가 직접 이름을 붙여주지만 디바이스 레지스터의 경우엔 그 용도가 미리 정해지며 그 용도에 따른 이름을 갖고 있게 됩니다. 또, 메모리 변수의 경우엔 CPU가 읽고 쓰지만, 디바이스 변수의 경우엔 CPU와 디바이스가 같이 읽고 쓰며 상호 통신용으로 사용하게 됩니다. 따라서 CPU가 디바이스 변수에 쓴 값은 그대로 남아있지 않을 수도 있습니다.

❷ MODE1 레지스터

다음은 MODE1 레지스터에 대한 비트 설명입니다.

MODE1 - 모드 레지스터 1 비트 설명
* 기본값

비트	이름	접근	값	설명
7	RESTART	R		RESTART 로직의 상태를 보여줌
		W		0일 때: 1로 쓰면 1로 설정 1일 때: 1로 써야 0으로 설정
			0*	재구동 비활성화 됨
			1	재구동 활성화 됨
6	EXTCLK	R/W	0*	내부 클록 사용
			1	EXTCLK 핀 클록 사용
5	AI	R/W	0*	레지스터 자동 증가 비활성화
			1	레지스터 자동 증가 활성화
4	SLEEP	R/W	0	일반 모드(오실레이터 구동, 0 설정 후 500us 이후 PWM 제어)
			1*	저전력 모드(오실레이터 끔, PWM 제어 안됨)
3	SUB1	R/W	0*	I2C 버스 하위주소 1에 대해 PCA9685 응답안함
			1	I2C 버스 하위주소 1에 대해 PCA9685 응답함
2	SUB2	R/W	0*	I2C 버스 하위주소 2에 대해 PCA9685 응답안함
			1	I2C 버스 하위주소 2에 대해 PCA9685 응답함
1	SUB3	R/W	0*	I2C 버스 하위주소 3에 대해 PCA9685 응답안함
			1	I2C 버스 하위주소 3에 대해 PCA9685 응답함
0	ALLCALL	R/W	0	LED 전체 호출 I2C 주소1에 대해 PCA9685 응답안함
			1*	LED 전체 호출 I2C 주소1에 대해 PCA9685 응답함

- SLEEP 비트는 내부 오실레이터를 동작시키거나 멈출 때 사용합니다. 1로 설정하면 오실레이터의 동작을 멈추며, PWM 제어가 멈춥니다. 0으로 설정하면 오실레이터의 동작을 시작하게 되며, 0으로 설정한 후,

정상적으로 동작할 때까지 500us(마이크로 초)를 기다립니다. 그리고 모든 PWM 채널을 재시작하기 위해 RESTART 비트를 1로 설정해 줍니다. 모든 PWM 채널이 재 시작된 후, RESTART 비트는 0으로 초기화됩니다. RESTART 비트는 내부 오실레이터 구동 후, 모든 PWM 채널을 재시작하기 위해 사용합니다.

- AI 비트는 I2C 버스를 통해 데이터를 받거나 보낸 후에 자동으로 주소 값을 증가시키는 역할을 합니다. 예를 들어, AI 비트가 1로 설정된 상태에서 팅커 보드에서 I2C 버스를 통해 LED0_ON_L 레지스터가 있는 6번지로 2 바이트의 데이터를 보내면, PCA9685는 먼저 온 1 바이트를 LED0_ON_L 레지스터에 저장한 후, 주소 값을 7번지로 변경한 후, 나중에 온 1 바이트를 LED0_ON_H 레지스터에 저장합니다.

나머지 비트는 여기서는 살펴보지 않습니다.

❸ LED_ON, LED_OFF 제어 레지스터

다음은 LED_ON, LED_OFF 제어 레지스터에 대한 비트 설명입니다.

LED_ON, LED_OFF 제어 레지스터 비트 설명
* 기본 값

번지	레지스터	비트	이름	접근	값	설명
06h	LED0_ON_L	7:0	LED0_ON_L[7:0]	R/W	0000 0000*	LED0의 LEDn_ON 비교, 하위 8 비트
07h	LED0_ON_H	7:5	reserved	R	000*	쓰기 불가(사용 안함)
		4	LED0_ON_H[4]	R/W	0*	LED0 계속 켜기
		3:0	LED0_ON_H[3:0]	R/W	0000*	LED0의 LEDn_ON 비교, 상위 4 비트
08h	LED0_OFF_L	7:0	LED0_OFF_L[7:0]	R/W	0000 0000*	LED0의 LEDn_OFF 비교, 하위 8 비트
09h	LED0_OFF_H	7:5	reserved	R	000*	쓰기 불가(사용 안함)
		4	LED0_OFF_H[4]	R/W	1*	LED0 계속 끄기
		3:0	LED0_OFF_H[3:0]	R/W	0000*	LED0의 LEDn_OFF 비교, 상위 4 비트

- LED0_ON_H[3:0], LED0_ON_L[7:0]은 내부적으로 합쳐져서 12비트의 LED0_ON[11:0] 레지스터를 구성하며, LED0이 켜지기 시작하는 값을 가집니다. 예를 들어, LED0_ON[11:0]의 값이 0으로 설정되어 있으면, 내부 COUNTER 레지스터 값이 0일 때, LED0이 켜집니다. LED0_ON[11:0]의 값이 511로 설정 되어 있으면 내부 COUNTER 레지스터 값이 511일 때, LED0이 켜집니다.
- LED0_OFF_H[3:0], LED0_OFF_L[7:0]는 합쳐져서 12비트의 LED0_OFF[11:0] 레지스터를 구성하며, LED0이 꺼지기 시작하는 값을 가집니다. 예를 들어, LED0_OFF[11:0]의 값이 2048로 설정되어 있으면, 내부 COUNTER 레지스터 값이 2048일 때, LED0이 꺼집니다.
- LED0_ON_H[4]가 1로 설정되었을 때에는 LED0은 계속 켜져 있게 됩니다. 이 때, LED0_OFF[11:0] 값은 무시됩니다.
- LED0_OFF_H[4]가 1로 설정되었을 때에는 LED0은 계속 꺼져 있게 됩니다. 이 때, LED0_ON[11:0] 값은 무시됩니다.
- LED0_ON_H[4]와 LED0_OFF_H[4]가 동시에 1로 설정되었을 때에는 LED0_OFF_H[4]가 우선순위가 있어 LED0은 계속 꺼져 있게 됩니다.

❹ ALL_LED_ON, ALL_LED_OFF, PRE_SCALE 레지스터

다음은 ALL_LED_ON, All_LED_OFF 제어 레지스터와 PRE_SCALE 레지스터에 대한 비트 설명입니다.

ALL_LED_ON, ALL_LED_OFF 제어 레지스터 비트 설명

* 기본 값

번지	레지스터	비트	이름	접근	값	설명
FAh	ALL_LED_ON_L	7:0	ALL_LED_ON_L[7:0]	W only	0000 0000*	ALL_LED의 LEDn_ON 비교, 하위 8비트
FBh	ALL_LED_ON_H	7:5	reserved	R	000*	쓰기 불가(사용 안함)
		4	ALL_LED_ON_H[4]	W only	1*	ALL_LED 계속 켜기
		3:0	ALL_LED_ON_H[3:0]	W only	0000*	ALL_LED의 LEDn_ON 비교, 상위 4비트
FCh	ALL_LED_OFF_L	7:0	ALL_LED_OFF_L[7:0]	W only	0000 0000*	ALL_LED의 LEDn_OFF 비교, 하위 8비트
FDh	ALL_LED_OFF_H	7:5	reserved	R	000*	쓰기 불가(사용 안함)
		4	ALL_LED_OFF_H[4]	W only	1*	ALL_LED 계속 끄기
		3:0	ALL_LED_OFF_H[3:0]	W only	0000*	ALL_LED의 LEDn_OFF 비교, 상위 4비트
FEh	PRE_SCALE	7:0	PRE_SCALE[7:0]	R/W	0001 1110*	출력 주파수 프로그램 분주기 (변경 시 MODE1 레지스터의 SLEEP 비트를 1로 설정해야 함)

- ALL_LED_ON_H[3:0], ALL_LED_ON_L[7:0]은 내부적으로 합쳐져서 12비트의 ALL_LED_ON[11:0] 레지스터를 구성하며, LED 전체가 켜지기 시작하는 값을 가집니다. 예를 들어, ALL_LED_ON[11:0]의 값이 0으로 설정되어 있으면, 내부 COUNTER 레지스터 값이 0일 때, LED 전체가 켜집니다. ALL_LED_ON[11:0]의 값이 511로 설정 되어 있으면 내부 COUNTER 레지스터 값이 511일 때, LED 전체가 켜집니다.

- ALL_LED_OFF_H[3:0], ALL_LED_OFF_L[7:0]는 합쳐져서 12비트의 ALL_LED_OFF[11:0] 레지스터를 구성하며, LED 전체가 꺼지기 시작하는 값을 가집니다. 예를 들어, ALL_LED_OFF[11:0]의 값이 2048로 설정되어 있으면, 내부 COUNTER 레지스터 값이 2048일 때, LED 전체가 꺼집니다.

- ALL_LED_ON_H[4]가 1로 설정되었을 때에는 LED 전체는 계속 켜져 있게 됩니다. 이 때, ALL_LED_OFF[11:0] 값은 무시됩니다.

- ALL_LED_OFF_H[4]가 1로 설정되었을 때에는 LED 전체는 계속 꺼져 있게 됩니다. 이 때, ALL_LED_ON[11:0] 값은 무시됩니다.

- ALL_LED_ON_H[4]와 ALL_LED_OFF_H[4]가 동시에 1로 설정되었을 때에는 ALL_LED_OFF_H[4]가 우선순위가 있어 LED 전체는 계속 꺼져 있게 됩니다.

- PRE_SCALE 레지스터는 8비트 크기로 다음 공식을 기준으로 한 값을 갖습니다.

$$prescale\ 값 = 반올림\left(\frac{25\ MHz}{4096 \times frequency}\right) - 1$$

주파수는 40~1000Hz 사이의 값을 가질 수 있습니다. 예를 들어, 주파수를 1000Hz로 맞추고자 할 경우 PRE_SCALE 레지스터 값은 5(반올림(2500000/4096/1000) - 1)가 됩니다.

- PRE_SCALE 레지스터는 MODE1 레지스터의 SLEEP 비트가 1로 설정되어 있어야 설정될 수 있습니다.

03 _ PCA9685 PWM 제어 살펴보기

다음은 LED0_ON, LED0_OFF 레지스터 설정 값에 따른 LED0 PWM 출력을 파형을 보여주는 예입니다.

LED 출력 예

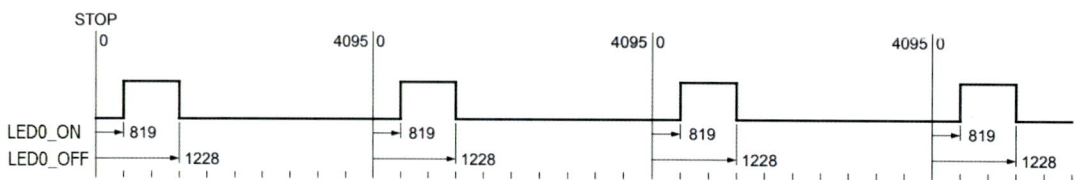

LED0 제어기 출력의 ON(HIGH) 시작 시간과 OFF(LOW) 시작 시간은 두 개의 레지스터 LED0_ON, LED0_OFF를 사용하여 조절할 수 있습니다. 이 레지스터들은 12 비트 크기로 0~4095값을 가질 수 있습니다. LED0_ON 레지스터는 ON(켜기) 시작 시간에 대한 값을 가지고, LED0_OFF 레지스터는 OFF(끄기) 시작 시간에 대한 값을 가지고 있습니다. ON과 OFF 시간은 12 비트 COUNTER 레지스터 값과 비교됩니다. COUNTER 레지스터는 0~4095 사이에서 계속해서 증가합니다.

04 _ PCA9685 PWM 드라이버 살펴보기

여기서는 PCA9685 디바이스를 제어하기 위한 드라이버 파일을 살펴봅니다. 다음 파일은 본문에서 사용됩니다.

pca9685.py

```
01 import time
02
03 MODE1 = 0x00
04 PRE_SCALE = 0xFE
05 LED0_OFF_L = 0x08
06 LED0_OFF_H = 0x09
07
08 SLEEP = 0x10
09 RESTART = 0x80
10
11 class PWM:
12     def __init__(self, bus, address =0x40):
13         self.bus = bus
14         self.address = address
15         self._writeByte(MODE1, 0x00)
16
17     def setFreq(self, frequency):
```

```python
18        baseMode = self._readByte(MODE1)&0xFF
19        self._writeByte(MODE1, baseMode|SLEEP)
20
21        prescale = (25000000.0/(4096*frequency)+0.5)-1
22        self._writeByte(PRE_SCALE, int(prescale))
23
24        self._writeByte(MODE1, baseMode)
25
26        time.sleep(0.001)
27
28        self._writeByte(MODE1, baseMode|RESTART)
29
30    def setDuty(self, pin, duty_cycle):
31        chan = pin*4
32        duty_off =int(duty_cycle)&0xFFFF
33        self._writeByte(LED0_OFF_L+chan, duty_off&0xFF)
34        self._writeByte(LED0_OFF_H+chan, duty_off>>8)
35
36    def _writeByte(self, reg, value):
37        try:
38            self.bus.write_byte_data(self.address, reg, value)
39        except:
40            print("Error while writing to I2C device")
41
42    def _readByte(self, reg):
43        try:
44            value = self.bus.read_byte_data(self.address, reg)
45            return value
46        except:
47            print("Error while reading from I2C device")
48            return None
```

03 : MODE1 레지스터의 주소 값을 정의합니다.
04 : PRE_SCALE 레지스터의 주소 값을 정의합니다.
05 : LED0_OFF_L 레지스터의 주소 값을 정의합니다.
06 : LED0_OFF_H 레지스터의 주소 값을 정의합니다.
08 : MOED1 레지스터의 SLEEP 비트를 정의합니다.
09 : MOED1 레지스터의 RESTART 비트를 정의합니다.
11~48 : PWM 클래스를 정의합니다. PWM 클래스는 객체 생성 시의 초기화 함수인 __init__(12줄), 주파수 설정 함수인 setFreq(17줄), 상하비 설정 함수인 setDuty(30줄), I2C 버스에 1 바이트 데이터를 쓰는 함수인 _writeByte(36줄), I2C 버스에서 1 바이트를 읽는 함수인 _readByte(42줄)로 구성됩니다.
12~15 : PWM 객체 생성 시의 초기화 함수인 __init__ 함수를 정의합니다. __init__ 함수는 객체를 가리키는 self, I2C 버스를 가리키는 bus, I2C 버스의 디바이스의 주소를 가리키는 address를 인자로 갖습니다. address가 가리키는 기본 주소 값은 0x40입니다. 0x40은 PCA9685 디바이스의 주소 값입니다.
13~15 : PWM 객체는 객체 변수로 bus, address를 갖습니다.

- 15 : 객체 함수인 _writeByte 함수를 호출하여 MODE1 레지스터를 0x00값으로 초기화합니다.
- 17~28 : 주파수 설정 함수인 setFreq 함수를 정의합니다. setFreq 함수는 객체를 가리키는 self, 주파수를 가리키는 frequency 변수를 인자로 갖습니다.
- 18 : 객체 함수인 _readByte 함수를 호출하여 PCA9685 디바이스의 MODE1 레지스터를 값을 읽어 baseMode 변수가 가리키도록 합니다.
- 19 : 객체 함수인 _readByte 함수를 호출하여 PCA9685 디바이스의 MODE1 레지스터의 SLEEP 비트를 1로 설정합니다. 그러면 내부 오실레이터는 동작을 멈춥니다.
- 21 : 매개변수 frequency를 통해 넘어온 주파수를 위한 분주기 값을 구하여 prescale 변수가 가리키도록 합니다.
- 22 : 객체 함수인 _writeByte 함수를 호출하여 PCA9685 디바이스의 PRE_SCALE 레지스터에 분주기 값을 씁니다.
- 24 : 객체 함수인 _writeByte 함수를 호출하여 PCA9685 디바이스의 MODE1 레지스터의 baseMode 변수가 가리키는 값으로 설정합니다. 이렇게 하면 SLEEP 비트가 0으로 설정되어 내부 오실레이터가 재구동됩니다. 내부 오실레이터가 동작해야 PWM 출력을 수행할 수 있습니다.
- 26 : SLEEP 비트를 0으로 설정해서 오실레이터를 구동시킨 후, 최대 1ms(밀리 초)를 대기해야합니다.
- 28 : 객체 함수인 _writeByte 함수를 호출하여 PCA9685 디바이스의 MODE1 레지스터의 RESTART 비트를 1로 설정합니다. 그래야 모든 PWM 채널이 재 시작됩니다. 모든 PWM이 정상적으로 재 시작되면 RESTART 비트는 지워집니다.
- 30~34 : 상하비 설정 함수인 setDuty 함수를 정의합니다. setDuty 함수는 객체를 가리키는 self, 핀을 가리키는 pin, 듀티 사이클을 가리키는 duty_cycle 변수를 인자로 갖습니다.
- 31 : 채널 하나당 4바이트의 데이터를 이용하여 PWM 파형의 HIGH 구간을 설정하므로, 넘어온 pin 값에 4를 곱해 pin에 해당하는 채널의 시작 레지스터의 오프셋 값을 구합니다.
- 32 : 넘어온 duty_cycle 값을 정수 객체로 바꾼 후, 하위 16비트 부분에 해당하는 값을 구한 후, duty_off 변수가 가리키도록 합니다.
- 33 : 객체 함수인 _writeByte 함수를 호출하여 PCA9685 디바이스의 LED0_OFF_L+chan 번지에 duty_off의 하위 8 비트 값을 씁니다.
- 34 : 객체 함수인 _writeByte 함수를 호출하여 PCA9685 디바이스의 LED0_OFF_H+chan 번지에 duty_off의 상위 8 비트 값을 씁니다.
- 36~40 : I2C 버스에 1 바이트 데이터를 쓰는 함수인 _writeByte 함수를 정의합니다. _writeByte 함수 객체를 가리키는 self, PCA9685 디바이스 내부 레지스터 주소 값을 가리키는 reg, PCA9685 디바이스 내부 레지스터에 넣어줄 값을 가리키는 value 변수를 인자로 갖습니다.
- 38 : I2C 디바이스에 한 바이트 데이터를 쓰는 write_byte_data 함수를 호출하여 PCA9685 디바이스의 해당 레지스터에 값을 씁니다.
- 42~48 : I2C 버스에서 1 바이트를 읽는 함수인 _readByte 함수를 정의합니다. _readByte 함수는 객체를 가리키는 self, 읽고자 하는 PCA9685 디바이스 내부 레지스터 주소 값을 가리키는 reg 변수를 인자로 갖습니다.
- 44 : I2C 디바이스에서 한 바이트 데이터를 읽는 read_byte_data 함수를 호출하여 PCA9685 디바이스의 해당 레지스터에 값을 읽어, value 변수가 가리키도록 합니다.
- 45 : value 변수 값을 돌려줍니다.

04 MPU6050 디바이스 살펴보기

여기서는 MPU6050 디바이스 드라이버를 살펴봅니다.

01 _ MPU6050 드라이버 살펴보기

여기서는 MPU6050 디바이스를 제어하기 위한 드라이버를 살펴봅니다. 다음 파일은 본문에서 사용됩니다.

mpu6050.py

```
01 PWR_MGMT_1 = 0x6b
02
03 ACCL_XOUT_H = 0x3b
04 ACCL_XOUT_L = 0x3c
05 ACCL_YOUT_H = 0x3d
06 ACCL_YOUT_L = 0x3e
07 ACCL_ZOUT_H = 0x3f
08 ACCL_ZOUT_L = 0x40
09
10 GYRO_XOUT_H = 0x43
11 GYRO_XOUT_L = 0x44
12 GYRO_YOUT_H = 0x45
13 GYRO_YOUT_L = 0x46
14 GYRO_ZOUT_H = 0x47
15 GYRO_ZOUT_L = 0x48
16
17 class MPU6050:
18     def __init__(self, bus, address = 0x68):
19         self.bus = bus
20         self.address = address
21         self._writeByte(PWR_MGMT_1, 0x00)
22
23     def read_gyro(self):
24         GyX = self._readByte(GYRO_XOUT_H)<<8
25         GyX |= self._readByte(GYRO_XOUT_L)
26         GyY = self._readByte(GYRO_YOUT_H)<<8
27         GyY |= self._readByte(GYRO_YOUT_L)
28         GyZ = self._readByte(GYRO_ZOUT_H)<<8
29         GyZ |= self._readByte(GYRO_ZOUT_L)
```

```python
30
31          if(GyX >=0x8000): GyX =-((65535 -GyX)+1)
32          if(GyY >=0x8000): GyY =-((65535 -GyY)+1)
33          if(GyZ >=0x8000): GyZ =-((65535 -GyZ)+1)
34
35          return GyX, GyY, GyZ
36
37      def read_accl(self):
38          AcX = self._readByte(ACCL_XOUT_H)<<8
39          AcX |= self._readByte(ACCL_XOUT_L)
40          AcY = self._readByte(ACCL_YOUT_H)<<8
41          AcY |= self._readByte(ACCL_YOUT_L)
42          AcZ = self._readByte(ACCL_ZOUT_H)<<8
43          AcZ |= self._readByte(ACCL_ZOUT_L)
44
45          if(AcX >=0x8000): AcX =-((65535 -AcX)+1)
46          if(AcY >=0x8000): AcY =-((65535 -AcY)+1)
47          if(AcZ >=0x8000): AcZ =-((65535 -AcZ)+1)
48
49          return AcX, AcY, AcZ
50
51      def _writeByte(self, reg, value):
52          self.bus.write_byte_data(self.address, reg, value)
53
54      def _readByte(self, reg):
55          value = self.bus.read_byte_data(self.address, reg)
56          return value
```

01 : PWR_MGMT_1 레지스터의 주소 값을 정의합니다.
03 : ACCL_XOUT_H 레지스터의 주소 값을 정의합니다.
04 : ACCL_XOUT_L 레지스터의 주소 값을 정의합니다.
05~08 : 나머지 가속도 센서 레지스터의 주소 값을 정의합니다.
10 : GYRO_XOUT_H 레지스터의 주소 값을 정의합니다.
11 : GYRO_XOUT_L 레지스터의 주소 값을 정의합니다.
12~15 : 나머지 자이로 센서 레지스터의 주소 값을 정의합니다.
17~56 : MPU6050 클래스를 정의합니다. MPU6050 클래스는 객체 생성 시의 초기화 함수인 __init__(18줄), 자이로 센서 읽기 함수인 read_gyro(23줄), 가속도 센서 읽기 함수인 read_accl(37줄), I2C 버스에 1 바이트 데이터를 쓰는 함수인 _writeByte(51줄), I2C 버스에서 1 바이트를 읽는 함수인 _readByte(54줄)로 구성됩니다.
18~21 : MPU6050 객체 생성 시의 초기화 함수인 __init__ 함수를 정의합니다. __init__ 함수는 객체를 가리키는 self, I2C 버스를 가리키는 bus, I2C 버스의 디바이스의 주소를 가리키는 address를 인자로 갖습니다. address가 가리키는 기본 주소 값은 0x68입니다. 0x68은 MPU6050 디바이스의 주소 값입니다.
19, 20 : MPU6050 객체는 객체 변수로 bus, address를 갖습니다.
21 : 객체 함수인 _writeByte 함수를 호출하여 PWR_MGMT_1 레지스터를 0x00값으로 초기화합니다. 다음은 PWR_MGMT_1 레지스터를 나타냅니다.

6B	107	PWR_MGMT_1	R/W	DEVICE_RESET	SLEEP	CYCLE		TEMP_DIS	CLKSEL[2:0]

SLEEP 부분이 1로 설정되면 MPU6050 디바이스는 sleep mode가 되며 반대로 0으로 설정되면 깨어나게 됩니다.

23~35 : 자이로 센서 읽기 함수인 read_gyro 함수를 정의합니다. read_gyro 함수는 객체를 가리키는 self 변수를 인자로 갖습니다.
24, 25 : MPU6050 디바이스의 지이로 센서의 X축 값을 읽어내고 있습니다.
24 : 객체 함수인 _readByte 함수를 호출하여 MPU6050 센서의 GYRO_XOUT_H 레지스터를 읽어 GyX 변수의 상위 8비트에 채워 넣습니다.
25 : 객체 함수인 _readByte 함수를 호출하여 MPU6050 센서의 GYRO_XOUT_L 레지스터를 읽어 GyX 변수의 하위 8비트에 채워 넣습니다.
26~29 : 같은 방법으로 MPU6050 디바이스의 나머지 자이로 센서 값을 읽어내고 있습니다.
자이로 센서 값을 저장하는 레지스터는 다음 표를 참조합니다.

Addr (Hex)	Addr (Dec.)	Register Name
43	67	GYRO_XOUT_H
44	68	GYRO_XOUT_L
45	69	GYRO_YOUT_H
46	70	GYRO_YOUT_L
47	71	GYRO_ZOUT_H
48	72	GYRO_ZOUT_L

31 : GyX의 16번 비트가 1일 경우 음수로 변환합니다.
32, 33 : 같은 방법으로 GyY, GyZ도 음수로 변환합니다.
35 : 읽어온 자이로 센서 X, Y, Z 값을 내어줍니다.
37~49 : 가속도 센서 읽기 함수인 read_accl 함수를 정의합니다. read_accl 함수는 객체를 가리키는 self 변수를 인자로 갖습니다.
38, 39 : MPU6050 디바이스의 가속도 센서의 X축 값을 읽어내고 있습니다.
38 : 객체 함수인 _readByte 함수를 호출하여 MPU6050 센서의 ACCL_XOUT_H 레지스터를 읽어 AcX 변수의 상위 8비트에 채워 넣습니다.
39 : 객체 함수인 _readByte 함수를 호출하여 MPU6050 센서의 ACCL_XOUT_L 레지스터를 읽어 AcX 변수의 하위 8비트에 채워 넣습니다.
40~43 : 같은 방법으로 MPU6050 디바이스의 나머지 가속도 센서 값을 읽어내고 있습니다.
가속도 센서 값을 저장하는 레지스터는 다음 표를 참조합니다.

Addr (Hex)	Addr (Dec.)	Register Name
3B	59	ACCEL_XOUT_H
3C	60	ACCEL_XOUT_L
3D	61	ACCEL_YOUT_H
3E	62	ACCEL_YOUT_L
3F	63	ACCEL_ZOUT_H
40	64	ACCEL_ZOUT_L

45 : AcX의 16번 비트가 1일 경우 음수로 변환합니다.
46, 47 : 같은 방법으로 GyY, GyZ도 음수로 변환합니다.
49 : 읽어온 가속도 센서 X, Y, Z 값을 내어줍니다.
51, 52 : I2C 버스에 1 바이트 데이터를 쓰는 함수인 _writeByte 함수를 정의합니다. _writeByte 함수 객체를 가리키는 self, MPU6050 디바이스 내부 레지스터 주소 값을 가리키는 reg, MPU6050 디바이스 내부 레지스터에 넣어줄 값을 가리키는 value 변수를 인자로 갖습니다.
52 : I2C 디바이스에 한 바이트 데이터를 쓰는 write_byte_data 함수를 호출하여 MPU6050 디바이스의 해당 레지스터에 값을 씁니다.
54~56 : I2C 버스에서 1 바이트를 읽는 함수인 _readByte 함수를 정의합니다. _readByte 함수는 객체를 가리키는 self, 읽고자 하는 MPU6050 디바이스 내부 레지스터 주소 값을 가리키는 reg 변수를 인자로 갖습니다.
55 : I2C 디바이스에서 한 바이트 데이터를 읽는 read_byte_data 함수를 호출하여 MPU6050 디바이스의 해당 레지스터에 값을 읽어, value 변수가 기리키도록 합니다.
56 : value 변수 값을 돌려줍니다.

02 _ 자이로 센서 값 해석하기

여기서는 MPU6050 센서로부터 전달되는 자이로 센서 값의 의미를 살펴보려고 합니다.
MPU6050 센서를 통해 얻게 되는 자이로 센서 값은 16 비트 크기를 갖습니다. 16 비트 변수를 통해 표현할 수 있는 숫자는 -32768 ~ 32767 사이의 정수 값입니다. 즉, 최소 -32768에서 최대 32767 사이의 정수 값을 표현할 수 있습니다.
GyX는 최저 -32768 ~ 32767 사이의 값을 가질 수 있습니다. 그러면 이 값들은 무엇을 의미할까요? 다음 표를 통해 그 의미를 알아보도록 하겠습니다.

FS_SEL 레지스터 값	최대 표현 범위	°/s 당 자이로 센서 값
0	± 250 °/s	131/°/s
1	± 500 °/s	65.5/°/s
2	± 1000 °/s	32.8/°/s
3	± 2000 °/s	16.4/°/s

FS_SEL는 MPU6050 센서 내부의 레지스터입니다. 이 레지스터 값에 따라 센서 값의 의미는 달라집니다. 예를 들어, FS_SEL의 값이 0으로 설정되어 있을 때에는 -32768 ~ 32767 사이의 값은 -250°/s ~ +250°/s 사이의 값을 의미합니다. 여기서 °/s는 각속도를 나타냅니다. 즉, -32768은 -250°/s, 32767은 +250°/s를 의미합니다. 다음 그림을 보면서 좀 더 이해해 보도록 하겠습니다.

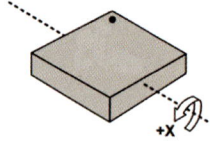

그림에서 곡선 축 +X 방향으로 1초 동안 일정한 회전 속도(각속도)로 250도 회전했을 때, GyX의 값은 1초 동안 계속해서 250°/s에 해당하는 크기의 양수 값을 갖게 됩니다. 즉, 1초 동안 계속해서 32767 값을 유지하게 됩니다. 반대로 곡선 축 +X 반대 방향으로 1초 동안 일정한 회전 속도로 250도 회전했을 때, GyX의 값은 1초 동안 계속해서 250°/s에 해당하는 크기의 음수 값을 갖게 됩니다. 즉, 1초 동안 계속해서 -32768 값을 유지하게 됩니다. +Y, +Z도 마찬가지입니다.
그러면 곡선 축 +X 방향으로 1초 동안 일정한 회전 속도로 1도 회전했을 때, GyX는 어떤 값을 유지하고 있을까요? 다음 식을 보면서 이해해 보도록 합니다.

250°/s == 32767 이므로 1°/s == (32767/250) == 131

1초 동안 250도 회전할 경우에 GyX의 값이 32767이라면, 1초 동안 1도 회전할 경우의 GyX는 (32768/250) 값을 유지하게 됩니다. 이 값은 바로 131입니다.
FS_SEL 레지스터의 기본 설정 값은 0이며, 우리는 현재 이 값을 사용하고 있습니다.
250°/s는 생각보다 빠르지는 않은 속도입니다. 1 초 동안 한 바퀴를 돌지 못하는 회전 속도이기 때문입니다.

자이로 센서를 지면에 둔 상태로 시계의 초침과 같은 속도와 방향으로 자이로 센서가 수평 회전하는 경우를 생각해 보도록 하겠습니다.

시계의 초침의 경우엔 360°/60s이므로 6°/s의 각속도를 갖게 됩니다. 또 시계 방향(곡선 축 +Z 반대 방향)으로 회전을 하게 됩니다. 따라서 GyZ의 값은 6°/s에 해당하는 크기의 음수 값을 갖게 됩니다. 다음 식을 통해 GyZ의 값을 정해 보도록 하겠습니다.

1°/s == 131 이므로 6°/s == 131x6 == 786

즉, 자이로 센서가 시계의 초침과 같은 속도로 반시계 방향(곡선 축 +Z 방향)으로 회전할 경우에 GyZ의 레지스터 값은 -786 값이 되게 됩니다.

그러면 자이로 센서가 다음과 같은 조건으로 회전했을 경우 1초 후에 몇 도 회전해 있을까요? (곡선 축 +Z 방향으로 회전하는 경우)

0.0~0.1 초 동안 1°/s
0.1~0.2 초 동안 2°/s
0.2~0.3 초 동안 3°/s
0.3~0.4 초 동안 4°/s
0.4~0.5 초 동안 5°/s
0.5~0.6 초 동안 6°/s
0.6~0.7 초 동안 7°/s
0.7~0.8 초 동안 8°/s
0.8~0.9 초 동안 9°/s
0.9~1.0 초 동안 10°/s

다음과 같이 계산합니다.

0.0~0.1 초 동안 1°/s = 1°/s x 0.1s = 0.1°
0.1~0.2 초 동안 2°/s = 2°/s x 0.1s = 0.2°
0.2~0.3 초 동안 3°/s = 3°/s x 0.1s = 0.3°
0.3~0.4 초 동안 4°/s = 4°/s x 0.1s = 0.4°
0.4~0.5 초 동안 5°/s = 5°/s x 0.1s = 0.5°
0.5~0.6 초 동안 6°/s = 6°/s x 0.1s = 0.6°
0.6~0.7 초 동안 7°/s = 7°/s x 0.1s = 0.7°
0.7~0.8 초 동안 8°/s = 8°/s x 0.1s = 0.8°
0.8~0.9 초 동안 9°/s = 9°/s x 0.1s = 0.9°
0.9~1.0 초 동안 10°/s = 10°/s x 0.1s = 1.0°

1.0 초 후에는 최초 위치로부터 좌측으로 5.5° 회전해 있게 됩니다.

이 방법을 사용하면 각속도와 자이로 센서 측정 주기 시간을 이용해 자이로 센서가 회전한 각도를 구할 수 있습니다.

자이로 센서는 각속도를 측정합니다. 그래서 곡선 축 +X, +Y, +Z 방향을 기준으로 각속도(ω)를 측정해 측정 주기 시간(Δt)과 곱해서 변화된 각을 계산할 수 있습니다. 변화 각은 다음과 같습니다.

$\Delta\theta = \omega \times \Delta t$ ($\Delta\theta$: 미세 회전 각도, ω : 회전 각속도, Δt : 주기)

새로운 방향각은 이전 각에 이 변화된 각을 더해 얻어집니다. 현재 각도를 구하는 식은 다음과 같습니다.

$\theta_{now} = \theta_{prev} + \omega \times \Delta t$ (θ_{now} : 현재 각도, θ_{prev} : 이전각도)

즉, 많은 미세 변화 각()을 누적하여 현재의 각도를 구할 수 있습니다.

05 MAX98357A I2S 디바이스 활성화하기

여기서는 팅커 보드의 I2S에 MAX98357A 오디오 디바이스를 붙이는 방법을 소개합니다. MAX98357A 디바이스에 스피커를 연결하면 음악이나 소리를 들을 수 있습니다.

01 _ MAX98357A I2S 오디오 디바이스 소개

다음은 MAX98357A I2S 오디오 디바이스입니다.

MAX98357A는 팅커 보드의 I2S 버스에 연결되어 스피커를 통해 소리를 출력할 수 있습니다.

팅커 보드는 다음과 같이 I2S 핀을 가지고 있습니다. GPIO12, GPIO35, GPIO38, GPIO40 번 핀이 각 각 I2S0_SCLK, I2S0_LRCK, I2S0_SDI0, I2S0_SDO0 핀으로 팅커 보드 칩 내부에 있는 I2S0 모듈이 사용할 수 있는 핀입니다. MAX98357A 디바이스의 LRCK, BCLK, DIN 핀을 각각 팅커 보드의 I2S0_LRCK, I2S0_SCLK, I2S0_SDO0 핀에 연결하면 됩니다. I2S0_SDI0 핀은 마이크 용 핀입니다.

Pin definition	40P GPIO		Pin definition
VCC3.3_IO	1	2	VCC5V
GPIO2_B1/I2C6_SDA	3	4	
GPIO2_B2/I2C6_SCL	5	6	GND
GPIO0_B0/CLKOUT	7	8	GPIO2_C1/UART0_TX
GND	9	10	GPIO2_C0/UART0_RX
GPIO2_C3/UART0_RTSN	11	12	GPIO3_D1/I2S0_SCLK
GPIO2_C5/SPI5_TXD	13	14	GND
GPIO2_C4/SPI5_RXD	15	16	GPIO2_C6/SPI5_CLK
VCC3.3_IO	17	18	GPIO2_C7/SPI5_CSN0
GPIO1_B0/SPI1_TXD/UART4_TX	19	20	GND
GPIO1_A7/SPI1_RXD/UART4_RX	21	22	GPIO3_D4/I2S0_SDI1SDO3
GPIO1_B1/SPI1_CLK	23	24	GPIO1_B2/SPI1_CSN0
GND	25	26	GPIO0_A6/PWM3A_IR
GPIO2_A7/I2C7_SDA	27	28	GPIO2_B0/I2C7_SCL
GPIO3_D6/I2S0_SDI1SDO1	29	30	GND
GPIO3_D5/I2S0_SDI1SDO2	31	32	GPIO4_C2/PWM0
GPIO4_C6/PWM1	33	34	GND
GPIO3_D1/I2S0_LRCK	35	36	GPIO2_C2/UART0_CTSN
GPIO4_C5/SPDIF_TX	37	38	GPIO3_D3/I2S0_SDI0
GND	39	40	GPIO3_D7/I2S0_SDO0

02 _ MAX98357A 모듈 연결 살펴보기

MAX98357A 모듈은 [팅커 보드 A.I.Shield]의 Ⓐ 부분에 장착됩니다.

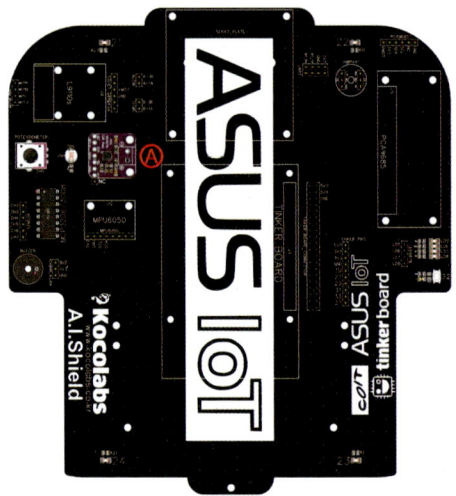

03 _ I2S 모듈 활성화하기

MAX98357A 디바이스를 사용하기 위해서는 먼저 팅커 보드의 I2S0 모듈을 활성화해야 합니다. /boot/config.txt 파일을 열어 다음과 같이 수정합니다.

```
$ sudo nano /boot/config.txt
  intf:i2s0=on
  overlay=hifiberry-dac-overlay
$ sudo reboot
```

i2s0 기능을 활성화하고, 맨 하단에 overlay를 hifiberry-dac-overlay로 설정합니다. i2s0 기능을 활성화하기 위해서는 off를 on으로 수정해 주고, 앞 부분에 붙은 #을 제거해 줍니다. 파일을 수정한 후에는 재부팅을 수행합니다.

※ 참고로 hifiberry-dac-overlay로 설정하면 다음 파일이 사용됩니다.
/boot/overlays/hifiberry-dac-overlay.dts

04 _ 오디오 테스트

MAX98357A 디바이스를 이용하여 오디오 출력을 하기 위해서는 다음과 같이 스피커를 연결해 주어야 합니다.

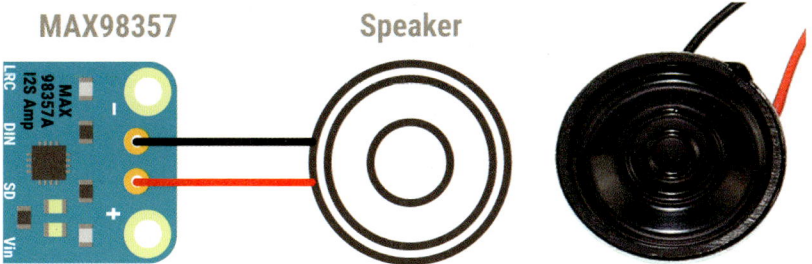

다음과 같은 순서로 오디오 테스트를 수행합니다.

01 다음과 같이 명령을 수행합니다.

```
$ aplay -l
```

HifiBerry DAC 기능이 활성화된 것을 확인합니다.

```
**** List of PLAYBACK Hardware Devices ****
card 0: sndrpihifiberry [snd_rpi_hifiberry_dac], device 0: HifiBerry DAC
 HiFi pcm5102a-hifi-0 []
   Subdevices: 1/1
   Subdevice #0: subdevice #0
```

02 다음과 같이 명령을 차례대로 수행합니다.

```
$ speaker-test
$ speaker-test -c2 --test=wav -w /usr/share/sounds/alsa/Front_Center.wav
```

첫 번째 명령을 백색 소음이 출력되고, 두 번째 명령을 음성이 출력됩니다.

03 다음과 같이 명령을 차례대로 수행합니다.

```
$ sudo apt-get install -y mpg123
$ mpg123 http://ice1.somafm.com/u80s-128-mp3
```

mpg123 프로그램 설치 후, mp3 음악을 들어봅니다.

APPENDIX 02
PyTorch의 이해와 활용

본문에서 독자 여러분은 Tensorflow 사용법을 살펴보았습니다. 여기서는 PyTorch 사용법을 소개합니다. PyTorch는 Tensorflow와 함께 가장 많이 사용되는 인공지능 프레임워크입니다. 여기서는 딥러닝 7 공식을 PyTorch로 구현해 보며 PyTorch의 내부적인 동작을 이해해 봅니다. PyTorch의 내부 동작을 잘 이해하여 PyTorch의 활용도를 높일 수 있도록 합니다.

01 딥러닝 7 공식 구현하기 : PyTorch

여기서는 딥러닝 7 공식을 Torch로 구현해 보며 Torch의 내부적인 동작을 이해해 봅니다. Torch의 내부 동작을 잘 이해하여 Torch의 활용도를 높일 수 있도록 합니다.

Torch 라이브러리 설치하기

먼저 팅커 보드에 PyTorch 라이브러리를 설치합니다. 다음 명령을 차례대로 실행합니다.

```
$ sudo apt install libopenblas-dev libopenmpi-dev libomp-dev libomp5 -y
$ sudo pip3 install setuptools
$ sudo pip3 install wheel
$ sudo pip3 install gdown
$ gdown https://drive.google.com/uc?id=1FQw6NgT9k3paiAhEbq0ibkVSIGNLAyro
$ sudo pip3 install torch-1.13.0a0+git7c98e70-cp37-cp37m-linux_aarch64.whl
```

※ torch 경로명은 소스와 함께 제공되는 torch_설치.txt 파일의 내용을 이용합니다. 또, [torch-1.13.0a0+git7c98e70-cp37-cp37m-linux_aarch64.whl] 파일은 소스와 함께 제공되니 해당 파일을 사용해도 됩니다.
※ PyTorch 설치는 다음 사이트를 참조하였습니다.
https://qengineering.eu/install-pytorch-on-raspberry-pi-4.html

01 _ 1입력 1출력 인공 신경 구현하기

다음은 [입력1 출력1]의 인공 신경 학습에 사용할 행렬을 나타냅니다.

$X = [2]$
$T = [10]$
$W = [3]$
$B = [1]$

X를 입력값으로, T를 목표값으로 하여 가중치 W와 편향 B에 대해 PyTorch로 학습해 봅니다.

01 다음과 같이 예제를 작성합니다.

_611.py
```
01 import torch
02 import torch.nn as nn
03 import torch.optim as optim
04
05 X = torch.FloatTensor([[2]]) # 입력데이터
```

```python
06 YT = torch.FloatTensor([[10]]) # 목표데이터(라벨)
07 W = torch.FloatTensor([[3]]) # 가중치
08 B = torch.FloatTensor([1]) # 편향
09
10 model = nn.Sequential(
11     nn.Linear(1,1) # 입력 층, 출력 층 노드의 개수를 각각 1로 설정합니다.
12 ) # 신경망 모양 결정(W, B 내부적 준비)
13 print(model) # 신경망 모양 출력
14
15 with torch.no_grad():
16     model[0].weight = nn.Parameter(W)
17     model[0].bias = nn.Parameter(B)
18
19 loss_fn = nn.MSELoss() # 2공식, 오차 계산 함수
20 optimizer = optim.SGD(model.parameters(), lr=0.01)
21
22 for epoch in range(1000):
23
24     Y = model(X) # 1공식, 순전파
25     E = loss_fn(Y, YT) # 2공식, 오차계산
26     optimizer.zero_grad()
27     E.backward() # 6공식, 오차역전파
28     optimizer.step() # 7공식, 학습
29
30     if epoch%100 == 99:
31         print(epoch, E.item())
32
33 print(f'W = {model[0].weight.data}')
34 print(f'B = {model[0].bias.data}')
35
36 Y = model(X)
37 print(Y.data)
```

- **01**   : import문을 이용하여 torch 모듈을 불러옵니다. torch 모듈은 PyTorch에서 사용되는 텐서 라이브러리를 말하여 Facebook에서 개발한 오픈소스 머신러닝 라이브러리입니다.
- **02**   : import문을 이용하여 torch.nn 모듈을 nn이라는 이름으로 불러옵니다. nn 모듈은 인공 신경망 구성에 사용하는 라이브러리입니다. nn 모듈에는 완전 연결층에 사용하는 nn.Linear, 합성곱층에 사용하는 nn.Conv2d, RNN, LSTM과 같은 Layer들, ReLU, Sigmoid와 같은 활성화 함수, 오차 계산에 사용하는 MSELoss, CrossEntropyLoss 함수 등이 있습니다.
- **03**   : import문을 이용하여 torch.optim 모듈을 optim이라는 이름으로 불러옵니다. optim 모듈은 인공 신경망 학습에 사용하는 최적화 함수를 포함한 라이브러리입니다. 예를 들어, SGD, Adam과 같은 최적화 함수들이 있습니다.
- **05~07** : X, YT, W 변수를 이차 배열의 torch.FloatTensor로 초기화합니다.
- **08**   : B 변수를 일차 배열의 torch.FloatTensor로 초기화합니다.
- **10~12** : nn.Sequential 클래스를 이용하여 인공 신경망을 생성합니다.
- **11**   : nn.Linear 클래스를 이용하여 신경망 층을 생성합니다. 입력 노드 1개, 출력 노드 1개로 구성된 인공 신경망 층을 생성합니다.
- **13**   : 모델의 모양을 출력해 줍니다.
- **15~17** : 인공 신경망 0층에 임의로 설정된 가중치와 편향을 W, B로 변경합니다. torch.no_grad 객체는 gradient 연산 비활성화 객체로 15~16줄 수행 시 역전파 계산을 비활성화합니다.
- **19**   : 오차 계산 함수로 nn.MSErrorLoss 함수를 사용합니다.
- **20**   : 최적화 함수는 확률적 경사 하강(sgd : stochastic gradient descent) 함수인 optim.SGD를 사용합니다. 학습할 가중치와 매개 변수를 model.parameters() 함수로 넘겨줍니다. 학습률은 0.01로 설정합니다.
- **22~31** : 인공 신경망에 대한 학습을 합니다. 여기서는 1000회 학습을 수행하도록 합니다.

24 : 순전파를 합니다. 딥러닝 제 1 공식을 수행하는 부분입니다.
25 : 오차 계산을 합니다. 딥러닝 제 2 공식을 수행하는 부분입니다.
26 : optimizer.zcro_grad 함수를 호출하여 오차 역전파 변수를 초기화합니다.
27 : 오차 역전파를 합니다. 딥러닝 제 6 공식을 수행하는 부분입니다.
28 : W,B에 대한 학습을 수행합니다. 딥러닝 제 7 공식을 수행하는 부분입니다.
30~31 : 100번마다 오차 함수 계산 결과를 출력합니다.
33~34 : 학습이 끝난 W, B 값을 출력해 봅니다.
36~37 : 학습이 끝난 신경망을 이용하여 예측을 수행해 봅니다.

02 다음과 같이 예제를 실행합니다.

```
$ python _611.py
```

다음은 실행 결과 화면입니다.

```
Sequential(
  (0): Linear(in_features=1, out_features=1, bias=True)
)
999 8.185452315956354e-12
W= tensor([[4.2000]])
B= tensor([[1.6000]])
tensor([[10.0000]])
```

신경망의 구조와 학습 결과를 볼 수 있습니다.

02 _ 2입력 1출력 인공 신경 구현하기

다음은 입력2 출력1의 인공 신경 학습에 사용할 행렬을 나타냅니다.

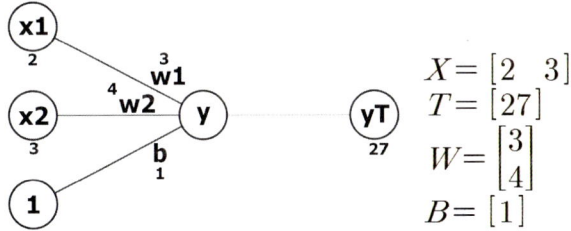

$$X = \begin{bmatrix} 2 & 3 \end{bmatrix}$$
$$T = \begin{bmatrix} 27 \end{bmatrix}$$
$$W = \begin{bmatrix} 3 \\ 4 \end{bmatrix}$$
$$B = \begin{bmatrix} 1 \end{bmatrix}$$

X를 입력 값으로, T를 목표 값으로 하여 가중치 W와 편향 B에 대해 PyTorch로 학습해 봅니다.

01 다음과 같이 예제를 수정합니다.

_612.py

```
01~04 # 이전 예제와 같습니다.
05 X = torch.FloatTensor([[2,3]]) # 입력데이터
06 YT = torch.FloatTensor([[27]]) # 목표데이터(라벨)
07 W = torch.FloatTensor([[3,4]]) # 가중치
08 B = torch.FloatTensor([1]) # 편향
09
10 model = nn.Sequential(
```

```
11    nn.Linear(2,1) # 입력 층, 출력 층 노드의 개수를 각각 1로 설정합니다.
12  ) # 신경망 모양 결정(W, B 내부적 준비)
13  print(model) # 신경망 모양 출력
14~끝 # 이전 예제와 같습니다.
```

11 : 입력 층 노드의 개수를 2로 변경합니다.

02 다음과 같이 예제를 실행합니다.

```
$ python _612.py
```

다음은 실행 결과 화면입니다.

```
Sequential(
  (0): Linear(in_features=2, out_features=1, bias=True)
)
999 3.637978807091713e-12
W= tensor([[4.1429, 5.7143]])
B= tensor([1.5714])
tensor([[27.0000]])
```

03 _ 2입력 2출력 인공 신경망 구현하기

다음은 [입력2 출력2]의 인공 신경망 학습에 사용할 행렬을 나타냅니다.

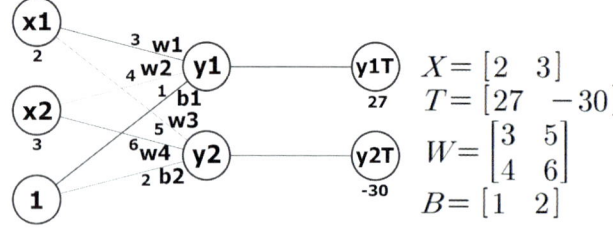

$$X = \begin{bmatrix} 2 & 3 \end{bmatrix}$$
$$T = \begin{bmatrix} 27 & -30 \end{bmatrix}$$
$$W = \begin{bmatrix} 3 & 5 \\ 4 & 6 \end{bmatrix}$$
$$B = \begin{bmatrix} 1 & 2 \end{bmatrix}$$

X를 입력 값으로, T를 목표 값으로 하여 가중치 W와 편향 B에 대해 PyTorch로 학습해 봅니다.

01 다음과 같이 예제를 작성합니다.

_613.py

```
01~04 # 이전 예제와 같습니다.
05 X = torch.FloatTensor([[2,3]]) # 입력데이터
06 YT = torch.FloatTensor([[27,-30]]) # 목표데이터(라벨)
07 W = torch.FloatTensor([[3,4],[5,6]]) # 가중치
08 B = torch.FloatTensor([1,2]) # 편향
09
10 model = nn.Sequential(
11    nn.Linear(2,2) # 입력 층, 출력 층 노드의 개수를 각각 1로 설정합니다.
12  ) # 신경망 모양 결정(W, B 내부적 준비)
13  print(model) # 신경망 모양 출력
14~끝 # 이전 예제와 같습니다.
```

11 : 출력 층 노드의 개수를 2로 변경합니다.

02 다음과 같이 예제를 실행합니다.

```
$ python _613.py
```

다음은 실행 결과 화면입니다.

```
Sequential(
  (0): Linear(in_features=2, out_features=2, bias=True)
)
999 2.3646862246096134e-11
W= tensor([[ 4.1429,  5.7143],
        [-3.5714, -6.8571]])
B= tensor([ 1.5714, -2.2857])
tensor([[ 27.0000, -30.0000]])
```

04 _ 2입력 2은닉 2출력 인공 신경망 구현하기

다음은 [입력2 은닉2 출력2]의 인공 신경망을 나타냅니다.

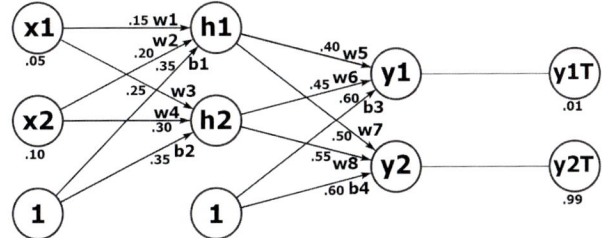

가중치와 편향 값은 그림에 있는 값을 사용합니다.

01 다음과 같이 예제를 작성합니다.

_614.py

```
01 import torch
02 import torch.nn as nn
03 import torch.optim as optim
04
05 X = torch.FloatTensor([[.05,.10]]) # 입력데이터
06 YT = torch.FloatTensor([[.01,.99]]) # 목표데이터(라벨)
07 W = torch.FloatTensor([[.15,.20],[.25,.30]]) # 가중치1
08 B = torch.FloatTensor([.35,.35]) # 편향1
09 W2 = torch.FloatTensor([[.40,.45],[.50,.55]]) # 가중치2
10 B2 = torch.FloatTensor([.60,.60]) # 편향2
11
12 model=nn.Sequential(
13     nn.Linear(2,2),
14     nn.Linear(2,2)
15 )
16 print(model)
17
18 with torch.no_grad():
```

```
19    model[0].weight = nn.Parameter(W)
20    model[0].bias = nn.Parameter(B)
21    model[1].weight = nn.Parameter(W2)
22    model[1].bias = nn.Parameter(B2)
23
24 loss_fn = nn.MSELoss() # 2공식, 오차 계산 함수
25 optimizer = optim.SGD(model.parameters(), lr=0.01)
26
27 for epoch in range(1000):
28
29     Y = model(X) # 1공식, 순전파
30     E = loss_fn(Y, YT) # 2공식, 오차계산
31     optimizer.zero_grad()
32     E.backward() # 6공식, 오차역전파
33     optimizer.step() # 7공식, 학습
34
35     if epoch%100 == 99:
36         print(epoch, E.item())
37
38 print(f'W = {model[0].weight.data}')
39 print(f'B = {model[0].bias.data}')
40 print(f'W2 = {model[1].weight.data}')
41 print(f'B2 = {model[1].bias.data}')
42
43 Y = model(X)
44 print(Y.data)
```

13 : 입력 층, 은닉 층 노드의 개수를 각각 2, 2로 설정합니다.
14 : 은닉 층, 출력 층 노드의 개수를 각각 2, 2로 설정합니다.
19~20 : 인공 신경망 0 층에 임의로 설정된 가중치와 편향을 W, B로 변경합니다.
21~22 : 인공 신경망 1 층에 임의로 설정된 가중치와 편향을 W2, B2로 변경합니다.
38~41 : print 함수를 호출하여 학습이 수행된 W, B, W2, B2 행렬 값을 출력합니다.

02 다음과 같이 예제를 실행합니다.

```
$ python _614.py
```

다음은 실행 결과 화면입니다.

```
Sequential(
   (0): Linear(in_features=2, out_features=2, bias=True)
   (1): Linear(in_features=2, out_features=2, bias=True)
)
999 5.963432525568635e-11
W= tensor([[0.1432, 0.1863],
        [0.2418, 0.2836]])
B= tensor([0.2132, 0.1860])
W2= tensor([[0.2026, 0.2526],
        [0.5335, 0.5828]])
B2= tensor([-0.0956,  0.7305])
tensor([[0.0100, 0.9900]])
```

02 활성화 함수 적용하기

여기서는 PyTorch 인공 신경망에 활성화 함수를 적용해봅니다. 활성화 함수에 대한 자세한 설명은 본문을 참고합니다.

01 _ 활성화 함수 적용하기 : ReLU, Sigmoid

여기서는 ReLU, Sigmoid 활성화 함수를 인공 신경망에 적용해봅니다.

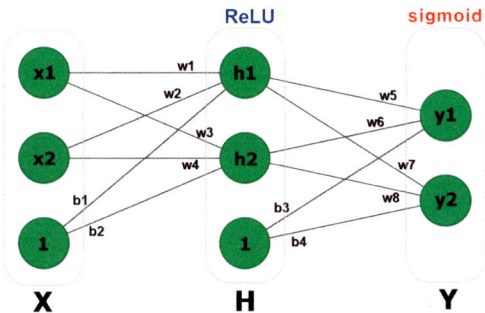

01 _614.py 파일을 복사하여 다음과 같이 예제를 수정합니다.

_621.py
```python
01 import torch
02 import torch.nn as nn
03 import torch.optim as optim
04
05 X = torch.FloatTensor([[.05,.10]]) # 입력데이터
06 YT = torch.FloatTensor([[.01,.99]]) # 목표데이터(라벨)
07 W = torch.FloatTensor([[.15,.20],[.25,.30]]) # 가중치1
08 B = torch.FloatTensor([.35,.35]) # 편향1
09 W2 = torch.FloatTensor([[.40,.45],[.50,.55]]) # 가중치2
10 B2 = torch.FloatTensor([.60,.60]) # 편향2
11
12 model=nn.Sequential(
13     nn.Linear(2,2),
14     nn.ReLU(),
15     nn.Linear(2,2),
16     nn.Sigmoid()
17 )
18 print(model)
19
20 with torch.no_grad():
```

```python
21    model[0].weight = nn.Parameter(W)
22    model[0].bias = nn.Parameter(B)
23    model[2].weight = nn.Parameter(W2)
24    model[2].bias = nn.Parameter(B2)
25
26 loss_fn = nn.MSELoss() # 2공식, 오차 계산 함수
27 optimizer = optim.SGD(model.parameters(), lr=0.01)
28
29 for epoch in range(1000):
30
31    Y = model(X) # 1공식, 순전파
32    E = loss_fn(Y, YT) # 2공식, 오차계산
33    optimizer.zero_grad()
34    E.backward() # 6공식, 오차역전파
35    optimizer.step() # 7공식, 학습
36
37    if epoch%100 == 99:
38        print(epoch, E.item())
39
40 print(f' W = {model[0].weight.data} ')
41 print(f' B = {model[0].bias.data} ')
42 print(f' W2 = {model[2].weight.data} ')
43 print(f' B2 = {model[2].bias.data} ')
44
45 Y = model(X)
46 print(Y.data)
```

14 : 은닉 층에 활성화 함수 ReLU를 적용합니다.
16 : 출력 층에 활성화 함수 Sigmoid를 적용합니다.

02 다음과 같이 예제를 실행합니다.

```
$ python _621.py
```

다음은 실행 결과 화면입니다.

```
Sequential(
  (0): Linear(in_features=2, out_features=2, bias=True)
  (1): ReLU()
  (2): Linear(in_features=2, out_features=2, bias=True)
  (3): Sigmoid()
)
```

```
999 0.0772756040096283
W= tensor([[0.1490, 0.1981],
        [0.2471, 0.2942]])
B= tensor([0.3307, 0.2923])
W2= tensor([[0.0092, 0.0639],
        [0.6292, 0.6776]])
B2= tensor([-0.6038,  0.9973])
tensor([[0.3591, 0.8098]])
```

03 다음과 같이 예제를 수정한 후, 실행해 봅니다.

_621_2.py

```
33 for epoch in range(100000):
```

다음은 실행 결과 화면입니다.

```
Sequential(
  (0): Linear(in_features=2, out_features=2, bias=True)
  (1): ReLU()
  (2): Linear(in_features=2, out_features=2, bias=True)
  (3): Sigmoid()
)
99999 9.983300515159499e-06
W= tensor([[0.1981, 0.2962],
        [0.2911, 0.3823]])
B= tensor([1.3123, 1.1729])
W2= tensor([[-0.9568, -0.8139],
        [ 1.0766,  1.0837]])
B2= tensor([-1.9818,  1.5916])
tensor([[0.0138, 0.9876]])
```

02 _ 출력층에 linear 함수 적용해 보기

여기서는 출력층 함수에 linear 함수를 적용해 봅니다. linear 함수는 출력단의 값을 그대로 내보내는 함수입니다. linear 함수를 적용하여 학습을 수행할 경우 선형 회귀라고 합니다.

01 _621.py 파일을 복사하여 다음과 같이 예제를 수정합니다.

_622.py

```
01~11  # 이전 예제와 같습니다.
12  model=nn.Sequential(
13      nn.Linear(2,2),
14      nn.ReLU(),
15      nn.Linear(2,2),
16      #nn.Sigmoid()
17  )
18  print(model)
18~끝  # 이전 예제와 같습니다.
```

16 : 출력 층에 활성화 함수 사용하지 않습니다. 이렇게 하면 15줄의 결과가 그대로 출력이 되며, linear하다고 합니다.

02 계속해서 다음 부분을 수정합니다.

```
33  for epoch in range(600):
```

33 : 학습 횟수는 600으로 합니다.

03 다음과 같이 예제를 실행합니다.

```
$ python _622.py
```

다음은 실행 결과 화면입니다.

```
Sequential(
  (0): Linear(in_features=2, out_features=2, bias=True)
  (1): ReLU()
  (2): Linear(in_features=2, out_features=2, bias=True)
)
```

```
599 4.304388596665376e-07
W= tensor([[0.1432, 0.1863],
        [0.2418, 0.2836]])
B= tensor([0.2131, 0.1860])
W2= tensor([[0.2028, 0.2528],
        [0.5334, 0.5827]])
B2= tensor([-0.0949,  0.7302])
tensor([[0.0108, 0.9897]])
```

03 _ softmax 활성화 함수/cross entropy 오차 함수 적용하기

여기서는 softmax 활성화 함수와 cross entropy 오차 함수를 인공 신경망에 적용해봅니다.

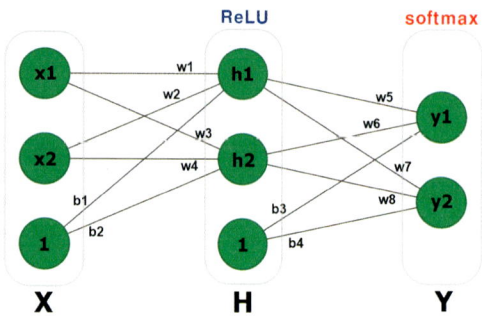

01 _622.py 파일을 복사하여 다음과 같이 예제를 수정합니다.

_623.py
```
01 import torch
02 import torch.nn as nn
03 import torch.optim as optim
04
05 X = torch.FloatTensor([[.05,.10]]) # 입력데이터
06 YT = torch.FloatTensor([[0,1]]) # 목표데이터(라벨)
07 W = torch.FloatTensor([[.15,.20],[.25,.30]]) # 가중치1
08 B = torch.FloatTensor([.35,.35]) # 편향1
09 W2 = torch.FloatTensor([[.40,.45],[.50,.55]]) # 가중치2
10 B2 = torch.FloatTensor([.60,.60]) # 편향2
12 model=nn.Sequential(
13     nn.Linear(2,2),
14     nn.ReLU(),
15     nn.Linear(2,2),
16 # nn.Sigmoid()
17 )
18 print(model)
19
20 with torch.no_grad():
21     model[0].weight = nn.Parameter(W)
22     model[0].bias = nn.Parameter(B)
23     model[2].weight = nn.Parameter(W2)
24     model[2].bias = nn.Parameter(B2)
25
26 loss_fn = nn.CrossEntropyLoss() # 2공식, 오차 계산 함수
27 optimizer = optim.SGD(model.parameters(), lr=0.01)
28
29 for epoch in range(100000):
30
31     Y = model(X) # 1공식, 순전파
32     E = loss_fn(Y, YT) # 2공식, 오차계산
```

```
33      optimizer.zero_grad()
34      E.backward() # 6공식, 오차역전파
35      optimizer.step() # 7공식, 학습
36
37      if epoch%100 == 99:
38          print(epoch, E.item())
39
40 print(f'W = {model[0].weight.data}')
41 print(f'B = {model[0].bias.data}')
42 print(f'W2 = {model[2].weight.data}')
43 print(f'B2 = {model[2].bias.data}')
44
45 Y = model(X)
46 Y = nn.functional.softmax(Y, dim=1)
47 print(Y.data)
```

06 : 목표값을 각각 0과 1로 변경합니다.

16 : 출력층에 활성화 함수는 사용하지 않습니다. PyTorch의 경우 cross entropy 오차 함수를 사용할 경우 출력층에 softmax 함수를 따로 사용하지 않습니다. PyTorch에서 제공하는 nn.CrossEntropyLoss 함수 내에는 softmax 함수가 구현되어 있기 때문입니다.

26 : 오차 함수를 nn.CrosseEtropyLoss로 설정합니다. PyTorch CrossEntropyLoss 함수는 다음과 같이 softmax 함수를 내부에 포함하고 있습니다. 그래서 16줄에 출력층 함수를 softmax 함수를 따로 써 주지 않습니다.

$$\text{loss}(x, class) = -\log\left(\frac{\exp(x[class])}{\sum_j \exp(x[j])}\right) = -x[class] + \log\left(\sum_j \exp(x[j])\right)$$

softmax
CrossEntropyLoss

29 : 학습 횟수는 100000으로 합니다.
46 : nn.functional.softmax 함수를 이용하여 Y값을 softmax 출력 형태로 변경합니다.

02 다음과 같이 예제를 실행합니다.

```
$ python _623.py
```

다음은 실행 결과 화면입니다.

```
Sequential(
  (0): Linear(in_features=2, out_features=2, bias=True)
  (1): ReLU()
  (2): Linear(in_features=2, out_features=2, bias=True)
)
99999 5.185469490243122e-05
W= tensor([[0.2098, 0.3196],
        [0.3116, 0.4234]])
B= tensor([1.5461, 1.5840])
W2= tensor([[-0.6355, -0.6216],
        [ 1.5355,  1.6216]])
B2= tensor([-0.7672,  1.9672])
tensor([[5.1898e-05, 9.9995e-01]])
```

03 PyTorch 활용하기

여기서는 PyTorch를 활용하여 7 segment에 대한 인공 신경망을 학습시켜 봅니다. 이 과정에서 PyTorch 신경망에 적용할 수 있는 입력 데이터와 출력 데이터의 형식을 이해하고 활용할 수 있도록 합니다.

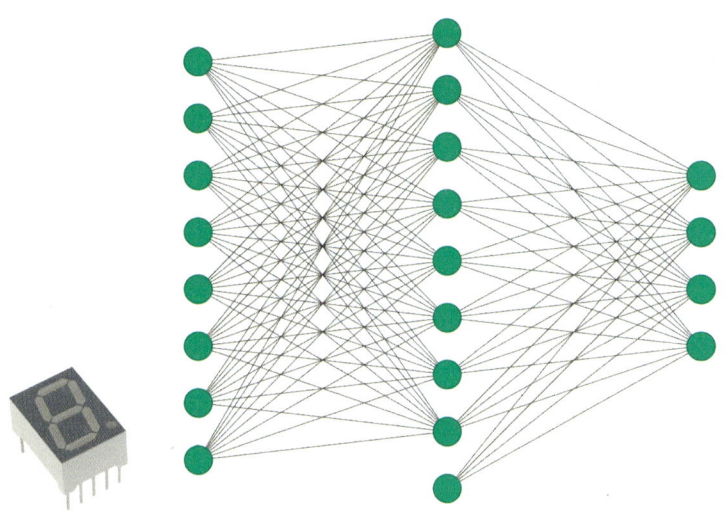

01 _ 7 세그먼트 인공 신경망

여기서는 7 세그먼트에 숫자 값에 따라 표시되는 LED의 ON, OFF 값을 입력으로 받아 2 진수로 출력하는 인공 신경망을 구성하고 학습시켜 봅니다. 다음은 7 세그먼트 디스플레이 2 진수 연결 진리표입니다.

7 세그먼트 2 진수 연결 진리표

	A In	B In	C In	D In	E In	F In	G In	Out	Out	Out	Out
0	1	1	1	1	1	1	0	0	0	0	0
1	0	1	1	0	0	0	0	0	0	0	1
2	1	1	0	1	1	0	1	0	0	1	0
3	1	1	1	1	0	0	1	0	0	1	1
4	0	1	1	0	0	1	1	0	1	0	0
5	1	0	1	1	0	1	1	0	1	0	1
6	0	0	1	1	1	1	1	0	1	1	0
7	1	1	1	0	0	0	0	0	1	1	1
8	1	1	1	1	1	1	1	1	0	0	0
9	1	1	1	0	1	1	1	1	0	0	1

= 1011011 ➡ 0101

그림에서 7 세그먼트에 5로 표시되기 위해 7개의 LED가 1011011(1-ON, 0-OFF)의 비트열에 맞춰 켜지거나 꺼져야 합니다. 해당 비트열에 대응하는 이진수는 0101입니다. 여기서는 다음 그림과 같이 7개의 입력, 8개의 은닉층, 4개의 출력층으로 구성된 인공 신경망을 학습시켜 봅니다.

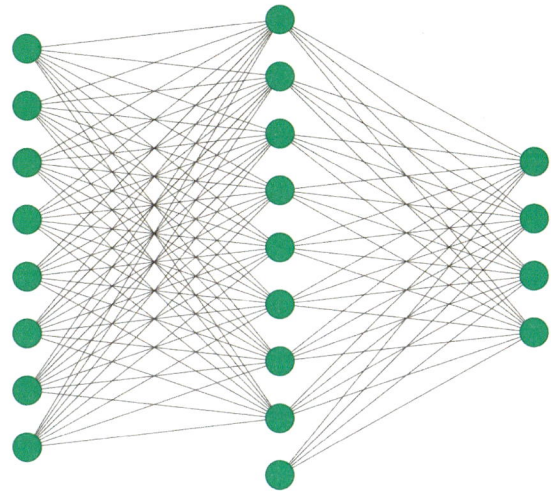

입력층, 은닉층의 맨 하단의 노드는 편향 노드입니다.

torch.FloatTensor로 데이터 초기화하기

먼저 입력값과 목표값을 torch.FloatTensor로 초기화합니다.

01 다음과 같이 예제를 작성합니다.

_7seg_data_torch.py
```
01 import torch
02
03 torch.set_printoptions(precision=4, linewidth=120, sci_mode=False)
04
05 X=torch.FloatTensor([
06     [ 1, 1, 1, 1, 1, 1, 0 ], # 0
07     [ 0, 1, 1, 0, 0, 0, 0 ], # 1
08     [ 1, 1, 0, 1, 1, 0, 1 ], # 2
09     [ 1, 1, 1, 1, 0, 0, 1 ], # 3
10     [ 0, 1, 1, 0, 0, 1, 1 ], # 4
11     [ 1, 0, 1, 1, 0, 1, 1 ], # 5
12     [ 0, 0, 1, 1, 1, 1, 1 ], # 6
13     [ 1, 1, 1, 0, 0, 0, 0 ], # 7
14     [ 1, 1, 1, 1, 1, 1, 1 ], # 8
15     [ 1, 1, 1, 0, 0, 1, 1 ] # 9
16 ])
17 YT=torch.FloatTensor([
```

```
18      [ 0, 0, 0, 0 ],
19      [ 0, 0, 0, 1 ],
20      [ 0, 0, 1, 0 ],
21      [ 0, 0, 1, 1 ],
22      [ 0, 1, 0, 0 ],
23      [ 0, 1, 0, 1 ],
24      [ 0, 1, 1, 0 ],
25      [ 0, 1, 1, 1 ],
26      [ 1, 0, 0, 0 ],
27      [ 1, 0, 0, 1 ]
28 ])
```

03 : torch.set_printoptions 함수를 호출하여 print 함수로 torch Tensor를 출력할 때, 실수 출력 형식을 조절합니다. precision 인자는 소수점 이하 자리수를 설정하며, 여기서는 소수점 이하 4 자리까지 출력합니다. linewidth 인자는 한 줄에 표시할 수 있는 문자수로 120으로 설정합니다. sci_mode 인자는 실수 표기 방식을 설정하며, False로 설정할 경우 고정 소수점 표기법(Fixed point notation)을 사용하며, True로 설정할 경우 과학적 표기법(Scientific notation)을 사용합니다. 예를 들어, 0.000514는 고정 소수점 표기법이고, 5.14e-04는 과학적 표기법입니다. 여기서는 고정 소수점 표기법을 사용합니다.

05~16 : X 변수를 선언하고, 진리표의 입력 값으로 초기화된 2차 실수 텐서를 할당합니다.
17~28 : YT 변수를 선언하고, 진리표의 목표 값으로 초기화된 2차 실수 텐서를 할당합니다.

02 계속해서 다음과 같이 예제를 작성합니다.

_631.py

```
01 from _7seg_data_torch import X, YT
02
03 print(X.shape)
04 print(YT.shape)
```

01 : _7seg_data_torch 모듈로부터 X, YT를 불러옵니다.
03 : X의 모양을 출력합니다.
04 : YT의 모양을 출력합니다.

03 다음과 같이 예제를 실행합니다.

```
$ python _631.py
```

다음은 실행 결과 화면입니다.

```
torch.Size([10, 7])
torch.Size([10, 4])
```

X는 10*7 크기의 2차 배열입니다.

YT는 10*4 크기의 2차 배열입니다.

딥러닝 모델 학습시키기

다음은 딥러닝 모델을 생성한 후, 학습을 시켜 봅니다.

01 다음과 같이 예제를 작성합니다.

_631_2.py

```
01 import torch
02 import torch.nn as nn
03 import torch.optim as optim
04 from _7seg_data_torch import X, YT
05
06 model=nn.Sequential(
07     nn.Linear(7,8),
08     nn.ReLU(),
09     nn.Linear(8,4),
10     nn.Sigmoid()
11 )
12 print(model)
13
14 loss_fn = nn.MSELoss()
15 optimizer = optim.Adam(model.parameters(), lr=0.001)
16
17 for epoch in range(10000):
18
19     Y = model(X) # 1공식, 순전파
20     E = loss_fn(Y, YT) # 2공식, 오차계산
21     optimizer.zero_grad()
22     E.backward() # 6공식, 오차역전파
23     optimizer.step() # 7공식, 학습
24
25     if epoch%100 == 99:
26         print(epoch, E.item())
27
28 Y = model(X)
29 print(Y.data)
```

06~11 : 입력층의 노드 수는 7개, 은닉층의 노드 수는 8개, 출력층의 노드 수는 4개인 신경망 모델을 생성합니다. 은닉층의 활성화 함수는 ReLU, 출력 층의 활성화 함수는 Sigmoid로 설정합니다.
13 : 오차 함수를 nn.MSELoss로 설정합니다. nn.MSELoss는 평균 제곱 오차 함수입니다.
14 : 학습 함수를 optim.Adam으로 설정합니다. optim.Adam은 가장 많이 사용하는 학습 함수입니다.
16 : 학습을 10000 회 수행합니다.
28 : X에 대해 예측을 수행해 봅니다.
29 : 예측 값 Y를 출력합니다.

02 다음과 같이 예제를 실행합니다.

```
$ python _631_2.py
```

다음은 실행 결과 화면입니다.

```
Sequential(
  (0): Linear(in_features=7, out_features=8, bias=True)
  (1): ReLU()
  (2): Linear(in_features=8, out_features=4, bias=True)
  (3): Sigmoid()
)
9999 1.4533863577526063e-05
tensor([[ 0.0049,    0.0011,    0.0000,    0.0032],
        [ 0.0000,    0.0068,    0.0065,    0.9963],
        [ 0.0044,    0.0000,    0.9992,    0.0017],
        [ 0.0000,    0.0042,    0.9959,    1.0000],
        [ 0.0044,    0.9937,    0.0004,    0.0036],
        [ 0.0024,    0.9948,    0.0057,    0.9960],
        [ 0.0011,    0.9994,    0.9959,    0.0000],
        [ 0.0000,    0.9928,    0.9937,    1.0000],
        [ 0.9929,    0.0008,    0.0030,    0.0000],
        [ 0.9972,    0.0067,    0.0001,    0.9968]])
```

YT값과 비교해 봅니다. YT값에 가깝게 학습된 것을 볼 수 있습니다.

학습이 잘 안 되는 경우도 있습니다. 다음은 4에 대한 학습이 제대로 안된 경우입니다.

```
9999 0.0500122606754303
tensor([[ 0.0058,    0.0035,    0.0009,    0.0034],
        [ 0.0000,    0.5001,    0.0051,    0.9952],
        [ 0.0039,    0.0000,    0.9949,    0.0052],
        [ 0.0012,    0.0010,    0.9978,    0.9999],
        [ 0.0058,    0.5002,    0.0000,    0.0054],
        [ 0.0043,    0.9989,    0.0000,    0.9983],
        [ 0.0015,    0.9937,    0.0000,    0.0000],
        [ 0.0015,    0.4999,    0.9948,    1.0000],
        [ 0.9916,    0.0008,    0.0005,    0.0003],
        [ 0.9956,    0.5000,    0.0046,    0.9939]])
```

다음은 7에 대한 학습이 제대로 안된 경우입니다.

```
9999 0.025008762255311012
tensor([[ 0.0046,    0.0000,    0.0000,    0.0032],
        [ 0.0000,    0.0030,    0.0054,    0.9959],
        [ 0.0043,    0.0000,    0.9999,    0.0016],
        [ 0.0010,    0.0000,    0.9964,    0.9999],
        [ 0.0036,    0.9957,    0.0000,    0.0033],
        [ 0.0035,    0.9984,    0.0037,    0.9971],
        [ 0.0004,    1.0000,    0.9952,    0.0000],
        [ 0.0010,    0.0000,    0.9947,    1.0000],
        [ 0.9936,    0.0032,    0.0046,    0.0003],
        [ 0.9962,    0.0026,    0.0000,    0.9979]])
```

국소해의 문제 해결해 보기

앞의 예제에서 은닉층 노드의 개수가 8일 경우 학습이 제대로 되지 않는 경우가 있는데 이런 현상은 국소해의 문제로 발생합니다. 예를 들어, 다음 그림에서 신경망의 학습 과정에서 최소값 지점을 찾지 못하고 극소값 지점에 수렴하는 경우입니다. 국소해의 문제가 발생할 경우엔 재학습을 수행해 보거나 은닉층의 노드수를 변경해 봅니다. 여기서는 은닉층 노드의 개수를 16으로 늘려봅니다.

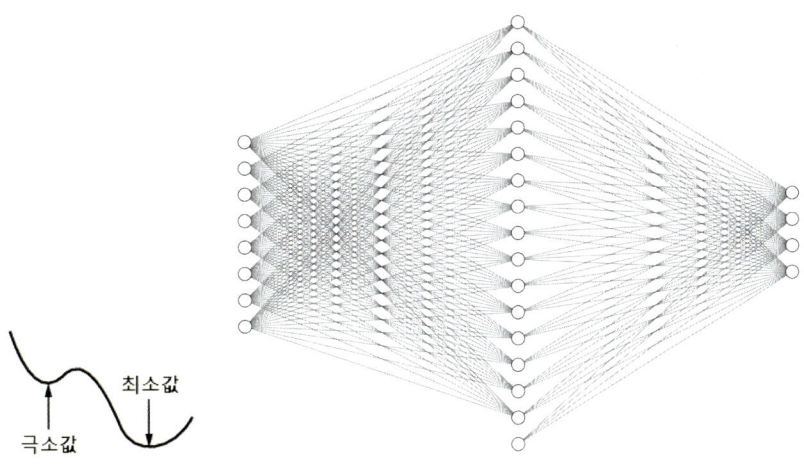

01 다음과 같이 예제를 수정합니다.

_631_3.py

```
01~05 # 이전 예제와 같습니다.
06 model=nn.Sequential(
07     nn.Linear(7,16),
08     nn.ReLU(),
09     nn.Linear(16,4),
10     nn.Sigmoid()
11 )
12 print(model)
13~끝 # 이전 예제와 같습니다.
```

07,09 : 은닉층의 노드 개수를 16으로 늘립니다.

02 다음과 같이 예제를 실행합니다.

```
$ python _631_3.py
```

다음은 실행 결과 화면입니다.

```
Sequential(
  (0): Linear(in_features=7, out_features=16, bias=True)
  (1): ReLU()
  (2): Linear(in_features=16, out_features=4, bias=True)
  (3): Sigmoid()
)
9999 4.2585488699842244e-06
tensor([[ 0.0030,    0.0010,    0.0004,    0.0018],
        [ 0.0000,    0.0030,    0.0027,    0.9972],
        [ 0.0027,    0.0000,    0.9992,    0.0010],
        [ 0.0000,    0.0025,    0.9975,    0.9997],
        [ 0.0027,    0.9973,    0.0009,    0.0026],
        [ 0.0023,    0.9978,    0.0025,    0.9984],
        [ 0.0007,    1.0000,    0.9970,    0.0000],
        [ 0.0000,    0.9966,    0.9978,    1.0000],
        [ 0.9958,    0.0004,    0.0025,    0.0002],
        [ 0.9971,    0.0025,    0.0000,    0.9979]])
```

출력층에 linear 함수 적용해 보기

여기서는 출력층 함수에 linear 함수를 적용해 봅니다. linear 함수는 출력단의 값을 그대로 내보내는 함수입니다. linear 함수를 적용하여 학습을 수행할 경우 선형 회귀라고 합니다.

01 다음과 같이 예제를 수정합니다.

_631_4.py

```
01~05 # 이전 예제와 같습니다.
06 model=nn.Sequential(
07      nn.Linear(7,16),
08      nn.ReLU(),
09      nn.Linear(16,4),
10      #nn.Sigmoid()
11 )
12 print(model)
13~끝 # 이전 예제와 같습니다.
```

10 : 출력층의 활성화 함수를 주석 처리합니다. 이 경우 09줄의 출력값이 그대로 나오게 됩니다.

2. 다음과 같이 예제를 실행합니다.

```
$ python _631_4.py
```

다음은 실행 결과 화면입니다.

```
Sequential(
  (0): Linear(in_features=7, out_features=16, bias=True)
  (1): ReLU()
  (2): Linear(in_features=16, out_features=4, bias=True)
)
9999 8.206879728751837e-13
tensor([[ 0.0000,   -0.0000,    0.0000,    0.0000],
        [ 0.0000,   -0.0000,    0.0000,    1.0000],
        [ 0.0000,   -0.0000,    1.0000,    0.0000],
        [ 0.0000,   -0.0000,    1.0000,    1.0000],
        [ 0.0000,    1.0000,    0.0000,    0.0000],
        [ 0.0000,    1.0000,    0.0000,    1.0000],
        [ 0.0000,    1.0000,    1.0000,    0.0000],
        [ 0.0000,    1.0000,    1.0000,    1.0000],
        [ 1.0000,   -0.0000,   -0.0000,    0.0000],
        [ 1.0000,   -0.0000,    0.0000,    1.0000]])
```

loss(오차)가 이전 예제보다 더 줄어드는 것을 확인합니다.

목표값 변경해 보기

여기서는 목표값의 형식을 2진수에서 10진수로 변경해 봅니다. 신경망 출력층 노드 개수가 다음과 같이 1개가 됩니다.

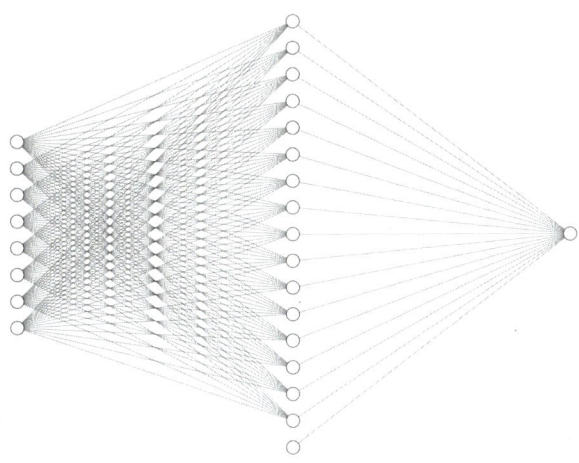

01 다음과 같이 _7seg_data_torch.py 라이브러리를 수정합니다.

_7seg_data_torch.py

```
01 import torch
02
03 torch.set_printoptions(precision=4, linewidth=120, sci_mode=False)
04
05 X=torch.FloatTensor([
06     [ 1, 1, 1, 1, 1, 1, 0 ], # 0
07     [ 0, 1, 1, 0, 0, 0, 0 ], # 1
08     [ 1, 1, 0, 1, 1, 0, 1 ], # 2
09     [ 1, 1, 1, 1, 0, 0, 1 ], # 3
10     [ 0, 1, 1, 0, 0, 1, 1 ], # 4
11     [ 1, 0, 1, 1, 0, 1, 1 ], # 5
12     [ 0, 0, 1, 1, 1, 1, 1 ], # 6
13     [ 1, 1, 1, 0, 0, 0, 0 ], # 7
14     [ 1, 1, 1, 1, 1, 1, 1 ], # 8
15     [ 1, 1, 1, 0, 0, 1, 1 ] # 9
16 ])
17 YT=torch.FloatTensor([
18     [ 0, 0, 0, 0 ],
19     [ 0, 0, 0, 1 ],
20     [ 0, 0, 1, 0 ],
21     [ 0, 0, 1, 1 ],
22     [ 0, 1, 0, 0 ],
23     [ 0, 1, 0, 1 ],
24     [ 0, 1, 1, 0 ],
25     [ 0, 1, 1, 1 ],
26     [ 1, 0, 0, 0 ],
27     [ 1, 0, 0, 1 ]
28 ])
29 YT_1=torch.FloatTensor([
30     [0],
31     [1],
32     [2],
```

```
33      [3],
34      [4],
35      [5],
36      [6],
37      [7],
38      [8],
39      [9]
40  ])
```

29~40 : YT_1 변수를 선언하고, 10진수 형식의 목표값으로 초기화된 1차 numpy 배열을 할당합니다.

02 다음과 같이 예제를 수정합니다.

_631_5.py

```
01  import torch
02  import torch.nn as nn
03  import torch.optim as optim
04  from _7seg_data_torch import X, YT_1
05
06  YT = YT_1
07
08  model=nn.Sequential(
09      nn.Linear(7,16),
10      nn.ReLU(),
11      nn.Linear(16,1),
12      #nn.Sigmoid()
13  )
14  print(model)
15~끝 # 이전 예제와 같습니다.
```

04 : _7seg_data 모듈로부터 X, YT_1을 불러옵니다.
06 : YT 변수를 선언하고, YT_1로 초기화합니다.
11 : 출력층 노드의 개수를 1개로 줄입니다.

03 다음과 같이 예제를 실행합니다.

```
$ python _631_5.py
```

다음은 실행 결과 화면입니다.

```
Sequential(
  (0): Linear(in_features=7, out_features=16, bias=True)
  (1): ReLU()
  (2): Linear(in_features=16, out_features=1, bias=True)
)
```

```
9999 6.00147698464476e-13
tensor([[    -0.0000],
        [     1.0000],
        [     2.0000],
        [     3.0000],
        [     4.0000],
        [     5.0000],
        [     6.0000],
        [     7.0000],
        [     8.0000],
        [     9.0000]])
```

결과가 잘 나오는 것을 확인합니다. 결과가 잘 안 나올 경우 재학습을 수행합니다.

입력층과 목표층 바꿔보기

다음은 이전 예제의 입력층과 목표층을 바꿔 인공 신경망을 학습 시켜봅니다. 다음과 같이 2진수가 입력되면 해당되는 7 세그먼트의 켜지고 꺼져야 할 LED의 비트열을 출력합니다.

예를 들어, "숫자 5에 맞게 7 세그먼트 LED를 켜줘!" 하고 싶을 때, 사용할 수 있는 인공 신경망입니다.

01 다음과 같이 예제를 수정합니다.

_631_6.py

```
01 import torch
02 import torch.nn as nn
03 import torch.optim as optim
04 from _7seg_data_torch import X, YT
05
06 X, YT = YT, X
07
08 model=nn.Sequential(
09     nn.Linear(4,16),
10     nn.ReLU(),
11     nn.Linear(16,7),
12     # nn.Sigmoid()
13 )
14 print(model)
15~끝 # 이전 예제와 같습니다.
```

04 : _7seg_data 모듈로부터 X, YT을 불러옵니다.
06 : YT, X를 X, YT로 변경합니다. 즉, 입력과 출력을 바꿔줍니다.
09 : 입력층 노드의 개수를 4로 바꿉니다.
11 : 출력층 노드의 개수를 7로 바꿉니다.

02 다음과 같이 예제를 실행합니다.

```
$ python _631_6.py
```

다음은 실행 결과 화면입니다.

```
Sequential(
  (0): Linear(in_features=4, out_features=16, bias=True)
  (1): ReLU()
  (2): Linear(in_features=16, out_features=7, bias=True)
)
9999 1.3042187121947713e-11
tensor([[ 1.0000,    1.0000,    1.0000,    1.0000,    1.0000,    1.0000,   -0.0000],
        [-0.0000,    1.0000,    1.0000,   -0.0000,    0.0000,   -0.0000,   -0.0000],
        [ 1.0000,    1.0000,   -0.0000,    1.0000,    1.0000,   -0.0000,    1.0000],
        [ 1.0000,    1.0000,    1.0000,    1.0000,    0.0000,   -0.0000,    1.0000],
        [-0.0000,    1.0000,    1.0000,   -0.0000,   -0.0000,    1.0000,    1.0000],
        [ 1.0000,    0.0000,    1.0000,    1.0000,    1.0000,    1.0000,    1.0000],
        [-0.0000,    0.0000,    1.0000,    1.0000,    1.0000,    1.0000,    1.0000],
        [ 1.0000,    1.0000,    1.0000,    0.0000,    0.0000,   -0.0000,   -0.0000],
        [ 1.0000,    1.0000,    1.0000,    1.0000,    1.0000,    1.0000,    1.0000],
        [ 1.0000,    1.0000,    1.0000,    0.0000,    0.0000,    1.0000,    1.0000]])
```

02 _ 은닉층 늘려보기

여기서는 은닉층을 늘려 봅니다. 일반적으로 은닉층의 개수가 2개 이상일 때 심층 인공 신경망이라고 합니다. 데이터는 다음과 같이 원래 데이터를 사용합니다.

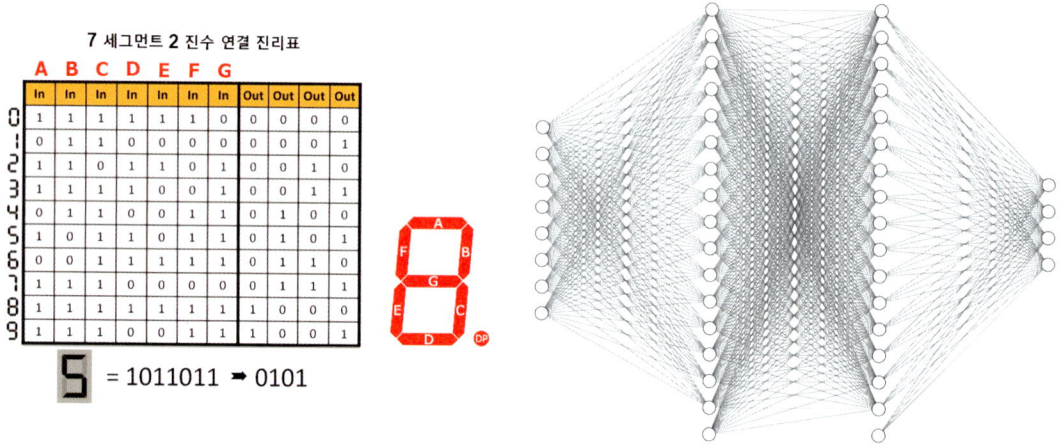

01 다음과 같이 예제를 작성합니다.

_632.py

```
01 import torch
02 import torch.nn as nn
03 import torch.optim as optim
04 from _7seg_data_torch import X, YT
05
```

```
06 model=nn.Sequential(
07     nn.Linear(7,16),
08     nn.ReLU(),
09     nn.Linear(16,16),
10     nn.ReLU(),
11     nn.Linear(16,4),
12     nn.Sigmoid()
13 )
14 print(model)
15~끝 # 이전 예제와 같습니다.
```

09 : 은닉층을 하나 더 늘립니다. 노드의 개수는 16으로 합니다.
10 : nn.ReLU 함수를 추가합니다.
12 : 출력층의 활성화 함수가 Sigmoid인 것을 확인합니다.

02 다음과 같이 예제를 실행합니다.

```
$ python _632.py
```

다음은 실행 결과 화면입니다.

```
Sequential(
  (0): Linear(in_features=7, out_features=16, bias=True)
  (1): ReLU()
  (2): Linear(in_features=16, out_features=16, bias=True)
  (3): ReLU()
  (4): Linear(in_features=16, out_features=4, bias=True)
  (5): Sigmoid()
)
9999 4.979730192644638e-07
tensor([[   0.0011,    0.0000,    0.0007,    0.0008],
        [   0.0000,    0.0011,    0.0007,    0.9991],
        [   0.0007,    0.0000,    0.9998,    0.0003],
        [   0.0000,    0.0008,    0.9991,    1.0000],
        [   0.0010,    0.9992,    0.0005,    0.0009],
        [   0.0008,    0.9993,    0.0011,    0.9992],
        [   0.0000,    1.0000,    0.9991,    0.0000],
        [   0.0000,    0.9987,    0.9992,    1.0000],
        [   0.9987,    0.0000,    0.0001,    0.0000],
        [   0.9990,    0.0008,    0.0000,    0.9991]])
```

학습 시키고 모델 내보내기

다음은 인공 신경망을 준비하여 학습을 수행한 후, 수행 결과를 저장합니다.

01 다음과 같이 예제를 수정합니다. 이전 예제의 마지막에 다음과 같이 추가합니다.

_632_2.py

```
01~31 # 이전 예제와 같습니다.
32
33 torch.save(model, 'model.pth')
```

33 : torch.save 함수를 이용하여 학습된 인공 신경망을 'model.pth' 파일로 저장해 줍니다.

02 다음과 같이 예제를 실행합니다.

```
$ python _632_2.py
```

03 학습이 끝난 후, 다음과 같이 model.h5 파일이 생성된 것을 확인합니다.

```
linaro@linaro-alip:~/pyLabs$ ls -l model.pth
-rw-r--r-- 1 linaro linaro 4423 Feb  9 05:09 model.pth
```

출력 결과도 확인합니다. 바로 다음 예제의 결과와 비교하여 같은 결과를 얻어야 합니다.

```
9999 4.841845111513976e-07
tensor([[    0.0012,    0.0007,    0.0011,    0.0008],
        [    0.0006,    0.0010,    0.0007,    0.9993],
        [    0.0008,    0.0000,    0.9994,    0.0002],
        [    0.0000,    0.0009,    0.9996,    0.9997],
        [    0.0010,    0.9990,    0.0007,    0.0006],
        [    0.0004,    0.9990,    0.0002,    0.9992],
        [    0.0000,    0.9998,    0.9991,    0.0000],
        [    0.0000,    0.9988,    0.9992,    1.0000],
        [    0.9986,    0.0000,    0.0000,    0.0004],
        [    0.9992,    0.0010,    0.0000,    0.9996]])
```

모델 불러와 예측하기 1

다음은 학습된 인공 신경망을 불러와 예측을 수행해 봅니다.

01 다음과 같이 예제를 작성합니다.

_632_3.py

```
01 import torch
02 from _7seg_data_torch import X
03
04 model = torch.load('model.pth')
05 print(model)
06
07 Y = model(X)
08 print(Y.data)
```

04 : torch.load 함수를 호출하여 학습된 모델을 불러옵니다.
05 : 모델을 출력합니다.
07 : 예측을 수행합니다.
08 : 예측 결과를 출력합니다.

02 다음과 같이 예제를 실행합니다.

```
$ python _632_3.py
```

다음은 실행 결과 화면입니다. 바로 전 예제 결과와 같습니다.

```
Sequential(
  (0): Linear(in_features=7, out_features=16, bias=True)
  (1): ReLU()
  (2): Linear(in_features=16, out_features=16, bias=True)
  (3): ReLU()
  (4): Linear(in_features=16, out_features=4, bias=True)
  (5): Sigmoid()
)
tensor([[  0.0012,    0.0007,    0.0011,    0.0008],
        [  0.0006,    0.0010,    0.0007,    0.9993],
        [  0.0008,    0.0000,    0.9994,    0.0002],
        [  0.0000,    0.0009,    0.9996,    0.9997],
        [  0.0010,    0.9990,    0.0007,    0.0006],
        [  0.0004,    0.9990,    0.0002,    0.9992],
        [  0.0000,    0.9998,    0.9991,    0.0000],
        [  0.0000,    0.9988,    0.9992,    1.0000],
        [  0.9986,    0.0000,    0.0000,    0.0004],
        [  0.9992,    0.0010,    0.0000,    0.9996]])
```

모델 불러와 예측하기 2

여기서는 1개 데이터에 대한 예측을 해 봅니다.

01 다음과 같이 예제를 수정합니다.

_632_4.py

```
01 import torch
02 from _7seg_data_torch import X
03
04 model = torch.load('model.pth')
05 print(model)
06
07 Y = model(X[:1])
08 print(Y.data)
```

07 : 입력을 X[:1]로 변경합니다. 이렇게 하면 X의 0번 항목으로만 구성된 텐서가 됩니다.

02 다음과 같이 예제를 실행합니다.

```
$ python _632_4.py
```

다음은 실행 결과 화면입니다. 바로 전 예제 결과와 같습니다.

```
Sequential(
  (0): Linear(in_features=7, out_features=16, bias=True)
  (1): ReLU()
  (2): Linear(in_features=16, out_features=16, bias=True)
  (3): ReLU()
  (4): Linear(in_features=16, out_features=4, bias=True)
  (5): Sigmoid()
)
tensor([[0.0012, 0.0007, 0.0011, 0.0008]])
```

03 _ 딥러닝 활용 예제 살펴보기

여기서는 패션 MNIST 데이터 셋을 사용해서 인공 신경망을 학습시켜봅니다. 패션 MNIST 데이터 셋은 10개의 범주(category)와 70,000개의 흑백 이미지로 구성됩니다. 패션 MNIST 데이터 셋의 그림은 28x28 픽셀의 해상도를 가지며 다음 그림처럼 신발, 옷, 가방 등의 품목을 나타냅니다.

다음과 같은 모양의 인공 신경망을 구성하고 학습시켜 봅니다.

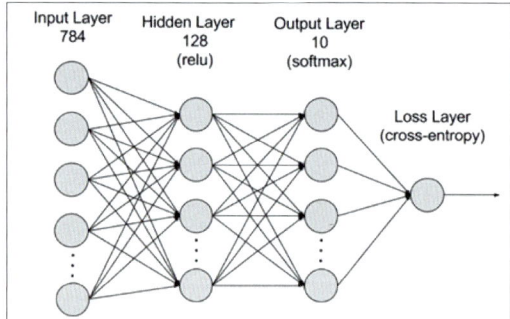

관련 라이브러리 설치하기

먼저 팅커 보드에 관련 라이브러리를 설치합니다. 다음 명령을 차례대로 실행합니다.

```
$ sudo pip3 install torchvision
$ sudo pip3 install pillow==6.2.1
$ time sudo pip3 install matplotlib==3.4
$ sudo pip3 install tqdm
```

※ matplotlib 라이브러리는 설치 시간이 6분 정도 걸립니다.

FashionMNIST 데이터 읽어오기

여기서는 FashionMNIST 데이터를 읽어와 화면에 데이터 일부분을 출력해 봅니다.

01 다음과 같이 예제를 작성합니다.

_633.py

```python
01 import torch
02 from torchvision import datasets, transforms
03 import matplotlib.pyplot as plt
04
05 train_data = datasets.FashionMNIST(
06     root='data',
07     train=True,
08     download=True,
09     transform=transforms.ToTensor())
10 test_data = datasets.FashionMNIST(
11     root='data',
12     train=False,
13     download=True,
14 transform=transforms.ToTensor())
15
16 labels_map = {
17     0:'t-shirt/top',
18     1:'trouser',
19     2:'pullover',
20     3:'dress',
21     4:'coat',
22     5:'sandal',
23     6:'shirt',
24     7:'sneaker',
25     8:'bag',
26     9:'ankle boot'}
27
28 figure = plt.figure(figsize=(10,10))
29 ROWS,COLS = 5,6
30 for i in range(1,COLS*ROWS+1):
31     rand_i = torch.randint(len(train_data),size=(1,)).item()
32     image,label = train_data[rand_i]
33     figure.add_subplot(ROWS,COLS,i)
34     plt.title(labels_map[label])
35     plt.axis('off')
36     plt.imshow(torch.permute(image,(1,2,0)),cmap='gray')
37 plt.show()
```

02 : torchvision 라이브러리에서 datasets, transforms 하위 모듈을 불러옵니다. datasets 모듈은 이미지 데이터세트 모음으로 MNIST, FashionMNIST, CIFAR, COCO, Flicker, ImageNet, UCF101등의 데이터를 가지고 있습니다. transforms 모듈은 이미지 데이터 세트에 쓸 수 있는 여러 가지 변환 필터를 가지고 있습니다. 예를 들어, 텐서 변환, 크기 조절, 밝기 조절 등의 기능이 있습니다.

03 : import문을 이용하여 matplotlib.pyplot 모듈을 plt라는 이름으로 불러옵니다. 여기서는 matplotlib.pyplot 모듈을 이용하여 28~31줄에서 FashionMNIST 데이터 셋 그림을 그립니다.

05~09 : datasets.FashionMNIST 객체를 생성하여 훈련용 데이터세트를 불러옵니다. root 매개변수는 데이터가 저장된 디렉터리를 지정합니다. train은 True일 경우 훈련용 데이터세트를 불러오고, False일 경우 시험용 데이터세트를 불러옵니다. download는 True일 경우 인터넷에서 데이터세트를 다운로드 받습니다. 데이터세트가 이미 다운로드되어 있을 경우 다시 다운로드하지는 않습니다. transform은 데이터세트의 기본 이미지인 PIL 이미지를 변환할 함수를 지정합니다. 여기서는 텐서로 변환하는 함수를 인자로 줍니다.

10~14 : datasets.FashionMNIST 객체를 생성하여 시험용 데이터를 불러옵니다.

16~26 : 패션 MNIST 데이터 셋을 이루는 품목의 종류는 10가지로 구성되며, 품목의 라벨은 숫자 0~9로 구성됩니다. 여기서는 품목의 해당 라벨 값에 품목의 이름을 대응시킵니다. labels_msp 변수를 선언한 후, dict를 이용하여 품목의 이름 10가지로 초기화합니다. 예를 들어, 품목의 라벨 값 0은 'T-shirt/top'을 의미하며, 9는 'Ankle boot'를 의미합니다. 34줄에서 사용합니다.

28~37 : 훈련용 데이터 30개를 임의로 뽑아 화면에 뿌려줍니다.

28 : plt.figure 함수를 호출하여 Figure 객체를 생성합니다.

29 : ROWS, COLS 변수를 선언하여 5, 6으로 초기화합니다.

31 : train_data 개수(6만개) 범위 내에서 임의의 정수를 만들어 rand_i 변수에 할당합니다. 0~59999 사이의 숫자 중 하나를 임의로 뽑아냅니다.

32 : 임의로 뽑아낸 rand_i에 해당하는 훈련용 그림과 라벨을 가져옵니다.

33 : figure.add_subplot 함수를 호출하여 subplot을 만듭니다. ROWS행 COLS열 중 i 번째에 subplot을 생성합니다.

34 : lables_map dict를 이용하여 subplot에 제목을 설정합니다.

35 : subplot 그림을 그릴 때 축을 표시하지 않습니다.

36 : plt.imshow 함수를 호출하여 image 그림을 subplot에 그립니다. torch.permute 함수를 호출하여 image 데이터를 화면에 출력할 수 있도록 모양을 변경합니다. 그림은 흑백으로 표시되도록 합니다.

37 : plt.show 함수를 호출하여 subplot에 그린 그림을 화면에 표시합니다.

02 다음과 같이 예제를 실행합니다.

```
$ python _633.py
```

다음은 실행 결과 화면입니다.

다음과 같이 data 디렉터리에 다운로드된 데이터세트를 확인합니다.

```
linaro@linaro-alip:~/pyLabs$ ls data/FashionMNIST/raw/ -l
total 53672
-rw-r--r-- 1 linaro linaro  7840016 Feb 22 12:48 t10k-images-idx3-ubyte
-rw-r--r-- 1 linaro linaro    10008 Feb 22 12:48 t10k-labels-idx1-ubyte
-rw-r--r-- 1 linaro linaro 47040016 Feb 22 12:48 train-images-idx3-ubyte
-rw-r--r-- 1 linaro linaro    60008 Feb 22 12:48 train-labels-idx1-ubyte
```

DataLoader 적용하기

여기서는 읽어온 데이터세트를 DataLoader 객체에 넘겨줍니다. DataLoader는 torch.utils.data 모듈에 있는 객체로 데이터세트를 섞어서 작은 묶음으로 나누어주는 역할을 합니다. 이 작은 묶음을 미니배치라고 합니다. 이 미니배치를 인공 신경망 학습시 차례대로 넘겨줍니다.

01 다음과 같이 예제를 수정합니다.

_633_2.py
```
01 import torch
02 from torch.utils.data import DataLoader
03 from torchvision import datasets, transforms
04
05 train_data = datasets.FashionMNIST(
06     root='data',
07     train=True,
08     download=True,
09     transform=transforms.ToTensor())
10 test_data = datasets.FashionMNIST(
11     root='data',
12     train=False,
13     download=True,
14     transform=transforms.ToTensor())
15
16 train_loader = DataLoader(
17     train_data,
18     batch_size=32,
19     shuffle=True)
20 test_loader = DataLoader(
21     test_data,
22     batch_size=32,
23     shuffle=True)
24
25 image,label = next(iter(train_loader))
26 print(image.shape, label.shape)
```

- **02** : torch.utils.data 모듈로부터 DataLoader를 불러옵니다. DataLoader는 입력받은 데이터세트를 for문에서 미니배치로 잘라서 내어주고, 매 회기마다 데이터를 섞어주는 역할을 합니다.
- **16~19** : DataLoader 객체를 생성합니다. 여기서 DataLoader 객체는 훈련용 데이터를 받아 32개의 미니배치로 자르고 매 회기마다 데이터를 섞어줍니다. 데이터를 섞어주면 인공 신경망 훈련 시 과적합을 막아줍니다.
- **20~23** : 시험용 데이터를 받는 DataLoader 객체를 생성합니다.
- **25** : 미니배치 샘플 하나를 뽑아봅니다. iter 함수를 호출하여 train_loader의 iterator 객체를 얻어온 후, next 함수를 호출하여 iterator 객체가 내어주는 항목을 하나 얻어옵니다.
- **26** : image와 label의 모양을 출력합니다.

02 다음과 같이 예제를 실행합니다.

```
$ python _633_2.py
```

다음은 실행 결과 화면입니다.

```
torch.Size([32, 1, 28, 28]) torch.Size([32])
```

인공 신경망 구성하기

여기서는 다음과 같이 인공 신경망을 구성합니다.

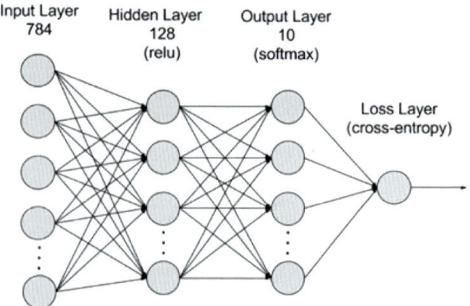

01 다음과 같이 예제를 수정합니다.

_633_3.py

```python
01 import torch
02 import torch.nn as nn
03 from torch.utils.data import DataLoader
04 from torchvision import datasets, transforms
05
06 train_data = datasets.FashionMNIST(
07     root='data',
08     train=True,
09     download=True,
10     transform=transforms.ToTensor())
11 test_data = datasets.FashionMNIST(
12     root='data',
13     train=False,
14     download=True,
15     transform=transforms.ToTensor())
16
17 train_loader = DataLoader(
18     train_data,
19     batch_size=32,
20     shuffle=True)
21 test_loader = DataLoader(
22     test_data,
23     batch_size=32,
```

```
24        shuffle=True)
25
26 model = nn.Sequential(
27     nn.Flatten(),
28     nn.Linear(28*28,128),
29     nn.ReLU(),
30     nn.Linear(128,10)
31 )
32 print(model)
```

02 : torch.nn 라이브러리를 nn으로 불러옵니다.
26~30 : 인공 신경망을 구성합니다.
27 : nn.Flatten() 객체을 인공 신경망의 앞단에 추가하여 입력된 데이터를 평평하게 만듭니다. nn.Sequential 객체와 같이 사용합니다.
32 : model을 출력합니다.

02 다음과 같이 예제를 실행합니다.

```
$ python _633_3.py
```

다음은 실행 결과 화면입니다.

```
Sequential(
  (0): Flatten(start_dim=1, end_dim=-1)
  (1): Linear(in_features=784, out_features=128, bias=True)
  (2): ReLU()
  (3): Linear(in_features=128, out_features=10, bias=True)
)
```

인공 신경망 학습하기

여기서는 인공 신경망 학습 함수를 정의한 후, 인공 신경망을 학습시켜 봅니다.

01 다음과 같이 예제를 수정합니다.

_633_4.py

```
01 import torch
02 import torch.nn as nn
03 import torch.optim as optim
04 from torch.utils.data import DataLoader
05 from torchvision import datasets, transforms
06 from tqdm import tqdm
07
08 train_data = datasets.FashionMNIST(
09     root='data',
10     train=True,
11     download=True,
12     transform=transforms.ToTensor())
13 test_data = datasets.FashionMNIST(
14     root='data',
```

```
15      train=False,
16      download=True,
17      transform=transforms.ToTensor())
18
19 train_loader = DataLoader(
20      train_data,
21      batch_size=32,
22      shuffle=True)
23 test_loader = DataLoader(
24      test_data,
25      batch_size=32,
26      shuffle=True)
27
28 model = nn.Sequential(
29      nn.Flatten(),
30      nn.Linear(28*28,128),
31      nn.ReLU(),
32      nn.Linear(128,10)
33 )
34
35 loss_fn = nn.CrossEntropyLoss()
36 optimizer = optim.Adam(model.parameters(), lr=0.001)
37
38 def model_fit(model, loss_fn, optimizer, data_loader):
39      sum_loss,hit = 0,0
40      progress_bar = tqdm(data_loader)
41      for image, label in progress_bar:
42          pred = model(image) # 1공식, 순전파
43          loss = loss_fn(pred, label) # 2공식, 오차계산
44          optimizer.zero_grad()
45          loss.backward() # 6공식, 오차역전파
46          optimizer.step() # 7공식, 학습
47
48          _,pred = pred.max(dim=1)
49          hit += pred.eq(label).sum().item()
50          sum_loss += loss.item()*image.size(0)
51
52      avg_loss = sum_loss/len(data_loader.dataset)
53      avg_acc = hit/len(data_loader.dataset)
54 r   eturn avg_loss, avg_acc
55
56 for epoch in range(5):
57      train_loss, train_acc = model_fit(
58          model, loss_fn, optimizer, train_loader)
59      print(f ' epoch {epoch+1:02d}, loss: {train_loss:.5f}, acc: {train_acc:.5f} ' )
```

03 : torch.optim 모듈을 optim으로 불러옵니다.
06 : tqdm 라이브러리로부터 tqdm 모듈을 불러옵니다.
35 : 오차 함수를 설정합니다. CrossEntropyLoss 객체를 사용합니다.
36 : 최적화 함수를 설정합니다. Adam 객체를 사용합니다. 학습률은 0.001로 설정합니다.
38~54 : model_fit 함수를 정의합니다. model_fit 함수는 인공 신경망 학습 함수입니다.

39   : sum_loss, hit 변수를 선언한 후, 0, 0으로 초기화합니다.
40   : tqdm 객체를 생성하며, data_loader를 입력으로 줍니다. tqdm 객체는 학습 진행 상태를 시각적으로 보여줍니다.
41~50   : progress_bar로부터 image, label 데이터를 가져와 인공 신경망 학습을 진행합니다. image, label은 21줄에서 설
         정된 32개의 데이터로 구성됩니다. 즉, 32개의 이미지와 32개의 라벨이 학습에 사용됩니다.
48   : 예측 값의 최대 항목 위치 값을 얻어와 pred 변수에 할당합니다.
49   : 32개의 데이터에 예측값과 라벨값이 같은 데이터의 개수를 얻어와 hit 변수에 누적해 줍니다.
50   : loss.item()은 32개의 입력 데이터의 평균 오차를 내어주기 때문에 이미지 개수인 32만큼 곱해서 sum_loss에 더
         해줍니다.
52   : sum_loss는 6만개 데이터 전체에 대한 오차 합이고 len(train_loader.dataset)은 6만이 되어 avg_loss는 6만개 데
         이터에 대한 평균 오차가 됩니다.
53   : 전체 데이터 6만개 중 예측값과 목표값이 같은 데이터의 개수의 비율을 구해 avg_acc 변수에 할당합니다.
54   : 평균 오차값과 평균 정답률을 내어줍니다.
56~59   : 학습을 5회 수행합니다.
57~58   : model_fit 함수를 호출하여 인공 신경망을 학습시킵니다.
59   : 학습 결과를 출력합니다.

02 다음과 같이 예제를 실행합니다.

```
$ python _633_4.py
```

다음은 실행 결과 화면입니다.

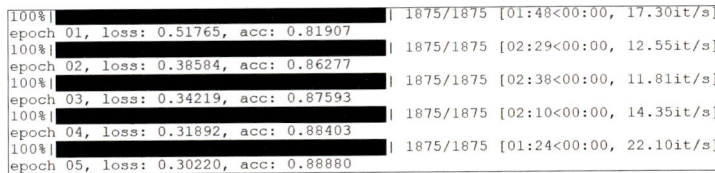

학습된 인공 신경망 평가하기

여기서는 인공 신경망 평가 함수를 정의한 후, 학습된 인공 신경망을 평가해 봅니다.

01 다음과 같이 예제를 수정합니다.

_633_5.py
```
01 import torch
02 import torch.nn as nn
03 import torch.optim as optim
04 from torch.utils.data import DataLoader
05 from torchvision import datasets, transforms
06 from tqdm import tqdm
07
08 train_data = datasets.FashionMNIST(
09     root='data',
10     train=True,
11     download=True,
12     transform=transforms.ToTensor()
```

```python
13  test_data = datasets.FashionMNIST(
14      root='data',
15      train=False,
16      download=True,
17      transform=transforms.ToTensor())
18
19  train_loader = DataLoader(
20      train_data,
21      batch_size=32,
22      shuffle=True)
23  test_loader = DataLoader(
24      test_data,
25      batch_size=32,
26      shuffle=True)
27
28  model = nn.Sequential(
29      nn.Flatten(),
30  nn.Linear(28*28,128),
31      nn.ReLU(),
32      nn.Linear(128,10)
33  )
34
35  loss_fn = nn.CrossEntropyLoss()
36  optimizer = optim.Adam(model.parameters(), lr=0.001)
37
38  def model_fit(model, loss_fn, optimizer, data_loader):
39      sum_loss,hit = 0,0
40      progress_bar = tqdm(data_loader)
41      for image, label in progress_bar:
42          pred = model(image) # 1공식, 순전파
43          loss = loss_fn(pred, label) # 2공식, 오차계산
44          optimizer.zero_grad()
45          loss.backward() # 6공식, 오차역전파
46          optimizer.step() # 7공식, 학습
47
48          _,pred = pred.max(dim=1)
49          hit += pred.eq(label).sum().item()
50          sum_loss += loss.item()*image.size(0)
51
52      avg_loss = sum_loss/len(data_loader.dataset)
53      avg_acc = hit/len(data_loader.dataset)
54      return avg_loss, avg_acc
55
56  def model_evaluate(model, loss_fn, data_loader):
57      with torch.no_grad():
58          sum_loss,hit = 0,0
59          for image, label in data_loader:
60              pred = model(image)
61              loss = loss_fn(pred, label)
62
```

```
63                _,pred = pred.max(dim=1)
64                hit += pred.eq(label).sum().item()
65                sum_loss += loss.item()*image.size(0)
66
67        avg_loss = sum_loss/len(data_loader.dataset)
68        avg_acc = hit/len(data_loader.dataset)
69        return avg_loss, avg_acc
70
71 for epoch in range(5):
72      train_loss,train_acc = model_fit(
73          model, loss_fn, optimizer, train_loader)
74      print(f'epoch {epoch+1:02d}, loss: {train_loss:.5f}, acc: {train_acc:.5f}')
75
76      valid_loss,valid_acc = model_evaluate(
77          model, loss_fn, test_loader)
78      print(' '*8, f'vloss: {valid_loss:.5f},vacc: {valid_acc:.5f}')
79
80 torch.save(model, 'fashion_model.pth')
```

56~69 : model_evaluate 함수를 정의합니다. model_evaluate 함수는 인공 신경망 평가 함수입니다.
57 : torch.no_grad 객체를 생성하여 58~65줄 수행 시 역전파 계산을 비활성화합니다. 인공 신경망 학습이 끝나면 역전파 계산을 수행하지 않습니다.
58 : sum_loss, hit 변수를 선언한 후, 0, 0으로 초기화합니다.
76~77 : model_evaluate 함수를 호출하여 학습된 인공 신경망을 평가합니다.
78 : 평가 결과를 출력합니다.
80 : 학습된 모델을 저장합니다.

02 다음과 같이 예제를 실행합니다.

```
$ python _633_5.py
```

다음은 실행 결과 화면입니다.

```
100%|███████████████████████████████| 1875/1875 [02:03<00:00, 15.24it/s]
epoch 01, loss: 0.51496, acc: 0.81942
         vloss: 0.42516,vacc: 0.84900
100%|███████████████████████████████| 1875/1875 [01:22<00:00, 22.61it/s]
epoch 02, loss: 0.37993, acc: 0.86163
         vloss: 0.38785,vacc: 0.86080
100%|███████████████████████████████| 1875/1875 [01:22<00:00, 22.78it/s]
epoch 03, loss: 0.34003, acc: 0.87613
         vloss: 0.38081,vacc: 0.86810
100%|███████████████████████████████| 1875/1875 [02:19<00:00, 13.46it/s]
epoch 04, loss: 0.31849, acc: 0.88393
         vloss: 0.36332,vacc: 0.86870
100%|███████████████████████████████| 1875/1875 [02:43<00:00, 11.49it/s]
epoch 05, loss: 0.30029, acc: 0.89023
         vloss: 0.35294,vacc: 0.87180
```

03 학습이 끝난 후, 다음과 같이 fashion_model.h5 파일이 생성된 것을 확인합니다.

```
linaro@linaro-alip:~/pyLabs$ ls -l fashion_model.pth
-rw-r--r-- 1 linaro linaro 409731 Feb 22 14:51 fashion_model.pth
```

학습된 인공 신경망 불러와 예측하기

여기서는 학습된 인공 신경망을 불러와 예측을 수행해 봅니다.

01 다음과 같이 예제를 수정합니다.

_633_6.py

```python
import torch
from torch.utils.data import DataLoader
from torchvision import datasets, transforms
import matplotlib.pyplot as plt
import numpy as np

test_data = datasets.FashionMNIST(
    root='data',
    train=False,
    download=True,
    transform=transforms.ToTensor())

test_loader = DataLoader(
    test_data,
    batch_size=32,
    shuffle=True)

model = torch.load('fashion_model.pth')

label_tags = {
    0: 'T-Shirt',
    1: 'Trouser',
    2: 'Pullover',
    3: 'Dress',
    4: 'Coat',
    5: 'Sandal',
    6: 'Shirt',
    7: 'Sneaker',
    8: 'Bag',
    9: 'Ankle Boot'
}

fig = plt.figure(figsize=(10,10))
ROWS,COLS=6,6
for i in range(1, COLS*ROWS+1):
    data_idx = np.random.randint(len(test_loader))
    input_img = test_data[data_idx][0].unsqueeze(dim=0)

    output = model(input_img)
    _, argmax = torch.max(output, 1)
    pred = label_tags[argmax.item()]
    label = label_tags[test_data[data_idx][1]]

```

```
44      fig.add_subplot(ROWS, COLS, i)
45      if pred == label:
46          plt.title(pred)
47          cmap = 'Greys'
48      else:
49          plt.title(pred + '(' + label + ')')
50          cmap = 'Oranges'
51      plot_img = test_data[data_idx][0][0,:,:]
52      plt.imshow(plot_img, cmap=cmap)
53      plt.axis('off')
54
55  plt.show()
```

01~05 : 관련 라이브러리를 불러옵니다.
07~11 : FashionMNIST 시험 데이터세트를 불러옵니다.
13~16 : 시험 데이터세트를 DataLoader에 넘겨줍니다.
18 : torch.load 함수를 호출하여 저장된 인공 신경망 모델을 불러옵니다.
20~31 : Fashion MNIST의 라벨값과 종류를 연결하는 dict를 생성합니다.
33~55 : 시험용 데이터 36개를 임의로 뽑아 예측을 수행하고 예측 결과와 실제 값을 비교하여 화면에 뿌려줍니다.
37 : 예측을 수행하기 위해 unsqueeze 함수를 호출하여 데이터의 모양을 바꿔줍니다.
39 : 예측을 수행합니다.
40 : 예측 결과 중 최대값을 갖는 항목의 위치값을 argmax로 얻어옵니다.
41 : 예측값에 대한 항목 이름을 가져옵니다.
42 : 실제값에 대한 항목 이름을 가져옵니다.
44~52 : 맞으면 희색으로 틀리면 주황색으로 그림을 표시합니다.

02 다음과 같이 예제를 실행합니다.

$ python _633_6.py

다음은 실행 결과 화면입니다.

회색으로 표시된 그림들은 맞게 예측한 것이고, 주황색으로 표시한 그림들은 틀린 예측입니다.

인공 신경망 클래스 정의해 보기

일반적으로 PyTorch 인공 신경망은 클래스로 정의합니다. 여기서는 인공 신경망을 클래스로 정의하고 테스트해 봅니다.

01 633_5.py 예제를 다음과 같이 수정합니다. 28~33줄을 다음 예제로 대체합니다.

_633_7.py

```python
28 class MYDNN(nn.Module):
29     def __init__(self):
30         super(MYDNN, self).__init__()
31         self.flatten = nn.Flatten()
32         self.fc1 = nn.Linear(28*28,128)
33         self.av1 = nn.ReLU()
34         self.fc2 = nn.Linear(128,10)
35     def forward(self,x):
36         x = self.flatten(x)
37         x = self.fc1(x)
38         x = self.av1(x)
39         x = self.fc2(x)
40         return x
41 model = MYDNN()
42 print(model)
```

28~41 : MYDNN 클래스를 정의합니다. nn.Module 클래스를 상속합니다.
29~34 : __init__ 함수를 정의합니다. 사용할 신경망 층을 결정합니다.
35~40 : forward 함수를 정의합니다. 순전파 과정을 구현합니다.
41   : MYDNN 모델을 생성합니다.
42   : 모델을 출력합니다.

02 다음과 같이 예제를 실행합니다.

```
$ python _633_7.py
```

다음은 실행 결과 화면입니다.

```
MYDNN(
  (flatten): Flatten(start_dim=1, end_dim=-1)
  (fc1): Linear(in_features=784, out_features=128, bias=True)
  (av1): ReLU()
  (fc2): Linear(in_features=128, out_features=10, bias=True)
)
100%|████████████████████| 1875/1875 [02:03<00:00, 15.24it/s]
epoch 01, loss: 0.51496, acc: 0.81942
         vloss: 0.42516,vacc: 0.84900
100%|████████████████████| 1875/1875 [01:22<00:00, 22.61it/s]
epoch 02, loss: 0.37993, acc: 0.86163
         vloss: 0.38785,vacc: 0.86080
100%|████████████████████| 1875/1875 [01:22<00:00, 22.78it/s]
epoch 03, loss: 0.34003, acc: 0.87613
         vloss: 0.38081,vacc: 0.86810
100%|████████████████████| 1875/1875 [02:19<00:00, 13.46it/s]
epoch 04, loss: 0.31849, acc: 0.88393
         vloss: 0.36332,vacc: 0.86870
100%|████████████████████| 1875/1875 [02:43<00:00, 11.49it/s]
epoch 05, loss: 0.30029, acc: 0.89023
         vloss: 0.35294,vacc: 0.87180
```

CNN 신경망 구성해 보기

여기서는 간단히 CNN 신경망 구성을 살펴봅니다. 설명은 따로 하지는 않습니다.

nn.Sequential 객체를 이용하여 모델을 구성할 경우 다음과 같습니다.

```
28  model = nn.Sequential(
29      nn.Conv2d(1,32,5,padding=2),
30      nn.MaxPool2d(2),
31      nn.Conv2d(32,64,5,padding=2),
32      nn.MaxPool2d(2),
33      nn.Flatten(),
34      nn.Linear(64*7*7,1024),
35      nn.ReLU(),
36      nn.Linear(1024,10)
37  )
```

클래스 정의는 다음과 같습니다.

```
28  class MYCNN(nn.Module):
29      def __init__(self):
30          super(MYCNN, self).__init__()
31          self.conv1 = nn.Conv2d(1,32,5,padding=2)
32          self.pool1 = nn.MaxPool2d(2)
33          self.conv2 = nn.Conv2d(32,64,5,padding=2)
34          self.pool2 = nn.MaxPool2d(2)
35          self.flatten = nn.Flatten()
36          self.fc1 = nn.Linear(64*7*7,1024)
37          self.av1 = nn.ReLU()
38          self.fc2 = nn.Linear(1024,10)
39      def forward(self,x):
40          x = self.conv1(x)
41          x = self.pool1(x)
42          x = self.conv2(x)
43          x = self.pool2(x)
44          x = self.flatten(x)
45          x = self.fc1(x)
46          x = self.av1(x)
47          x = self.fc2(x)
48          return x
49  model = MYCNN()
```

CNN 신경망의 경우 테스트를 따로 수행하지 않습니다. 학습 시간이 기본 신경망(Fully Connected Neural Network)에 비해 많이 걸립니다. PC에 파이토치 환경을 구성하고 테스트하면 시간을 단축시킬 수 있습니다.

함께 보면 좋은 추천 도서

한 권으로 끝내는
아두이노 입문+실전(종합편)
기초부터 수준 높은 프로젝트까지
서민우 저
406쪽 | 20,000원

머신러닝 딥러닝을 이용한
A.I. 자율주행 RC카 프로젝트
with **파이썬**+아두이노
서민우 저
244쪽 | 18,000원

인공지능 딥러닝 직접 코딩하기
with 라즈베리파이 피코
서민우 저
298쪽 | 17,000원

인공지능 자율주행 RC카
체험하고 **코딩**하기 with **라즈베리파이**
서민우 저
264쪽 | 18,000원